밑바닥에서 전합니다!

빈민가에서 바라본
혼탁해지는 정치와 사회

밑바닥에서
전합
니
다
!

Music is Politics

브래디 미카코 지음 ｜ 김영현 옮김

Brady Mikako

다다
서재

차례

2장 음악과 정치

일러두기

1 이 책은 2022년 지쿠마쇼보(筑摩書房)에서 출간한 문고본 『음악은, 정치다(オンガクハ、セイジデアル)』를 한국어로 옮긴 것입니다. 1장은 2013년 P바인(P-VINE)에서 출간한 『아나키즘 인 더 UK: 망가진 영국과 펑크 보육사 분투기(アナキズム·イン·ザ·UK: 壊れた英国とパンク保育士奮闘記)』의 전반부인 'Side A: 아나키즘 인 더 UK'이며, 2장은 웹진 「에레킹(ele-king)」에 게재했던 글들입니다.
2 본문의 각주는 '지은이 주'라고 쓴 것 외에는 모두 옮긴이의 것입니다.
3 외래어는 국립국어원 외래어 표기법을 준수하되, 일부는 일상에서 널리 쓰이는 표기를 따랐습니다.
4 본문에 언급되는 도서 중 한국에 번역 출간된 도서는 한국어판 서지 정보를 수록했습니다.

문고판 시작하며

이 책에는 2013년 출간된 단행본 『아나키즘 인 더 UK』[1]에 수록된 에세이 중 일부와 그 단행본 출간 후에도 웹진 「에레킹ele-king」에 계속 발표한 동명 연재의 일부, 그리고 저의 개인 블로그와 「에레킹」의 종이 잡지에 게재된 기사 등이 담겨 있습니다. 이 책의 짝이라고도 할 수 있는 『빌어먹을 어른들의 세계』[2]와 다른 점이라면, 정치적인 색채가 더 진하다는 것입니다.

수록된 에세이 중 가장 최근에 쓴 글은 뱅크시 Banksy와 줄리 버칠Julie Burchill에 관한 것인데, 그 글들을 2015년 12월에 썼다고 하면 얼마나 오래된 글들이 이 책에 담겨 있는지 짐작할 수 있을 것입니다.

---

1 ブレイディ みかこ, 『アナキズム・イン・ザ・UK: 壊れた英国とパンク保育士奮闘記』P-VINE 2013.
2 김영현 옮김, 다다서재 2024.

그만큼 오래전에 쓴 글들을 한데 모은 책이니 본래는 머리말에서 2015년부터 2022년까지 영국에 정치적으로 무슨 일들이 벌어졌는지 이래저래 설명해야겠지만, 성난 파도처럼 요동쳐온 나라에서 살다 보니 그런 일들을 일일이 적기만 해도 책 한 권은 나옵니다. 그러니 좀더 최근의 사정을 알고 싶은 분께서는 졸저 중 사회·정치 평론을 엮은 『유럽 콜링 리턴즈』[3] 혹은 『브로큰 브리튼에 물어봐』[4] 등을 읽어주시면 어느 정도 파악할 수 있을 듯합니다.

참고로 이 책에는 「유럽 콜링」이라는 에세이가 실려 있는데, 2016년 이와나미쇼텐岩波書店에서 출간한 단행본 『유럽 콜링』[5]의 제목이 바로 그 글에서 비롯했습니다. 이 사실에서도 짐작할 수 있듯이 이 책에 실린 글들은 훗날 제가 신문에 연재하거나 책으로 펴낸 사회·정치 평론의 출발점이라 할 수 있습니다. 당시 그런 글들을 읽은 편집자의 연락을 받아서 '야후! 뉴스'

---

3 『ヨーロッパ・コーリング・リターンズ: 社会・政治時評クロニクル 2014-2021』岩波現代文庫 2021.
4 『ブロークン・ブリテンに聞け: 社会・政治時評クロニクル』講談社文庫 2024.
5 『ヨーロッパ・コーリング: 地べたからのポリティカル・レポート』岩波書店 2016. 『유럽 콜링 리턴즈』는 이 책의 문고본이다.

에 칼럼을 게재하기 시작했고, 그것이 그 후 제가 한 거의 모든 일의 발단이 되었으니 이 책에 수록된 글들이 없었다면 틀림없이 현재의 저도 없을 것입니다.

이 책을 출간하기 위해 예전 원고들을 정리하면서 다시 읽어보았는데, 가장 먼저 든 생각은 이러쿵저러쿵하면서도 꽤 절망하고 있었구나 하는 것입니다. 무턱대고 희망에 관해 쓰지 않은 것을 보니 많이 팔려는 의지가 없었던 게 틀림없습니다.

그다음에 든 생각은 오래된 글이긴 해도 훗날 영국에서 일어난 일들의 복선이 여기저기서 눈에 띈다는 것입니다.

이를테면, 한 에세이에는 제 배우자가 유럽의회 선거에서 UKIP⁶에 투표한다고 하는 바람에 이혼할 뻔했다고 적었는데, 이 책의 몇몇 글에서 느껴지는, 밑바닥 사회 사람들이 진보에서 보수로 건너가기 시작한다는 인상은 영국의 EU 탈퇴를 비롯해 노동당의 아성이었던 지방 도시들이 보수당 지지로 돌아선 작금의 현실과 일직선으로 연결되어 있습니다.

---

6 UK Independence Party(영국독립당). 영국의 보수 정당. 정당명대로 영국이 유럽연합(EU)에서 독립하는 브렉시트에 앞장섰고, 브렉시트가 결정된 후에는 극우로 전환하고 있다.

그런 점을 고려하면 사회는 하룻밤 사이에 급격하게 뒤바뀌는 것이 아니라 대체로 5년 전, 10년 전부터 그 조짐이 나타난다고 해야겠습니다.

너는 진지하게 잠입 르포 같은 걸 쓰는 논픽션 작가도 아니고 그저 너의 일상과 주위에서 일어나는 일을 적을 뿐 아니냐는 말을 들을 때마다 이 멍청아, 나는 인생을 걸고 영국에 잠입해서 르포를 쓰는 중이라고, 하는 헛소리를 술에 취해 늘어놓고는 하는데, 수십 년 동안 한자리를 지키며 관측한 사람만이 바로 그곳에서 일어난 변화의 전조를 기록할 수 있는 게 아닐까 싶습니다.

그런데 지금껏 한참을 썼지만 사실 예전 원고를 보고 가장 강하게 받은 인상은 '이 글들은 대체 무엇일까?' 하는 것이었습니다. 사회·정치 평론 같으면서 음악 평론 같기도 하고, 에세이인 동시에 잡스러운 일상 기록이기도 하고, 대체 뭘까요? 장르를 잘 모르겠습니다. 이 혼연일체가 된 DIY 느낌은 역시 펑크punk의 영향일까요? 저는 그렇게 생각합니다만, 글쎄요, 여러분은 어떻게 생각하십니까?

브래디 미카코

1장 _____ 아나키즘 인 더 UK

돌아온 마누라와 쿨 브리타니아

1980년대에 영국과 아일랜드를 오가다 일단 일본으로 귀국했지만 다시 영국에 건너가 현재까지 살고 있는 나와 영국의 관계란, 이른바 한집에서 오래 살아온 가장과 집 나갔다 돌아온 마누라 같다고 할 수 있다. 그런데 내가 영국으로 돌아온 1996년은 브릿팝Britpop[1]의 시대였다.

1996년은 오랫동안 이어지던 보수당 정권이 빈사에 빠진 해로 토니 블레어Tony Blair가 이끄는 노동당이 지지층을 마구 넓히면서 영국 사회에는 '세상이 바뀐다'는 분위기가 가득했다. 1980년대의 영국밖에 모

---

1 1990년대 중반 미국의 록 음악에 맞서 '영국다움'을 강조하며 일어난 음악운동. 오아시스(Oasis), 블러(Blur) 등이 대표적인 브릿팝 밴드로 꼽히지만, 명확한 음악 장르라기보다 영국 음악을 부흥시키기 위한 마케팅의 일환으로 여겨지기도 한다. 당시 큰 반향을 일으키고 패션, 정치 등에도 영향을 미쳤지만 1990년대 후반 시들해졌다.

르는 나는 '뭐지? 영국이 이렇게 긍정적인 나라였나?' 싶어 몹시 의아했다.

어학생이었던 나는 일본계 신문사의 주재원 사무실에서 아르바이트로 일하며 편집부의 전화를 대신 받거나 심부름을 했는데, 1996~97년에 언론계 사람들이 고양되어 있던 느낌을 기억하고 있다. 저널리스트의 거리로 유명한 런던 플리트Fleet가의 사진 인쇄소에 가도, 신문사에 자료를 빌리러 가도(지금처럼 뭐든 온라인으로 구할 수 있는 시절이 아니었다) 눈에 띄는 언론계 사람들은 모두 열심히 일하고 있었다. 정확히 말하면, '지금이 일해야 할 때다.'라는 분위기가 가득했다. 모두 소매를 걷어붙이고 세상을 움직이는 거대한 톱니바퀴를 힘껏 밀었다고 할까, 하나로 뭉쳐서 앞으로 나아가려 하는 느낌이 있었다.

1997년 마침내 블레어의 노동당이 대승을 거두고 정권을 잡았는데, 선거 운동 기간 중 귀에 딱지가 앉을 만큼 들은 노동당의 주제곡은 디 림D:Ream[2]의 「싱스 캔 온리 겟 베터Things Can Only Get Better」였다. 제목부터 '상황은 더 좋아질 수밖에 없다'니, 그야말로 진부

---

2 1992년부터 활동한 영국의 댄스 그룹.

한 선곡이다. 하지만 국민은 진부한 의도에 흔쾌히 응했다. 뭐지, 이 영국의 미국화는? 그처럼 낯설었던 와중에 단 하나 지금도 선명하게 기억하는 것이 있으니 총선 직전(전날 밤이었던 것 같은데 아닐 수도 있다)에 본 단막 드라마다.

당시에 킹스 로드에 있는 부유한 노부부의 집에서 하숙하던 나는 집주인 부부(할아버지는 절반이 일본인 혈통이었다)와 함께 그 드라마를 봤다. 그 드라마에는 총선에서 대승을 거두는 가상 정당의 당대표와 그 주위 정치가들이 등장했다. '말쑥하고, 젊고, 연설이 뛰어나다'는 이유만으로 총리 자리를 쟁취한, '유명인 계열 정치가'라고 분류해야 할 듯한 경박한 정치가를 다루는 풍자 드라마였다.

물론 주인공의 이름은 토니 블레어가 아니었고, 다른 등장인물들도 마찬가지였다. 지금은 방송국조차 기억나지 않고, 제목도 주연 배우의 이름도 잊어버렸다. (사실 그때는 드라마에 출연하는 배우를 봐도 누가 누구인지 전혀 몰랐다.) 하지만 아마 채널4 아니었을까. 의외로 BBC였을 가능성도 있다.

이런 드라마를 총선 직전에 방영하다니 좀 대단한데, 하고 당시 생각했다.

"일본에서는 절대 있을 수 없는 드라마네요. 저거

블레어 맞죠?"

내가 물어보았다.

"영국 사람들은 블레어가 사실 저런 인물이라는 걸 알고 있어. 잘 알면서도 그에게 표를 주는 거야. 그런 걸 말하려는 드라마 같은데."

집주인 할아버지가 말했다.

이튿날, 아르바이트를 하는 곳의 정치부 기자에게 "어제저녁에 재미있는 드라마가 하던데요."라고 말을 걸어보았지만, 그는 드라마 같은 건 보지 않았고 별로 흥미도 없어 보였다. 하지만 그 뒤로 토니 블레어라는 정치가를 볼 때마다 내 뇌리에는 그 드라마가 떠올랐다.

발족 당시 블레어 정권은 토니 블레어라는 간판 멤버를 내세운 밴드 같았다.

'블레어의 오른팔'이라 불리며 '영국 사상 최초로 게이 총리가 되는 것 아니냐'는 말을 들었던 각료 피터 맨덜슨Peter Mandelson[3]이 사이키델릭한 기타 소리를 들려주면, 벨파스트 협정[4]을 실현시켜서 '노동당 최초의 여성 총리가 되는 것 아니냐'는 말을 들었던 북아일랜드 담당 장관 모 몰럼Mo Mowlam[5]이 배짱 두둑하게 변속적인 베이스를 연주한다. 금융 정책의 대전환을 결행해서 마거릿 대처Margaret Thatcher의 감탄을 자아냈던 재무

18

부 장관 고든 브라운 Gordon Brown [6]은 듬직하게 안정적으로 드럼을 두드리고, '국민의 읽고 쓰기 능력과 산수 능력 향상' 및 '유아 교육 개선'에 힘을 쏟은 시각장애인 교육부 장관 데이비드 블렁킷 David Blunkett [7]은 코러스로 블레어의 노랫소리에 깊이를 더해준다. (왜 이런 구성을 이토록 술술 쓸 수 있을까 생각해보니 아무래도 오래전 코미디 프로그램에서 이런 밴드를 봤던 것 같다.)

성공하는 조직들이 늘 그렇듯이 노동당에는 이른바 '키 플레이어'들이 있었다. 심지어 그중에 게이, 여성, 장애인이 포함되어 있어서 금융과 경제 정책이

3 블레어 정권에서 여러 장관을 지냈으며 국회의원에서 물러난 후에는 EU 무역집행위원회 위원도 맡았다.
4 수많은 인명 피해가 발생하며 갈수록 심해지던 북아일랜드의 독립을 둘러싼 분쟁을 수습하기 위해 1998년 북아일랜드 벨파스트에서 영국과 아일랜드 사이에 체결된 평화 협정. 그 결과 아일랜드는 북아일랜드에 대한 권리를 주장하지 않고, 영국 의회는 북아일랜드를 직접 통치하지 않게 되었다.
5 암을 앓으면서도 불가능하다 여겨지던 북아일랜드 평화 협정을 실현하여 대중적으로 큰 지지를 받았지만, 블레어의 견제를 받아 자리에서 물러났고 몇 년 뒤 사망했다.
6 토니 블레어가 사임한 2007년 총리에 임명되었다.
7 영국 사상 최초의 시각장애인 장관으로 2001년에는 내무부 장관에도 임명되었다.

눈에 띄게 보수당과 가까워졌음에도 불구하고, 리버 럴하고 진보적인 인상을 유지할 수 있었다.

이 슈퍼 밴드를 이끌며 노래하는 블레어에게는 사상 최강의 조력자 앨러스터 캠벨Alastair Campbell이 붙어 있었다. 총리 관저 전략정보국장(쉽게 말해 블레어의 선전 담당)인 캠벨은 본래 타블로이드 신문(「데일리 미러Daily Mirror」)의 정치 기자로 눈빛이 날카롭고 수완이 뛰어난 스핀 닥터spin doctor[8]였다. 애초에 스핀 닥터라는 말 자체가 그에게서 유래한 것이다. "처칠 이후 최고의 연설가"라는 평을 받은 블레어의 연설문을 쓴 사람이 바로 캠벨이며, '새로운 노동당, 새로운 영국New Labour, New Britain'이라는 슬로건도, 앞서 언급한 「싱스 캔 온리 겟 베터」도 그의 아이디어였다.

블레어를 등장인물의 모델로 삼은 로만 폴란스키Roman Polanski 감독의 「유령 작가」[9]라는 영화가 있는데, 현실에서 블레어의 유령 작가는 캠벨일 것이다. 2007년 출간되어 BBC의 다큐멘터리 프로그램으로도 제작된 캠벨의 책 『더 블레어 이어즈』[10]를 읽었을 때, 블레어의 연설문이 실은 우울한 기질의 전 저널리스트(정신과에 입원한 적도 있다고)가 중압감에 시달리며 울면서 쓴 글이었다는 것을 알고 깜짝 놀랐다. 그 연설이 영국 사람들의 마음을 얼마나 고양시켰던가. 이라크 전쟁을 앞두고 미국 의회에서 기립 박수까지 받았던 블레어의 연설 내용은 그야말로 의기를 드높이는 것이었다. 또한 그 연설문을 훌륭히 연기한 블레어 역시 프로였다. (애초에 블레어는 "사실 정치가가 아니라 록 가수가 되고 싶었다."라고 공언한 사람이며, 실제로 그 길을 목표했던 남자다. 그에게 연설이란 라이브 공연 같은 것이었다.) 언제 봐도 조증 상태인 블레어가 빛이라면, 우울한 기질의 캠벨은 그림자였다. '토니 블레어'라는 정치가는 그처럼 음과 양 관계의 두 남자가 만들어낸 합작품이었던 것이다.

일반적으로 토니 블레어의 죄라고 일컬어지는 사건은 이라크 전쟁을 비롯해 크고 작은 것들이 여럿 있는데, 음악 팬들 사이에서 지금도 오르내리는 것은 그가 브릿팝을 죽인 남자라는 것이다.

브릿팝과 블레어 정권은 동반 관계이며, 서로 상승효과를 일으켜 '쿨 브리타니아Cool Britannia'[11]의 시대

---

8 정치인이나 고위 관료를 위해 일하는 홍보 전문가로 때로는 사실을 왜곡해서라도 지지를 이끌어내어 원하는 정책이 실현되도록 돕는다.

9 전 영국 총리의 자서전 대필을 맡게 된 주인공이 국가 규모의 거대한 음모에 휘말린다는 줄거리의 영화다.

10 *The Blair Years: The Alastair Campbell Diaries*, Knopf 2007.

를 만들었다고 여기는 사람들이 많은데, 사실 브릿팝이 종언을 맞이한 순간은 바로 정권을 잡은 블레어가 록 가수들을 관저로 초대한 날이었다. 롤스로이스를 타고 온 노엘 갤러거Noel Gallagher[12]와 앨런 맥기Alan McGee[13]가 블레어와 총리 관저에서 담소를 나누며 샴페인을 마신 날. 아티스트가 정권의 선전 도구로 쓰인 그 순간. 브릿팝은 모든 신뢰를 잃고 말았다. 그런 내용의 신랄한 글이 여전히 음악 잡지 「NME」를 비롯해 「가디언The Guardian」 같은 신문에 실리고는 하는데, 그 일만 해도 캠벨의 선전 전략 중 하나였다.

캠벨은 '록을 좋아하는 왕년의 반항아 토니 블레어'라는 이미지에 영국인들이 열광적인 지지를 보내리라 간파했다. 41세의 젊은 정치인 블레어가 이끄는 로큰롤답고 쿨한 자유주의자들의 나라. 그 '쿨 브

---

11 1970~80년대의 침체기에서 벗어나 부흥한 1990년대의 영국 문화를 가리키는 말. 영국 사회에 활기가 감돌며 새로운 사회에 대한 낙관주의가 퍼진 시기에 토니 블레어의 노동당 역시 '쿨 브리타니아'를 외치며 정권 교체에 성공했다.
12 브릿팝을 대표하는 밴드로 꼽히는 오아시스의 리더. 1990년대 영국 대중음악계를 상징하는 인물 중 한 명이다.
13 영국의 대중음악가, 경영자. 크리에이션 레코드를 설립해 오아시스를 비롯한 여러 밴드를 발굴했다.

리타니아'의 허구적인 이미지에 사람들은 감쪽같이 속아 넘어갔다. 아니, 속은 척했다는 표현이 적절할 것이다. 타블로이드 신문의 기자였던 캠벨은 영국 사람들이 진부한 꿈에 속은 척하며 명랑하게 지내는 걸 생각보다 좋아한다는 사실을 직접 경험해서 이미 잘 알고 있었다.

그렇지만 그 후, '쿨 브리타니아'는 브릿팝의 종말과 함께 무너졌다. 영국인들은 쿨해지기는커녕, 어느새 이라크 전쟁을 일으킨 전범을 거들면서 아랍 아이들을 죽이기 위해 세금을 내는 처지가 되어 있었다.

신나게 선동하며 선전만 앞세우는 정치에 속아서 깜박 이성을 잃고 말았다. 이런 영국 사람들의 반성은 영국에서 '사상 최고의 총리'를 조사할 때마다 블레어가 대처에 뒤진다는 결과만 봐도 알 수 있다. (1위 처칠, 2위 대처, 3위 블레어는 부동의 순위다.)

사실 브릿팝의 전성기는 블레어 정권 이전 1993년부터 1996년이었다. 브릿팝이란 대처 시절부터 오랫동안 이어진 보수당 정권이 막을 내리려 하며 불황에서 호황으로, 폐쇄에서 개방으로 세상이 변하는 것을 인민이 간절히 바라던 시대의 음악이었던 것이다.

그런 분위기를 이용해 화려하게 등장한 끝에 순수 브릿팝의 숨통을 끊은 사람이 블레어(와 캠벨)인데, 총리라는 사람이 툭하면 기타를 들고 사진을 찍은 탓에 록 자체가 시대에 뒤처진 중년 정치가의 선전 도구처럼 되어버려서 젊은이들은 더 이상 록에 아무런 신뢰도 낭만도 느끼지 않게 되었다.

'가출했던 마누라'는 이 나라에 돌아온 뒤 왕년에 멋졌던 가장이 들려주는 요즘 록이라는 음악에 한 번도 빠진 적이 없는데, 그 역시 그런 사정과 관련이 있을지 모르겠다.

만약 록에 빠져드는 일이 다시 일어난다면, 세상이 간신히 토니 블레어라는 남자를 잊어버린 지금이라면 가능할 수도 있겠다.

어두컴컴한 보수당 정권이 막을 내리길 인민이 간절히 바라고 있는 점, 자포자기해서 낙천적인 소리라도 지껄이지 않으면 살아가기 힘들다는 점을 보면 지금 이 시대가 브릿팝이 발생했던 시기와 비슷한 것 같긴 하다만.

(단행본 출간에 맞춰 새로 씀)

후드티와 섹스 피스톨즈

화창한 휴일 오후. 최근 들어 무엇보다 걷기를 즐거워하는 생후 18개월 아들내미를 데리고 공원에 갔다. 유아차에 탄 아이를 풀밭에 내려 걷게 한 다음 '아아, 기분 좋다.' 하며 상쾌한 기분으로 새파란 하늘을 올려다보는데, 정면에서 후드티를 입은 두 사람이 다가왔다.

뭐야, 저놈들은. 이렇게 화창한 날 쥐색 후드 같은 걸 뒤집어쓰다니. 뇌가 푹 익어서 썩을 거라고, 그런 헝겊을 머리에 덮고 있으면. 그런 생각을 하면서 바라보는데, 그중 한 명이 쇠사슬로 보이는 물건을 오른손에 들고 붕붕 돌려댔다. 그리고 그 녀석이 나와 문득 눈이 마주치자마자 말하기 시작했다.

"니하오, 니하오, 니하오, 니하오, 니하오⋯."

이걸 연속해서 스무 번 정도. '니하오'는 영국 시골에서 동양인을 놀리는 데 써먹는 단어 중 1위인데,

사실 지방 빈민가에 사는 백인들은 동아시아에 중국 말고 다른 나라가 존재한다는 사실을 모르기에 동양인을 보면 모두 '니하오'라고 하는 것이다. 그 단어 자체는 질리도록 들었기 때문에 아무렇지도 않지만, 나를 열받게 하는 것은 붕붕 돌리는 쇠사슬이었다.

중국인 여자가 애를 데리고 있으니 딱 좋은 먹잇감이잖아, 하는 생각으로 약자(로 보이는 사람)를 위협하며 휴일 오후를 즐기겠다는 속셈이었다. 겨우 열두세 살짜리 꼬맹이가.

"나는 중국인이 아닙니다. '곤니치와.'라는 말은 모르시나? 니들, 뇌가 썩어 문드러진 거 아냐?"

예전의 나라면 그렇게 맞섰겠지만, 불현듯 아래를 내려다보니 아직 타인을 의심할 줄 모르는 생후 18개월 아들내미가 하필이면 싱글거리면서 후드티 꼬맹이들 쪽으로 걸어가는 것이 아닌가.

"안 돼, 이쪽으로 오렴. 얘야, 그쪽으로 가지 마."

뜬금없이 고향 사투리를 쓰면서 아들내미를 들어 올려 유아차에 태운 나는 후드티 꼬맹이들을 뒤로하고 걷기 시작했다. 그때 내 머릿속에 떠오른 것은 두 명의 10세 소년에게 마구잡이로 폭행을 당한 끝에 사망했다는 리버풀의 2세 유아에 관한 기사였다.

안 돼, 안 돼.

나는 유아차를 밀며 서둘러 공원을 빠져나갔다.

인간이란 지킬 것이 생기면 약해지는 법이네.

등 뒤에서는 "니하오, 니하오, 니하오, 니하오…."가 끝없이 들려왔다.

"후드티 입은 녀석들은 이해할 수가 없다니까."

집으로 돌아가는 길에 만난 옆집 아들이 말했다. 날씨가 좋은 김에 밖에서 모친의 차를 세차한다는 기특한 일을 하고 있었다. 우리 집 앞의 전화박스를 박살 내던 그도 정말이지 어른이 되었다.

"무시하고 돌아오길 잘했어. 아장아장 걷는 아기를 쇠사슬로 공격하고 휴대폰으로 그걸 찍어서 유튜브에 올릴 수도 있어. 그놈들은 제정신으로 그런 짓을 한다니까. 그리고 그런 영상을 즐거워하면서 보는 녀석도 잔뜩 있어. 진짜 다 썩었어, 그놈들 머릿속도, 이 나라도."

사이버 세계와 무관한 마지막 틴에이저 갱gang 세대로 저지jersey 군단[14] 출신인 옆집 아들이 말했다.

"열받지만 어쩔 수 없어. 잠자코 물러날 수밖에."

---

14 저자가 이 글을 썼던 시점에 영국 빈민가의 10대 폭력 집단은 주로 후드티를 입었지만, 그보다 앞선 세대는 주로 저지 운동복을 입었다.

집에 돌아오니 1970년대에 펑크를 현실로 체험한 세대인 배우자와 그 친구가 말했다.

"그놈들은 진짜 무슨 생각을 하는지 알 수가 없어."

"진짜 그래. 알 수 없는 것에는 다가가지 않는 게 좋아."

다들 그렇게 말하는데, 정말로 빈민가 불량소년들의 머릿속에 격변이 일어났을까. 나는 의문이 들었다. 몸에 걸친 옷과 듣는 음악은 시대의 흐름과 함께 달라졌지만, 그들이 불량해지거나 비행을 저지르는 원인은 옛날과 그리 다르지 않을 것이다.

돈이 없고no money, 섹스가 없고no sex, 재미가 없고 no fun, 미래가 없고no future.

남자애들이 날뛰는 이유란 예나 지금이나 비슷할 것이다.

돈이 있으면 지루한 동네 공원 같은 곳을 어슬렁 거리지 않고 번화가에 나가 쇼핑 같은 걸 즐길 테고, 정이 통하는 여성이 있으면 성애의 기쁨에 인간적으로 도 온화해질 테고(실제로 그 덕분에 10대 폭력 집단에 서 졸업하는 경우가 가장 많은 것 같다), 무언가 즐거 운 일이나 미래에 대한 희망이 있으면 자포자기해서 난동 부릴 필요도 없을 것이다.

그런 생각을 하면 할수록, 펑크란 지극히 특수한 문화 운동이었던 것 같다.

사실 일본에서는 "펑크는 양아치들에게 두들겨 맞았다."(마치다 고町田 康[15])라는 말이 나올 정도였는데, 본국인 영국에서도 펑크라는 것은 예술계 학교와 대학교에 다니는 중산층 도련님 및 아가씨들이 불붙인 문화였고, '펑크 = 네 스스로 해라Do it yourself'라는 멋진 정신을 생각해낸 것도 젊은 지식인들이었다. 보통 지방 빈민가의 불량소년(영국판 양아치)들은 그렇게 이론적으로 보이는 유행에는 편승하지 않는다. 그럼에도 펑크는 하층의 불량소년들까지 끌어들이는 데 성공했는데, 오로지 섹스 피스톨즈Sex Pistols[16]의 존재 덕분에 그럴 수 있었다. 섹스 피스톨즈와 더불어 펑크의 양대 산맥이라 불리는 클래시The Clash만으로는 불가능했을 것이다. 배우자의 친구 중 "사실 나는 클래시는 별로 관심 없었어."라는 사람들이 압도적으로 많은 것만 봐도 알 수 있다.

---

15 일본의 록 가수이자 작가. 초기에는 마치다 마치조(町田 町蔵)라는 이름으로 활동했다.
16 1975년 결성된 영국의 펑크 록 밴드. 펑크 문화에 지대한 영향을 미쳤으며, 이 책의 저자 또한 젊은 시절 섹스 피스톨즈에 큰 영향을 받아 일본에서 영국으로 건너갔다.

아무리 말콤 맥라렌Malcolm McLaren[17]과 비비안 웨스트우드Vivienne Westwood[18]가 만든 옷을 입혀놓아도 섹스 피스톨즈의 멤버들에게는 '왠지 우리처럼 생겼는데.' 하는 부분이 있었던 것이다, 빈민가의 청년들이 보기에는. 그리고 그 부분이 단지 연기나 태도만이 아닌 진짜였기 때문에 진짜 비행 소년들까지 '그들은 우리의 대변인이다.' '그 녀석들이 해냈으니 나도 틀림없이 할 수 있다.' 하는 마음이 들어 기타를 잡아보거나 시장에 작은 탁자를 놓고 직접 그림을 그린 티셔츠를 팔기 시작하는 등 스스로 '재미없는' 상황을 타파하려고 나섰던 것이다.

이렇게 생각해보니, 펑크란 정말이지 긍정적인 문화 운동이었다.

"점점 이해할 수 없어지고, 잔인해지고, 폭력성이 심해진다."

---

17 영국의 록 밴드 매니저, 패션 디자이너, 기업가, 음악가. 영국의 펑크 문화를 상징하는 인물 중 한 명으로 섹스 피스톨즈와 비비안 웨스트우드의 성공에 지대한 영향을 미쳤다.
18 영국의 패션 디자이너. 1970년대에 금기를 넘나드는 파격적인 패션 디자인으로 펑크 문화가 형성되는 데 큰 영향을 미쳤다. 섹스 피스톨즈의 매니저였던 말콤 맥라렌과 함께 밴드의 외적 이미지를 연출했다.

이런 말을 듣는 난폭한 빈민가 어린애들을 볼 때마다 생각한다.

펑크 이후, 그들에게 진정한 의미로 긍정적인 기운을 불어넣은 10대 문화가 있었던가? 빈민가 아이들까지 끌어들이며 나라 전체로 퍼진 엘리트 꼬맹이들의 문화 운동이 있었던가? 상층과 하층이 혼연일체가 되어 일으키는 눈부신 불꽃. 이 나라의 펑크에는 그런 불꽃이 분명히 있었다.

보수당의 총리 데이비드 캐머런David Cameron[19] 도련님은 "후드티를 입은 불량소년들에게 필요한 것은 사랑이다."라고 해서 "저거 얼간이 아니냐." "현실을 직시해라."라고 언론에 흠씬 얻어맞았는데, 그들에게 필요한 것은 사랑이 아니다.

영국에는 새로운 시대의 섹스 피스톨즈가 필요한 것이다.

(출처: THE BRADY BLOG, 2008. 2. 17)

---

19 영국의 정치인. 보수당 소속으로 2010년 노동당에서 정권을 되찾으며 총리에 올랐고, 2016년 국민투표로 영국의 EU 탈퇴가 확정되자 자리에서 물러났다.

근로하지 않는 이유: 올드 펑크와 뉴 펑크 ①

보잘것없는 내 블로그에 「후드티와 섹스 피스톨 즈」라는 글을 적은 적이 있는데, 마침내 패션계의 펑 크 리바이벌 분위기가 지방 끝자락의 10대들에게도 전해진 듯한 요즘, 정말로 후드티 군단과 펑크가 합체 했다고 표현할 수밖에 없는 소년들이 거리를 활보하 는 게 눈에 띄고 있다.

　가죽 재킷 아래에 모자 달린 검정 파카를 입고(모 자는 항상 뒤집어쓰고), 오늘날 스키니 진이라고 불리 는 모양인 (아줌마 때는 '검정 슬림 진'이라고 불렀던) 딱 달라붙는 청바지를 엉덩이가 반쯤 보일 만큼 내려 입어 팬티 고무줄을 훤히 드러낸다. 그리고 허리에는 짤랑거리는 은빛 사슬을 거는데, 발에는 옛날 펑크의 두꺼운 고무 밑창 달린 구두가 아니라 발목까지 올라 오는 가벼운 운동화를 신는다.

　이 21세기 펑크 보이즈를 처음 보았을 때, 나는

상쾌한 감동까지 느꼈다. 과거 20년 동안 고대의 펑크를 동경하며 그럴듯한 차림새를 하는 젊은이들이 끊임없이 등장했지만, 이토록 1970년대와 괴리된 차림새는 본 적이 없다. 그들에게는 비비안 웨스트우드의 '쿠튀르couture[20] 펑크' 같은 건 필요 없다. 동네 슈퍼마켓에서도 파는 파카와 반쯤 드러낸 엉덩이가 쿨의 핵심인 것이다. 그야말로 눈부시게 훌륭하다. 자고로 리바이벌이라는 것은 이처럼 일종의 의문과 해학을 품고 원조를 동경하며 존중하는 것이어야 하는 법이다.

그런 이유로 나는 후드계 펑크 남성에 무척 약한데, 얼마 전 밑바닥 생활자 지원시설에서 열렸던 '자원봉사자의 날'에 바로 그런 청년이 옆에 앉아서 정말이지 어쩔 줄을 몰랐다. 하지만 진짜 문제는 옆자리 청년이 아니라 바로 그 '자원봉사자의 날'이라는 행사였다. 진짜배기 무직자들이 모이는 무척 밀도 높은 행사라는 말을 들었기에 작년에는 그냥 빠졌지만, 올해는 이런저런 굴레가 나를 붙잡아서 도망치지 못하고 집단 토론에 참가하게 되었다.

---

20 유명 디자이너가 한정된 수량만 만드는 고급 의상을 뜻한다.

나는 둥글게 놓인 의자 중 하나에 마지못해 앉았는데, 오른쪽에 후드게 펑크 청년, 왼쪽에는 하필이면 N이 자리를 잡았다. N은 1970년대 펑크 전성기에 밴드 활동을 했던 양반인데, 주위 사람들이 펑크니 밴드니 하는 것에서 졸업해 취직하거나 결혼하여 부모가 되거나 회사에서 승진하는 와중에도 아랑곳하지 않고 계속 가죽 재킷에 검정 슬림 진이라 불렸던 스키니 진을 입으며 25년 동안이나 무직자로 살아온 아저씨다.

이른바 '올드 펑크old funk'와 '뉴 펑크new funk' 사이에 끼인 채 '나는 왜 자원봉사를 하는가.'라는 주제의 토론에 참가해야 하는 나의 불운을 저주하는데, 진행을 맡은 여성이 시작하자마자 내게 질문을 던졌다.

"당신은 왜 자원봉사자로 일하고 있나요?"

"보육사 자격 취득 과정을 밟고 싶었어요. 그런데 유급, 무급 상관없이 어딘가에서 이미 아이를 상대로 일하는 사람이어야 그 과정을 밟을 수 있다는 걸 알게 되어서 일단 여기서 자원봉사를 시작했어요."

그렇게 재미도 뭣도 없는 이야기를 했는데, 다음 질문으로 넘어가면 좋을 것을 진행자가 내 옆의 N에게도 같은 질문을 했다.

"내가 자원봉사자로 일하는 건." N은 괜히 뜸을 들이며 깊은 한숨을 내쉰 다음 일장 연설을 시작했다.

"나는 25년 동안 자원봉사자로 노동해왔어. 대가를 받으면서 노동하는 인간이 세계와 인류에 보탬이 되는 일을 한다고는 생각하지 않거든. 기업들이 하는 짓을 봐. 전부 환경 파괴밖에 하지 않아. 기업의 사회 공헌 같은 게 화제가 되니까 다들 선전 수단으로 사회 공헌 게임을 벌이고 있지만, 그래 봤자 이미지 메이킹에 불과한 사회 공헌은 장기적으로 세계에 피해를 입힐 뿐이야. 비즈니스란 영리를 추구하는 순간 모든 인간을 위한 것일 수 없게 돼. 그래서 나는 영리를 목적으로 삼지 않고 대가 없이 노동하고 있어."

영국(특히 내가 사는 브라이턴처럼 진보적인 동네)에는 이런 장기 무직자가 꽤 많으며, 그들이 운영하는 자선 단체도 있다. 아나키스트라고 불리는 그들은 집단으로 소유한 밭에서 무농약으로 채소를 재배하고 유통하여 그걸 먹으며 생활하거나, 페미니즘, 동성애, 환경, 난민, 동물권 같은 문제에 극좌적 입장을 취하며 유혈을 불사하는 항의 운동을 펼치는데, (사실 그런 활동은 최근 눈에 띄게 줄었고, 급진적인 책을 소장한 도서관 운영, 유기농 식품 판매 등 순한 쪽으로 활동 방향이 전환되어서 오래전 히피hippie[21] 또는 펑크였던 고령 구성원들은 화가 났다고 한다) 그런 단체에서 일하는 사람들은 전부 대가를 받지 않는 자원봉사자다. 브라이턴의 런던 로드에 카페를 운영하는 모 자선 단체(옥스팜Oxfam[22] 옆에 있다고 하면 이 동네 사람은 바로 알 것이다)가 대표적인 사례다.

'무직'이라 하면 아무것도 하지 않고 빈둥거리며 집에 있는 사람을 떠올리겠지만, N 같은 사람들은 매일매일 빠릿빠릿하게 노동한다. 다만 그 노동이 이윤을 추구하는 기업·단체를 위한 것이 아니라서 노동자에게 돌아오는 임금이 존재하지 않는다. 영국에는 그런 부류의 무직자들이 많이 존재하며, 세간에서는 그들을 '군대계' 무직자라고 부른다. 어째서 군대계라고 부르는가 하면, 그들이 군인처럼 매일매일 영차영차 열심히 일하는 데다 사회와 정부를 상대로 '싸운다'는 의식을 강하게 품고 있기 때문이다.

그냥 두면 몇 시간이라도 뜨겁게 연설할 듯한 '군대계' N의 이야기를 간신히 멈춘 진행자는 다른 사람들에게도 같은 질문을 했다.

---

21 기성 가치관과 제도 등을 부정하며 인간성의 회복과 자연과의 교감 등을 중시하며 자유로운 삶을 추구하는 젊은이들을 가리키는 말. 1960년대 후반에 미국을 중심으로 생겨나 전 세계로 퍼져나갔다.
22 국제구호단체에서 운영하는 재활용품 전문점.

"무직자로 지낸 기간이 너무 길어져서 일할 자신이 사라졌어요. 자원봉사를 하면서 자신감을 회복하려 해요." "무직자로 계속 집에 있으면 타인과의 교류에 굶주리게 돼요. 어떻게든 그걸 해보려고 자원봉사를 시작했어요." 등 흔한 사정들이 이어지다 (아마도 참가자 중 최연소인) 후드계 펑크 청년의 차례가 되었다.

　　"당신은 왜 여기서 자원봉사를 하고 있나요?"

　　진행자의 질문을 받은 후드계 펑크는 자리가 전혀 불편하지 않은지 대담하게 웃으며 말하기 시작했다.

　　"내가 자원봉사를 하는 이유는 세상을 위해서가 아니라 나를 위해서 무언가 하고 싶기 때문이야. 대가 없이 일한다는 사람도 있지만, 인간은 돈이 없으면 먹고살 수 없어. 그리고 어디서 그 돈이 나오는가 하면, 바로 정부야. 저어기, 낡은 가죽 재킷을 입은 사람도 실업급여는 받지 않아? 그러지 않으면 25년이나 자원봉사를 하는 웃기지도 않은 인생을 살 수는 없을 텐데."

　　나는 왼쪽에 앉은 올드 펑크의 육체에서 뜨거운 불꽃이 이글이글 피어오르는 것을 느끼며 오른쪽에 있는 뉴 펑크의 오만한 옆얼굴을 바라보았다. 아아, 정말 말 같지도 않은 자리에 앉아버렸구나 생각하면서.

(출처: THE BRADY BLOG, 2009. 4. 9)

"나는 일하지 않고 정부가 주는 돈을 받으면서 하고 싶은 일을 해. 뭐, 내 경우 하고 싶은 일이란 음악이지만. 자원봉사를 한다고 실업급여 담당자한테 말하면 이미지가 좋아져서 쉽게 돈을 받을 수 있고, 나중에 음악으로 생계를 꾸릴 수 없을 때 여기서 자원봉사를 했던 경험 덕분에 돈을 받는 직업을 찾을 수도 있잖아. 일석이조라고 할까. 나는 지극히 실용적인 이유로 자원봉사를 하는 거야. 백수한테 사상은 필요 없거든."

후드계 펑크가 시원시원하게 내뱉는 발언을 들으며 N의 얼굴은 꾹 구겨졌다.

"나, 나, 나, 나. 네놈들은 항상 그래. 나밖에 모르고 타인은 아무래도 상관없는 거냐! 세상에서 무슨 일이 일어나고 있는지 네놈들은 생각도 안 하겠지."

N의 말에 후드계 펑크가 답했다.

"세상이라고 하는데, 결국 '나'들이 모인 집단이 세상이잖아. 당신도 자기 자신은 어디까지나 '나'답게, 사회의 일부가 되기보다는 둘도 없는 '나'로 있기를 바라니까 정부에 세금을 내지 않고 남이 낸 세금을 받으면서 좋아하는 일을 하는 거야."

"나는 좋아하는 일을 하는 게 아냐. 그런 차원의 일이 아니라 세상에 보탬이 되는 일을 하는 거라고."

"재활용이랑 무농약 농법이? 환경을 지키면 세상을 구할 수 있다고 진심으로 믿는다니, 어처구니없이 순진한 사람이네."

킥킥대는 후드계 펑크에 마침내 뚜껑이 열린 N은 의자가 덜컹 뒤로 쓰러지도록 세게 자리에서 일어났다.

히이익, 부탁이니까 내 머리 위에서 주먹질은 하지 말아줘. 그렇게 생각하며 몸을 구부리는데, "너 같은 어린애가 뭘 알아! 펑크란 말이지, 패션이 아니야. 삶이라고. 쉬지 않고 세상에 경종을 울리고, 정석을 의심하고 부정하고, 대세에 영합하는 것을 싫어하는, 그렇게 끝없이 변치 않는 사고방식이 펑크란 말이다!"라고 N이 크게 호통쳤다. 내 볼에 그의 침이 튀었다.

그때, "크게 소리치지는 마세요."라고 서늘한 목소리로 말하며 다가온 사람은 애니[23]였다. 그는 부설 어린이집뿐 아니라 밑바닥 생활자 지원시설을 총괄하는 책임자들 중 한 사람이기도 해서 이번 행사를 맡고 있었다.

"이 시설에는 많은 사람들이 제각각 다른 이유로 자원봉사를 하러 옵니다. 그리고 우리 시설의 모토는 '관용'이에요. 인식과 사고방식이 나와 다른 사람을 그대로 인정하고 존중하는 것이 우리의 신조 중 하나인 것이죠. 저는 우리의 모토를 다섯 살 이하 어린아이들에게도 가르치고 있어요. 그런데 어른들이 그러지 못한다니, 슬픈 일이네요."

권위자의 한마디에 N은 조용히 입을 다물었다.

"물론 토론은 좋습니다. 하지만 항상 냉정하게, 타인을 존중하면서 해주세요."

싱긋. 온화하면서도 왠지 무서운 미소를 지으며 애니가 떠나갔다. 확실히 이런 사람들을 다루는 데 능숙하다고 할까, 밑바닥 어른 대응에도 프로였다.

"흥, 결국에는 저 사람도 학교 선생님이야."

---

23 저자가 자원봉사를 하는 밑바닥 생활자 지원시설 부설 어린이집의 책임자. 본명이 애니는 아니고, 영국의 가수이자 사회 운동가인 애니 레녹스(Annie Lennox)를 닮아서 저자가 맘대로 붙인 별명이다.

애니가 멀어지자 N이 작게 말했다. 그 모습은 그 야말로 선생님께 혼난 어린애였다. 후드계 펑크는 모 자 아래 숨어 킥킥킥 재미있다는 듯이 웃었다.

이 상황은 한쪽에 너무 불리한데. 나는 그렇게 생 각했다. 이래서야 일방적으로 뉴 펑크는 쿨하고, 올드 펑크는 그저 구질구질한 것 아닌가. N 역시 싸우는 펑 크가 멋졌던 시절에는 꽤 쿨했을지도 모르고, 후드계 펑크의 '음악(또는 문학, 예술)을 하고 싶지만 먹고살 수 없으니까 실업급여 받을래.' 역시 딱히 새로운 생활 양식이 아니라 영국에서는 고전적인 방식인데, N 또한 젊은 시절에는 후드계 펑크와 같은 입장에 있었다.

후드계 펑크 남성이 보기에 N 같은 아저씨는 구 제 불능의 패배자일 것이다. 음악을 하고 싶다는 '꿈' 을 포기해야 할 때, 그만 물러나야 한다는 것을 모른 채 질질 시간을 끌며 실업급여를 받다 보니 어느새 돈 과 교환할 수 있는 기술은 전혀 없는 채용 불가능한 중년 아저씨가 되었고, 자신의 현실을 직시하는 것은 괴롭기에 사회가 잘못된 탓이라는 생각에 빠져 피 튀 기는 항의 활동에 몰두했지만, 믿었던 아나키스트 단 체마저 시대의 변화에 따라 '싸우기보다 지구 환경을 우선합시다.'라며 순해져서 정신 차리고 보니 가죽 재 킷에 고무장화를 신고 밭을 일구는 할아버지가 되고 말았다. 희망을 불태우는 젊은이의 눈에 이런 인생은 너무나 울적해 보일 것이다.

그렇지만 N을 비웃는 후드계 펑크도 지금이야 내가 좋아하는 걸 하며 살자고, 정 안 되면 단념하고 제대로 사회인이 되자고 생각할 수 있지만, 그가 25년 뒤에 N처럼 될 가능성이 전혀 없다고는 할 수 없다. 생각과 현실은 언제든지 어긋나게 마련이니까.

실업급여 수급자라는 신분이 언젠가부터 기초생활보장 수급자로 전환되고 진심으로 어찌저찌 잘하면 반영구적으로 정부의 돈을 받으며 먹고살 수 있는 이 나라에서 '꿈'에 마침표를 찍는 것이 얼마나 힘든지는 아직 꿈속에서 살아가는 젊은이가 알 수 없을 것이다.

올드 펑크와 뉴 펑크의 관계란 부모 자식 같은 것이다. 같은 동전의 있는 대로 녹슨 뒷면과 반짝이는 앞면 같은 것이다.

그 뒤에도 신구 펑크의 의견이 충돌하기는 했지만, 애니가 한구석에서 눈을 빛내며 지켜본 덕에 소동이 벌어지지는 않았고 평화롭게 토론이 마무리되었다.

두 사람은 서로를 견제하며 의자에서 일어났다. 하지만 모 슈퍼마켓에서 소비기한이 오늘인 빵을 기부해 식당에서 무료 배급 중이라는 사실을 알자 올드 펑크도 뉴 펑크도 정신없이 카운터 앞으로 달려가서 공영단지에 흔한 운동복 차림 싱글 맘, 온몸에서 소변과 알코올 냄새를 풍기는 천연 드레드 헤어 홈리스 등과 섞여서 식빵과 롤빵을 받았다.

종횡무진으로 살아갈 터인 펑크도 빵을 원해서 줄을 서는 것이다. 성실하게 근로하는 사람들 눈에는 시시한 개똥철학을 늘어놓을 여유가 있으면 일해서 번 돈으로 소비기한이 넉넉한 빵을 사라고 일갈하고 싶어질 장면일까.

문득 창밖을 내려다보니 근처에 있는 사무용 빌딩의 창문으로 홍차를 한 손에 들고 신문을 읽으며 하품하는 정장 차림 아저씨와 썩은 동태눈으로 하늘을 올려다보는 젊은이가 보였다.

그쪽도 딱히 성실히 일한다는 느낌이 들지 않는 것은 아마도 내 착각이겠지.

시간을 팔아서 빵을 사는 사람, 그리고 시간을 낭비하며 빵을 받는 사람.

같은 동전의 앞뒤, 앞뒤.

(출처: THE BRADY BLOG, 2009. 4. 14)

행복해?: 펑크의 늙음 너머

오랜만에 2년 전까지 자원봉사를 했던 밑바닥 생활자 지원시설의 부설 어린이집에서 일했다. 어떡해도 일손이 부족한 날이 있다는 말을 듣고 유급 휴가를 써서 도우러 간 것이다.

2년이나 지났으니 낯익은 사람들은 이제 없겠지, 했던 내 예상은 안이했다.

고무장화를 신은 올드 펑크 N도, 오래전에는 음악 칼럼니스트였다지만 현재는 그 시설 식당에서 자원봉사를 하는 A도, 마치 그곳만 시간이 흐르지 않은 듯이 장기 무직자들은 여전히 같은 자리에 있었다.

5년 전, 내가 지원시설을 드나들기 시작하면서 놀란 점은 10년이나 20년이라는 긴 기간에 걸쳐 기초생활보장을 수급하며 살아가는 사람들이 존재한다는 것이었다. 그런 사람들 중에는 자신의 주의 주장 때문에 노동과 돈의 교환을 부정하고 기초생활보장을 받으며 아나키스트 단체에 소속되어 자원봉사에 힘쓰는 사람을 비롯해 오래전에는 음악과 미술 등 창조적인 업계에서 일했지만 그 뒤로도 난 창의적인 일만 하고 싶다고 고집을 부리다 어느새 기초생활보장 수급자가 되고 만 사람도 있다.

국민들이 그처럼 다양한 생활양식을 유지할 수 있도록 도와준 것은 노동당 정권이다. 하지만 그 뒤에 들어선 보수당 정권 아래에서 무직자들은 혹독한 압박을 당하고 있다. 이를테면 밴드 크라스Crass(아나코 펑크anarcho-funk[24] 운동을 이끌며 생활양식으로서의 아나키즘을 실천한 펑크 밴드) 같은 생활양식이 신조인 50대 중반의 N은 구직자 지원기관이 소개해준 일자리를 거절해서 실업급여가 끊길 위기에 처한 적이 있지만, 때마침 다리가 부러진 덕에 계속 받을 수 있었다고 한다. 하지만 그가 공영단지의 창문에서 뛰어내려 일부러 다쳤다는 소문도 있다.

전 음악 칼럼니스트 A 역시 지원센터의 부엌에서 감자를 튀긴 것이 외려 화를 초래해 구직자 지원기관

---

24 '아나코(anarcho-)'는 '아나키즘적인'을 뜻한다.

이 식당의 일자리를 알선해주는 바람에 난처하다고 했다. 그렇게 난처해하지 말고 그냥 일하면 되지 않느냐는 생각도 들지만, 그런 사람들에게 '일하는 것'이 얼마나 어렵고, 귀찮고, 패배를 의미하는지 알기 때문에 나는 잠자코 이야기를 들었다.

"보수당의 정치란 '우리처럼 살아라. 우리처럼 되는 게 모범 국민이 되는 길이다.'라고 하는 거야. 자신의 정당성을 의심하지 않는 인간만큼 어리석은 바보는 없어."

그런 말을 하면서 A는 2년 전과 마찬가지로 부엌에서 감자 껍질을 벗겼다. 왕년에 음악 잡지 「NME」에 글을 썼다고 했을 때는 이 녀석도 허풍쟁이인가 싶었지만, 그가 1980년대에 활약한 일본의 음악 저널리스트들을 여럿 아는 것이 허풍이 아니라 진실일 수도 있었다.

한편, 언제나 고무장화를 신고 아나키스트 단체의 무농약 채소밭에서 농사를 짓는 N에 관해서는 휴간된 잡지 「율리시스ュリツーズ」에도 적은 적이 있는데(잘 생각해보니 A에 관해서도), 그는 아나키스트 계통의 올드 펑크로서 생태주의적인 도시형 히피 같은 젊은 아나키스트들의 비웃음을 사면서도 여전히 자신이 믿는 길을 나아가고 있다. 사실 이제 와서 다른 노선

으로 갈아탈 방법이 없다는 게 적확한 표현인 듯도 한데, 어쨌든 썩은 듯한 낡은 가죽 재킷을 걸치고 소문이 자자한 오른 다리를 깁스로 고정한 채 목발에 기대어 "안녕." 인사하는 그를 바라보니 절절히 어떤 생각이 들었다.

아아, 펑크도 이토록 늙었구나.

올해(2012년), 존 라이든John Lydon[25]이 한 발언을 듣고 개인적으로는 큰 충격을 받았다.

"나는 충분히 보상을 받았다. 그래서 나는 더욱 세계에 보답하고 싶다. 도대체 어째서 이토록 내게 인생을 즐길 수 있는 기회를 주었을까? 정말이지, 이상하다."

퍼블릭 이미지 리미티드Public Image Ltd, 이후 PiL[26]의 공식 유튜브 계정에 올라온 「존 라이든 롤리팝 블로

---

25 섹스 피스톨즈의 핵심 멤버로 역할은 보컬. 존 라이든은 본명으로 섹스 피스톨즈 시절에는 조니 로튼(Johnny Rotten)이라는 예명을 사용했다. 진보적이고 저항적인 사상을 지녀 과격한 언동을 서슴지 않았고, 영국 대중음악계뿐 아니라 사회 전반에 큰 영향을 미쳤다.
26 섹스 피스톨즈에서 탈퇴한 존 라이든을 중심으로 1978년 결성된 밴드. 포스트펑크를 대표하는 밴드 중 하나로 꼽힌다.

그 파트 3John Lydon Lollipop Blog Part 3」에서 그는 그렇게 말하며 눈시울을 붉혔다.

오랫동안 라이든을 지켜본 사람이라면 머지않아 그가 이런 발언을 하지 않을까 막연하게 예감했을 것이다.

표현 방법만 따지면 이래저래 변칙적이고 뒤틀린 모습을 보여주는 사람이지만, 그 사람의 밑바닥에는 '도리를 지키고 싶다'는 바람이 있다. 싸워서 갈라서고 끝내 죽은 사람까지 나왔던[27] 청춘 시절의 섹스 피스톨즈에서 '아저씨들의 화해'[28]를 이뤄낸 것도 그렇고, 2010년 눈감은 말콤 맥라렌을 추도하면서 "그가 그리울 것이다."라고 말한 것도 마찬가지다.[29] 최근 들어 존 라이든의 언동에서 해피엔드의 향기가 풍기는 것은 그의 마음속 깊은 곳을 수십 년간 찌르고

---

27 섹스 피스톨즈가 해체하고 얼마 지나지 않아 베이시스트였던 시드 비셔스(Sid Vicious)가 약물 과다 복용으로 숨졌다.

28 섹스 피스톨즈는 1996년 존 라이든이 주도하여 재결합을 했고, 그 뒤로 현재까지 간간이 공연을 하며 옛 앨범도 재발매하고 있다.

29 섹스 피스톨즈 해체 후 존 라이든은 밴드를 망친 주범으로 말콤 맥라렌을 지목하고 맹렬히 비난했다. 또한 말콤 맥라렌이 밴드 멤버들에게 수익을 정당히 배분하지 않았다며 소송을 걸고 몇 년에 걸친 재판 끝에 승소하여 수익을 되찾았다.

있던 안건에 자기 나름대로 종지부를 찍었기 때문일지도 모른다.

무직자 지원시설의 식당에 놓인 크리스마스트리에도 올해는 변화가 일어났다.

이상하게 간소했던 것이다. 자택에 트리가 없는 사람이나 트리를 둘 보금자리조차 없는 사람들이 모이는 곳이라 시설에서는 해마다 트리를 금색 은색으로 반짝반짝 화려하게 장식했는데, 올해는 누군가 창고에서 트리 장식물을 몰래 훔쳐갔다고 한다.

"그런데 트리 장식물 같은 걸 훔쳐서 어쩌려는 거야?"

내 의문에 "장식이 많았으니까 레스토랑이나 펍처럼 커다란 트리를 놓는 곳에 가져가서 싸게 팔면 누군가는 사겠지."라고 A가 말했다.

시설의 사무실에서도 비슷한 일이 일어나서 소액 현금을 보관한 금고와 컴퓨터를 도둑맞았다고 한다. "이 시설에는 빈자들의 공동체 정신이 있어."라고 말하는 사람도 있지만 궁지에 몰리면 인간의 어떤 정신이든 마모되어 사라지는 모양이다.

트리의 적적함을 줄이기 위해 시설이 생각해낸 고육지책은 크리스마스카드를 걸어두는 것이었다. 시설

앞으로 온 카드와 시설 이용자들이 받은 카드를 모아서 트리에 매달았다.

"평온한 해가 되기를."

"내년에는 모두 일자리를 찾을 수 있기를."

트리에 매달린 카드들의 내용을 읽어보니 유독 '바람wish'과 '희망hope'이라는 말이 많이 쓰여 있었다. 가지각색 인간들의 간절한 바람이 적힌 종잇조각을 달고 있는 그 나무는 더 이상 크리스마스트리가 아니라 일본의 칠석날 대나무³⁰ 같았다.

"라이든이 '나는 보상을 받았다'고 말한 거 알아? PiL 공연을 하다 보면 그런 생각이 들 때가 있대."

"또 호들갑스럽게 말했네. 요컨대 행복하다는 거잖아?"

"응."

A는 부엌에서 솜씨 좋게 대량의 감자를 얇게 썰었다.

"처음 피스톨즈를 봤을 때는 열다섯 살이었어. 그 나이에는 비평 의식이고 뭐고 없었으니까 그저 신

---

30 일본에서는 칠석날 종이에 소원을 적어 대나무에 매다는 풍습이 있다.

의 계시를 들은 것 같았지."

런던 북부의 공영주택지에서 성장한 A는 "돈은 사람을 행복하게 만들지 않지만, 인생에 선택지를 늘려줘. 그 선택지의 유무가 계급이라고 불리는 것의 본질이야."라고 말한 적이 있다. 자신과 비슷한 처지에서 자라나 세상만사를 저주한 조니 로튼에게 어린 시절의 A는 강하게 공감했던 듯했다.

"내게는 특별한 밴드야. 그래서 라이든이 드디어 행복해졌다니 기쁘네."

A는 그렇게 말하며 옅은 미소를 지었다.

"어쩐지 방치된 느낌이 드는 건, 이쪽 문제고."

부엌 밖에서는 이 시설의 명물, 소비 기한이 지난 빵의 무료 배급이 시작되었다.

"공짜 빵!"

식당 담당의 외침에 시설 이용자들이 몰려와 카운터 앞에 줄을 섰다.

드레드 헤어를 한 백인 뉴에이지 트래블러New Age travellers 31, 젊은 언더클래스underclass 32 싱글 맘⋯. A도 앞치마를 벗고, N도 목발을 짚고, 줄에 합류했다.

---

31 영국에서 서구 문명에 비판적인 의식을 지니고 일반적인 생활양식에서 벗어나 이동 주택 등에 거주하며 떠돌아다니는 사람들을 가리키는 말.

그들은 오랫동안 이 줄에 서왔다.

비 오는 날도, 바람 부는 날도, 눈 내리는 날도.

"이 시설을 계속 이용하고 싶다면 제대로 (F) 줄 맨 뒤에 (F) 서!"

N이 F가 들어간 단어fxcking를 날리면서 새치기하는 어린 아나키스트를 혼쭐냈다. 하지만 흥분해서 고함친 순간 목발을 놓치는 바람에 비틀비틀 힘없이 넘어질 뻔해서 외려 자신이 혼쭐낸 청년에게 "할아버지, 괜찮아요?" 같은 말을 들으며 부축을 받았다.

그는 수십 년이나 줄을 섰다.

노동을 돈과 바꿔서 소비기한이 지나지 않은 빵을 구입하는 것이 아니라 노동하지 않고 소비기한이 지난 빵을 받는 것을 선택했고, 지금껏 그 길을 벗어나지 않았다.

N에게 혼난 아나키스트 청년은 뱅크시[33]의 작품이 인쇄된 티셔츠를 입고 있었다. 할머니 둘이 소파에 앉아 뜨개질을 하는 그림인데, 그들이 만드는 옷에 다

---

32 영국에서 일하지 않고 국가의 보조금으로 생활하는 사람들을 가리키는 말. 기존의 최하층인 노동자 계급보다도 아래(under)에 있다는 의미다.

33 영국의 그라피티 아티스트. 신상에 대해 공개된 것이 거의 없으며, 1990년대부터 사회 비판적이고 풍자적인 작품을 기습적으로 공개해왔다.

음과 같은 문구가 쓰여 있었다.

PUNKS NOT DEAD / THUG FOR LIFE^{펑크는 죽지}
^{않는다 / 무법자는 평생 간다}

쿨럭쿨럭 가래 끓는 할아버지 같은 소리로 N이
기침을 했다.

깁스 때문에 굵직해진 다리에는 아무래도 고무
장화를 신을 수 없었겠지. 올드 펑크는 11월 중순인데
도 샌들을 신고 있었다.

그가 신은 흑자색 양말에는 덩그러니 커다란 구멍.

"눈 내린다."라고 누군가 말하는 소리가 들렸다.

(출처: 웹진 「에레킹」 2012. 12. 13)

페미니즘의 승리?

주말에 BBC 뉴스 24 채널에서 각국 저널리스트가 출연한 토론 프로그램을 보았다. 흥미로웠던 점은 영국 여성 기자의 힐러리 클린턴Hillary Clinton[34]에 관한 견해가 통쾌할 만큼 신랄했다는 것이다. 드디어 여성 미국 대통령이 나올지도 몰라. 페미니즘의 승리! 본격적인 여성의 시대가 시작된다![35] 하며 순수하게 기뻐하는 여성들도 있는 와중에 영국 여성들은 의외로 그러지 않는 듯, 냉정한 시선으로 힐러리를 바라보는 모양이었다.

중년 이상의 현대 영국인은 '철의 여인'을 두 명

[34] 미국의 정치인. 전 미국 대통령 빌 클린턴(Bill Clinton)의 부인이기도 하며, 버락 오바마(Barack Obama) 대통령 시절 국무장관을 지냈다. 대통령 후보로 출마했지만 도널드 트럼프에게 패했다.
[35] 이 글을 쓴 시점에 힐러리 클린턴은 민주당 대통령 후보 경선에 출마해 버락 오바마와 경쟁하고 있었다.

알고 있다. 한 명은 두말할 필요 없이 마거릿 대처 전 총리. 그리고 다른 한 명은 '얼빠진 아들한테 자리를 물려줄 수는 없다'는 듯이 여든 넘은 나이에도 왕위에 굳건히 앉아 위엄을 뽐내는 엘리자베스 2세 여왕. 그들처럼 강렬한 여성 보스를 알고 있는 영국인은 아무래도 여성 지도자를 바라보는 시선이 매섭기에 힐러리는 철의 여인들과 좀 다르지 않나 하는 견해가 주류인 것 같다.

애초에 빌 클린턴 전 대통령이 백악관 인턴이던 모니카 르윈스키와 불륜을 저지르고 스캔들을 무마하기 위해 "내가 삽입은 하지 않았다."라는 등 전임 대통령인 조시 H. W. 부시George H. W. Bush의 일련의 발언들보다도 훨씬 초현실적인 말을 하던 무렵, 힐러리가 전 세계적인 수치를 당하면서도 남편을 떠나지 않았던 것은 '내가 참을 테니, 그 대신 나를 이 나라의 대통령으로 만들어달라'는 거래가 두 사람 사이에 이뤄졌기 때문이라는 설도 있다.

그래서 현재 그 약속대로 빌 클린턴은 아내를 전폭적으로 지원하기 위해 "버락 오바마의 아버지는 이슬람교도라서 위험하다."라고 신문에 글을 쓰거나 직접 오바마의 발언을 매도하는 등 숨은 조력자를 그만두고 전면에 등장해서 자신의 특기인 '개인 공격, 욕설

도발, 단판 승부'로 싸우기 시작했다. 그 덕에 아아, 이건 힐러리 클린턴의 선거가 아니라 클린턴 부부의 선거로구나, 하는 점이 더욱 뚜렷하게 느껴진다.

바람피웠다가 아내에게 용서받은 남성이란 아무래도 아내에게 커다란 '부채 의식'을 품을 수밖에 없는 모양인데, 힐러리가 그 부채 의식을 최대한 이용해서 미국 대통령에 취임한다면 그건 '페미니즘의 승리'가 아니라 '유부녀의 반격'이며, 힐러리는 '철의 여인'이 아니라 '철의 아내'라 할 수 있다. 자신의 야망을 위해 남편의 바람기를 용서한 과거의 힐러리가 '베컴 부부'라는 브랜드를 사수하기 위해 남편 데이비드 베컴 David Beckham의 불륜 스캔들을 웃으며 참는 현재의 빅토리아 베컴Victoria Beckham과 무엇이 다르다는 말인가.[36]

애초에 기르던 개에게 손이 물린 여자는 그 전과 똑같은 크기와 농도로 개를 사랑하지 못하는 법이다. 그런데도 여자가 개를 버리지 않는 것은 남성 작가들이 종종 글에 쓰는 "두 사람에게는 그들만의 역사가 있다"든지 "그래도 사랑이 있다"든지 하는 로맨

---

[36] 축구 선수 데이비드 베컴과 스파이스 걸스 멤버인 빅토리아 베컴은 영국에서 가장 유명한 부부로 불리며 큰 영향력을 발휘했지만, 2000년대 초반 데이비드 베컴의 불륜 스캔들이 터지며 이혼 위기를 겪었다.

틱한 이유가 있어서가 아니라 까놓고 말해 무언가 이
득과 손실이 얽혀 있기 때문이다. 서민적으로 말하면
"이혼해도 나이가 많아 일자리가 없고 자립하기 어려
워." "남편한테 딱히 재산이 없어서 위자료나 양육비
를 기대할 수도 없어." 하는 경제적 사정이 주된 이유
인데, 영부인이었던 힐러리의 경우에는 자신의 야망
을 달성하기 위해서 남편과 헤어지지 않는 길을 선택
한 것이다.

    왹스WAGs. 이것은 영국 언론이 새롭게 만들어낸
단어인데, 'Wives and Girlfriends'를 줄인 말로 유명
축구 선수의 아내와 연인을 가리킨다. 최근 몇 년간 영
국에서는 빅토리아 베컴과 웨인 루니Wayne Rooney[37]의
약혼자 콜린을 필두로 왹스들이 눈부시게 대두하여
여성 패션 리더, 오피니언 리더로 활약하며, 자기 자신
의 재능과 일로 유명해진 여성들보다 주목을 받는 상
황이 벌어지고 있다. 이 왹스 개념을 축구계 밖으로도
확장하면 힐러리 클린턴은 궁극의 왹스인 셈인데, 그
는 패션 리더 같은 시시한 위치가 아니라 전 세계의 지

---

37 영국의 축구 선수. 맨체스터 유나이티드에서 전성기를 보내며 세계적
인 명성을 얻었다.

도자를 노리고 있다.

어떤 의미로 굉장하긴 하지만, 힐러리 클린턴의 성공은 페미니즘의 승리가 아니라 후퇴일 것이다.

설령 힐러리 클린턴이 대통령이 된다고 해도, '미국 사상 최초의 여성 대통령'이 탄생한 것이 아니라 '미국 사상 최초의 왝스 대통령'이 탄생한 것이다.

흥, 누가 나랑 같다는 거야.

마거릿 대처가 열 살만 어렸어도 그 납덩이처럼 중압감 넘치는 소리로 코웃음을 쳤을 것이다.

(출처: THE BRADY BLOG, 2008. 2. 5)

영국 최악의 엄마

'이 나라에서 가장 나쁜 여자'라고 불리는 것을 명예롭게 느낄 여성은 (마사코雅子 황태자비[38]를 동정하는 영국의 보도를 보면 알 수 있듯) 페미니즘 후진국인 일본에도 어느 정도 있을 것이다.

그렇지만 '이 나라에서 가장 나쁜 엄마'라는 말을 자신의 선전용 슬로건으로 내세우는 여성이, 과연 몇 명이나 있을까.

악녀라는 것은 동서고금을 막론하고 매력적인 존재로 여겨졌다. 악처라는 것도 사람들이 생각보다 호의적으로 받아들이는데, "악처가 남자를 키웠다."

---

[38] 마사코는 미국에서 유학한 엘리트로 동년배 여성 중에서는 보기 드물게 진취적이고 진보적 가치를 중시했지만, 결혼으로 모든 경력이 끊겼고 아들을 출산하지 못한다는 등의 이유로 천황가에서 핍박을 받았다. 이에 해외 언론에서 마사코를 동정하는 보도가 이뤄지고는 했다. 남편 나루히토가 즉위하면서 현재는 황후로 활동하고 있다.

라는 말은 오래전부터 존재해왔다.

그렇지만 '나쁜 엄마'는 사정이 전혀 다르다. '나쁜 엄마가 아이를 키웠다.'라는 사람은 없고, 아이를 제대로 양육하지 않는 엄마는 인간적으로 열등한 존재라고 치부되곤 한다. 나쁜 엄마는 이른바 '막장 부모'가 되어 아이의 인격 형성에 악영향을 미치고 아이가 어른이 되어도 지워지지 않을 정신적 외상을 남기기 때문에 심리적 상담이 필요하다 등등, 어째서인지 나쁜 엄마에 관해서는 언제나 어두컴컴한 진흙탕 같은 이야기만 나온다.

여자들이 여전히 '선량한 엄마'로 보이기 위해 애쓰는 것도 그 때문이겠지. '선량한 여자'나 '선량한 아내'는 누가 봐도 고리타분해서 되고 싶어하지 않지만, '선량한 엄마'라는 호칭만은 필사적으로 지키려 한다.

여자가 아무리 사회적으로 성공하고 위업을 이뤄도 '하지만 그 여자는 나쁜 엄마야.'라는 말을 들으면, 그 순간 모든 업적에 아무런 의미가 없어지고 인격파탄자라는 낙인이 찍히니, '선량한 엄마'라는 호칭은 여자가 성공하기 위한 필수 요소인 것일까. 남자는 부친 실격자라는 평판을 받아도 당당하게 사업가나 정치가나 문화인으로 활동할 수 있다. 하지만 여자는 다른 것이다. 모친 실격자는 사회적으로 존경을 받을 수 없다.

여자들이 그런 생각을 떠올리며 '좋은 엄마'라는 호칭, 또는 가면이 얼굴에서 벗겨지지 않도록 살아간다면, 그건 비굴한 것이다. '나쁜 엄마'를 금기시하는 것은 남자들도 사회도 아닌 바로 당사자인 여자들이다.

그렇지만 영국에는 스스로를 '영국 최악의 엄마'라고 부르는 펑크 정신을 지닌 아줌마가 있다.

"나는 두 번 이혼했는데, 두 번 모두 어린아이를 남편에게 두고 뛰쳐나왔다. 불만 있어?" (사실 두 번째 이혼에서는 아이의 친권을 두고 남편과 다퉜다가 졌는데, 해명하기 귀찮았는지 싫었는지, 최근에야 그 사실이 알려졌다.)

그렇게 당당히 말한 사람은 면도날처럼 날카로운 글로 독자를 놀라게 하고, 때로는 폭소를 터지게 하며, 영국의 유명 일간지들이 쟁탈전을 벌이는, 전 「NME」 펑크 담당으로 전설적인 칼럼니스트가 된 줄리 버칠Julie Burchill이다.

도덕주의자가 가장 싫다고 하는 줄리 버칠은 때때로 나쁜 척, 혹은 멍청한 척을 하는 게 아닌가 싶을 만큼 무모하게 자기 멋대로 말한다(이를테면 "나는 아일랜드인이 싫다. 그냥 싫다."라는 등). 또한 버칠을 설명할 때 언급되는 "양성애자 페미니스트" "노동자 계급 출신" "슈퍼 자유주의자" 같은 대략적인 특징에서 때로 크게 탈선하여 몹시 우익적인 발언을 내뱉기도 하는 등(이라크 전쟁을 지지하거나 무슬림을 비판하거나) 진보 아니면 보수라는 흔해빠진 사상의 틀로는 담을 수 없는 위험한 작가이기도 하다.

1959년에 태어난 줄리 버칠은 "힙한 킬러를 구한다"는 「NME」의 펑크 담당 모집 공고를 보고 지원했다 첫 남편이 된 토니 파슨스Tony Parsons와 함께 「NME」에 채용되어 17세에 고등학교를 중퇴하고 입사했다. 그런 그가 18세에 쓴 글이 섹스 피스톨즈의 유일한 정규 앨범 『네버 마인드 더 볼록스Never Mind The Bollocks』의 리뷰 기사였다. 펑크 전성기의 런던을 칭송하던 어린 처자가 시대의 분위기에 만취해서 쓴 듯한 리뷰인데, "조니 로튼은 새로운 시대의 올리버 트위스트Oliver Twist[39]다."라며 1970년대 후반의 영국과 찰스 디킨스의 시대를 단숨에 연결하여 피스톨즈를 계급의 관점으로 조명한 명문장이 보석처럼 예리한 빛을 눈부시게 발했다.

버칠은 스무 살이 되자 "음악에 관해 쓰는 건 어

---

39 1838년 출간된 찰스 디킨스의 소설 『올리버 트위스트』의 주인공으로 런던 뒷골목에서 소매치기 등에게 휘말리며 갖은 고생을 한다.

린 사람들의 일"이라고 내뱉으며 「NME」를 떠났고, 그 뒤로는 프리랜서 칼럼니스트로 사회, 정치, 영화, 패션 등 폭넓은 분야의 글을 쓰기 시작했다. 그 무렵, 「NME」 입사 동기인 파슨스와 결혼했지만, 3년 만에 이혼했다. 버칠이 두고 떠난 아이를 맡은 파슨스는 훗날 싱글 파더로 겪은 경험을 『서른 번째 생일 선물』[40]이라는 베스트셀러 소설로 썼다. (파슨스는 그 뒤에 버칠과 전혀 다른 유형이라는 일본인 여성과 재혼했다.)

버칠도 「모던 리뷰Modern Review」라는 잡지를 공동으로 설립한 저널리스트와 재혼하지만, 머지않아 편집부에서 일하는 젊은 여성과 연인이 되어(또한 그 여성의 오빠와도 연인이 되어) 이번에도 어린 아들을 남편 곁에 둔 채 이혼한다.

그렇게 하여 '아나키 인 더 UK'가 아니라 '더 워스트 마더 인 더 UK'가 완성되었는데, 버칠은 최악의 엄마를 자칭하면서도 작가로서 받던 존경을 잃지 않았다. 잃기는커녕 「타임즈」 「가디언」 「인디펜던트」 등 유력 매체들이 앞다투어 칼럼을 요청하는, 여성 작가 중

---

40 한기찬 옮김, 시공사 2002, 절판.

영국 사상 최고의 원고료를 자랑하는 칼럼니스트가 되었다.

버칠은 정치와 세태에 관한 글을 쓸 때도 항상 자신의 경험과 주위에서 일어난 일을 섞는 버릇이 있기에 그가 사생활에서 진흙탕에 빠지면 빠질수록 글은 재미있어진다. 하지만 그 이상으로 '자기 아이도 키우지 않는 최악의 여자'라고 스스로를 선전하며 (그는 5회에 걸친 임신 중지 경험도 글에 썼다) 자기 보신 따위 내팽개친 채 칼럼을 쓰기에 다른 이들의 글에 없는 폭발력이 있다.

클래시의 앨범 『런던 콜링London Calling』 커버에는 베이시스트 폴 시모넌Paul Simonon이 베이스 기타를 바닥에 내려치는 사진이 쓰였는데, 뱅크시의 그라피티 작품 중에는 기타가 아니라 사무용 의자를 부수려고 드는 그 사진의 패러디가 있다. 그런데 줄리 버칠이 번쩍 들어서 바닥에 내동댕이치려 했던 것은 기타나 사무용 의자가 아니라 아기였다. (기타 대신 프라이팬이나 청소기를 내동댕이친 여자라면 얼마든지 있다. 하지만 아기라는 금단의 아이템을 부수려 한 사람은 버칠밖에 없다.)

버칠은 위선의 냄새를 풍기는 여자의 언동이 눈에 띄면 마치 맹견처럼 물고 늘어진다.

릴리 앨런Lily Allen[41]이 리버풀 출신인 차브chav[42] 아이돌 셰릴 콜Cheryl Cole[43]을 조롱하고 셰릴이 그에 반격했을 때도, 버칠은 셰릴을 맹렬히 옹호하며 "중산층 출신인 인간이 하층 출신 인간에게 '악취미'니 '품위 없다'고 비판하는 것은 그저 괴롭힘에 불과하다"고 싸움의 봉화를 올렸다. 버칠은 영국 중산층의 언더클래스 멸시를 "사회적 인종차별social racism"이라고 부르며 차브를 다룬 다큐멘터리 프로그램을 제작하거나 문화계 저명인사라는 자신의 입장도 잊고 "나는 차브가 되고 싶다."라고 발언하며 차브 옹호 운동을 성대하게 펼치고 있다. (그래서 나는 버칠을 정말 좋아하게 되었다.) 버칠은 릴리 앨런과도 트위터에서 격렬한 논쟁을 벌였는데, 천하의 릴리 앨런도 이번에는 대적할 상대를 잘못 골랐다고 할까, 그 논쟁(실은 싸움) 이후

---

41 영국의 싱어송라이터, 배우. 데뷔 앨범부터 큰 인기를 얻었지만, 거침 없는 언동으로 물의를 빚기도 했다.

42 2000년대에 생겨난 말로 공영주택지에 거주하는 거칠고 무례한 언동이 두드러지는 백인 노동자 계급 젊은이를 가리키는 멸칭이다.

43 영국의 가수. 여성 그룹 걸스 얼라우드(Girls Aloud) 멤버로 큰 인기를 얻었다. 이 글이 쓰였을 때는 유명 축구 선수 애슐리 콜과 결혼했기에 남편의 성을 따랐지만, 그 후 두 차례 이혼을 거치면서 현재는 '셰릴'이라는 이름만으로 활동하고 있다.

앨런에게 붙어 있던 '쿨하고 똑똑한 여자아이'라는 라벨은 완전히 떨어졌고 '응석받이 아가씨'라는 이미지가 달라붙은 것 같다. 앨런은 영화 제작자인 어머니에게도 몰래 엄호 사격을 부탁하며 논쟁을 수습하려 했지만, 버칠은 신문 지면에 다음과 같은 글을 썼다.

"당신은 젊고 아름답고 재능 있는 아티스트입니다. 나는 늙고 살찐, 영광은 전부 과거의 일이 된 소비기한 지난 아줌마입니다. 그런 당신이 나 같은 인간의 말만 신경 쓰고 살아간다면, 뒤룩뒤룩 살이 늘어나기만 하는 이 아줌마에 비해 10분의 1도 행복을 느끼지 못할 겁니다."

줄리 버칠이 「타임즈」에 칼럼을 쓰던 무렵, 존 라이든은 "최근 읽는 건 줄리 버칠의 칼럼뿐"이라고 말한 바 있다. 그러고 보면 군대계 페미니스트 아줌마의 폭발력 넘치는 문장들 속에서 때때로 뾰족한 보석 같은 명문장이 반짝이며 튀어나오는 버칠의 작풍은 『네버 마인드 더 볼록스』의 리뷰를 썼던 시절과 달라지지 않았다. 그리고 그것은 결정적 슬로건 만들기의 천재라 불리는 존 라이든의 작풍과도 통하는 점이 있다.

『네버 마인드 더 볼록스』는 일본에 정식 수입되며 제목이 '니 마음대로 해勝手にしやがれ'로 번안되었는

데, 나는 이 제목이 정말이지 끔찍하다고 전부터 생각했다. 왜냐하면, 그 앨범 제목은 '니 마음대로 해.'라는 자포자기가 아니라 실은 그와 정반대로 '개소리는 신경 쓰지 마.'라는 긍정적인 말이 아닐까 개인적으로 생각하기 때문이다.

다른 사람 말은 신경 쓰지 마. 너는 네 길을 나아가.

이처럼 DIY 정신 가득한 삶의 철학은 '영국 최악의 엄마'를 자칭해온 버칠의 인생에도 잘 반영되었다.

펑크 전성기 「NME」에서는 토니 파슨스가 클래시를 담당하고, 버칠은 피스톨즈를 맡는 식으로 훗날 부부가 되는 두 사람이 역할 분담을 했다는데, 클래시가 사회와 정치를 고발하는 밴드였던 것에 비해 피스톨즈는 "그래서 너는 어떤데?"라며 개인을 도발하는 밴드였다. 마찬가지로 줄리 버칠도 "그래서 당신은 어떤데?"라고 자신의 글로 영국인의 개인적 위선을 까발리며 거침없이 베어왔다. (그리고 난도질당한 사람 중 한 명이 릴리 앨런이다.)

현재 버칠은 브라이턴에서 반쯤 숨어 살고 있다. 하루에 두 끼밖에 먹지 못하는 빈곤층 아이들이 늘어나고 있는 시대에 왕실의 갓 태어난 아기로 떠들썩한 세간에는 성모처럼 갓난아기를 끌어안은 캐서린 왕자

비의 사진이 범람하고 있다. 그런 오늘날 영국에서 기타 대신 아기를 땅바닥에 내팽개친 여성 펑크 칼럼니스트는 어떤 생각을 하고 있을까.

2013년 영국에는 다시금 줄리 버칠 같은 작가가 필요하지 않을까.

(단행본 출간에 맞춰 새로 씀)

고고한 라이엇 걸

'브로큰 브리튼broken britain'**44**으로 불리는 현대 영국의 문제 중 하나에 늘어나는 '라이엇 걸riot girl'이라는 것이 있다.

예를 들어 얼마 전, 일을 마치고 집에 돌아가려 2층 버스에 올라타 2층의 좌석에 앉았다가 주위의 이변을 깨달았다. 나를 제외한 2층 승객이 전부 만취한 10대였던 것이다. 심지어 대부분 진 등이 담긴 술병과 맥주 캔을 손에 든 여성. 2인 좌석을 혼자 차지한 그들은 몸을 한껏 뒤로 젖히고 다리를 쭉 뻗거나 아예 드러누워서 병나발을 불었다.

---

44 노동당이 집권한 2007년에서 2010년 사이 영국 사회가 계층을 막론하고 부도덕해졌으며 부패가 만연하고 있다고 보수당이 비판하며 사용한 말이다. 이 구호를 앞세운 보수당은 다시 보수의 가치로 돌아가야 한다고 주장하여 정권 교체에 성공했다.

모든 아이들이 노골적인 언더클래스로 한눈에도 학교에 다니지 않는 듯한 옷차림이었다. 하의는 낡아 빠진 트랙 슈트, 상의는 추운 날에도 얇은 캐미솔뿐. 잠옷 바지를 입은 아이도 있었다. 일어난 김에 술 좀 마시고 있어요, 왠지 모르지만 버스 안에서. 그렇게 말하는 듯한 한껏 풀어진 모습이었다.

맨 뒷자리에 앉은 두 여자아이는 차창을 열고 시끄러운 목소리로 행인들을 마구 욕했다.

"망할 할망구, 왜 자꾸 쳐다봐. 씨발, 확 찌른다."

"당신이 개새끼니까 개새끼라고 하는 거야, 이 씨발 영감! 씨발, 다구리로 지옥에 보내줄까 보다, 꺄하하하하하하하."

살집이 많아 체격 좋은 열네댓 살 여자아이들이 곤드레만드레한 아저씨처럼 계속 고함쳤다.

나 같은 경우에는 외국인 아줌마라는 사정이 있어서 계속 2층에 있다가는 진짜로 다구리를 당할 가능성도 있기에 비굴하지만 다음 정류장에서 내리는 척을 하며 살금살금 1층으로 자리를 옮겼다. 집에 어린애도 있다고. 아직 죽을 수는 없어.

1층에 앉아 있는 어른들은 모두 입을 다물고 어딘가 불편한 듯 표정이 어두웠다. 2층 승객들의 소리가 계단 아래로도 또렷이 들려서 시끄러웠던 것이다.

"왜 2층은 저렇게 시끄러워?"

유아차에 탄 아이의 질문에 엄마가 씁쓸한 표정으로 답했다.

"소란을 피우고 있네|They are rioting."

지금 이 시대는 1990년대와 비슷하니 라이엇 걸역시 돌아오는 것인지 모르겠다.[45] 하지만 내 생각에라이엇 걸의 원조는 슬리츠The Slits[46]다.

슬리츠(갈라진 틈들)는 이름부터 섹스 피스톨즈와 쌍을 이루는 여성 펑크의 개척자였다. 데릭 저먼Derek Jarman[47] 감독의 영화 「주빌리Jubilee」에 등장하는 슬리츠의 연주 장면을 보면 앨범 『컷Cut』을 발표하며 데뷔하기 전, 그야말로 여성판 피스톨즈였던 검정 일색

---

45 1990년대 초 '라이엇 걸(riot grrrl)'이라는 문화 운동이 미국에서 시작되어 세계 각국으로 확산되었다. '라이엇 걸'은 페미니즘에 기초하여 여성의 좌절과 분노를 펑크 음악 등으로 거침없이 표현했으며 정치적 행동으로도 이어졌다. 'grrrl'은 개가 으르렁거리는 소리를 뜻하는 'grrr'과 여자아이를 가리키는 'girl'을 합친 것이다.

46 1976년 결성된 영국의 펑크 록 밴드. 포스트펑크를 대표하는 밴드 중하나로 1982년 해체했다가 2005년 재결합하여 2010년까지 활동했다.

47 영국의 예술가, 영화감독, 정원사, 성소수자 인권 운동가. 혁신적이고논란이 많은 작품들을 발표했다.

의 펑키한 모습을 확인할 수 있다.

　돈 레츠Don Letts[48] 감독의 영화 「펑크: 애티튜드
Punk: Attitude」에 펑크 전성기의 여성들을 이야기하는 장
면이 있다. 펑크계의 여성들은 중성적이었다는 말이
나오는데, 그러고 보니 수지 수Siouxsie Sioux와 패티 스
미스Patti Smith 같은 거물 뮤지션들도 처음에는 남장 여
자 같은 옷차림으로 등장했다. 영화에서는 한 관계자
가 "펑크는 처음으로 '남자도 여자도 없다'는 사고방
식을 실현한 문화 운동이었다. 남자든, 여자든, 어느
나라에서 왔든, 어떤 계급 출신이든, 평등하게 받아들
였다."라고 뜨겁게 이야기하는 한편, 엑스레이 스펙
스X-Ray Spex[49]의 보컬 고故 폴리 스타이렌Poly Styrene[50]이
"(남자들한테) 얕보이기 싫어서 일부러 남자처럼 옷을
입었다. 강한 여자를 연기하는 나를 보며 여성들이 용

48　영국의 영화감독, DJ, 대중음악가. 클래시의 비디오그래퍼로 유명해
졌고 수많은 뮤직비디오와 영화를 연출했다.

49　1976년 결성된 영국의 포스트록 밴드. 짧은 기간 활동했지만 젠더의
장벽을 허문 펑크 문화를 상징하는 밴드로 손꼽힌다.

50　본명은 메리앤 엘리엇사이드(Marianne Elliott-Said). 19세에 엑스레
이 스펙스를 결성했다. 예명인 폴리 스타이렌은 플라스틱의 원료인 스타
이렌 수지에서 비롯한 것으로 반자본주의적 성향을 드러낸 것이다. 페미
니스트 펑크의 시초라는 평가를 받는다.

기를 얻은 것은 매우 기쁘지만, 지금 돌이켜보면 부끄럽다. 나는 나 자신의 여성스러운 부분을 억압했다." 라고 솔직하게 털어놓는 장면도 있어 인상적이었다.

개인적으로 펑크에 남자 옷이 아닌 스커트를 입힌 건 슬리츠였다고 생각한다. 앨범 『컷』의 커버에도 여체 셋이 덩그러니 찍힌 사진이 쓰였는데, 진흙투성이 나체를 가린 건 허리에 두른 천 쪼가리뿐이라 당시에 큰 화제를 모았다. (이 사진도 오늘날이라면 서구의 백인이 다른 대륙의 '문화를 도용했다'고 비판받을 것이다.) 그 커버만 보아도 명백히 알 수 있듯, 슬리츠는 처음부터 남자를 흉내 내거나 남자들을 깜짝 놀라게 하겠다는 생각 따위 하지 않았다. 뭐랄까, 슬리츠에는 그런 걸 가볍게 초월한 분위기가 있었다.

슬리츠의 보컬 에어리 업Ari Up[51]의 모친인 노라 포스터Nora Foster[52]는 여자들이 히피와 펑크 패션에 푹

---

51 본명은 아리안 포스터(Ariane Foster). 독일 태생으로 모친을 따라 영국에 이주한 후 펑크에 빠져서 슬리츠를 결성하며 펑크 역사에 이름을 남겼다. 2010년, 48세에 유방암으로 눈을 감았다.
52 독일 출신의 음반 제작자, 배우, 모델. 명문가 출신으로 서독에서 지내던 시절에는 지미 헨드릭스 등과 일했으며 당시 결혼 생활에서 딸인 에어리 업을 낳았다. 영국으로 이주 후 존 라이든과 재혼하여 평생을 함께하다 2023년 눈을 감았다.

빠져 있던 시대에 홀로 배우 캐서린 헵번Katharine Hepburn
처럼 정장을 입고 입술에 새빨간 립스틱을 발랐는데,
피스톨즈 시절의 조니 로튼이 열네 살 연상의 포스터
를 처음 보고 "저 여자 누구야?"라고 놀라며 사랑에
빠진 것은 유명한 이야기다. 아무튼 노라 포스터의 우
아한 피가 딸인 에어리 업에게 이어졌던 모양이다. 스
커트나 핫팬츠를 입고 긴 머리카락을 흩날리는 여성
펑크 로커. 그 원조는 바로 에어리 업이었다. 악기도
제대로 연주할 줄 모르면서 기합만으로 어떻게든 하
려 했던 최초의 순수한 반항아 밴드 슬리츠에는 역설
적으로 어딘가 묘하게 긴장이 풀린 구석이 있었다.

　　독일의 언론 재벌 출신으로 부자였던 노라의 런
던 자택은 가난한 펑크 로커들의 보호소였다고 하는
데, 에어리 업이 불과 열네 살일 때 런던 펑크를 대표
하는 면면이 집 안 여기저기에 널려 있었던 셈이니 펑
크 엘리트가 될 수밖에 없었을 것이다. 노동자 계급
출신으로 지방에서 상경해 어깨에 힘을 주며 필사적
으로 자신을 증명해야 했던 남장 펑크 걸들과는 애
초에 족보부터 달랐던 것이다. 에어리 업은 아무것도
하지 않았는데 어느새 펑크라는 문화 운동의 중심에
있었다.

　　"누군가가 예술가를 목표할 때, 좋은 환경에서

성장했는지는 성공을 결정하는 중요한 요소야. 어릴 때부터 '진짜'를 접해왔는지 여부가 그들이 예술가로서 만들어낼 것을 다르게 하니까."

이 말을 한 사람은 내 게이 친구의 남편으로 런던의 왕립예술학교에서 학생들을 가르치는 할아버지였다. 에어리 업이라는 여자와 슬리츠를 생각할 때마다 나는 이 말을 떠올린다.

상업주의에 반기를 드는 DIY 문화 운동도 일단 뜨면 누구나 먹고사는 것을 생각하게 마련이고, 특히 가난한 청년은 더욱 그럴 것이다. 하지만 슬리츠에게는 그와 같은 밑바닥 출신의 숨은 욕심이 전혀 느껴지지 않았다. 좋은 환경에서 자란 에어리 업에게는 '내가 하고 싶은 일'과 '내가 하고 싶은 말'이 전부였던 것이다.

바로 그 때문에 에어리 업이 보여준 '소녀의 폭동 girl's riot'은 순수하고 시대와 상관없이 시원시원하며, 어딘가 크라스와도 맥락이 통하는 낭만이 느껴진다.

에어리 업의 양부였던 존 라이든은 라스타파리안 Rastafarian[53]이었던 에어리 업이 신념 때문에 유방암 치료를 거부하고 사망했다는 사실을 밝혔다.

"아리안은 죽지 않을 수도 있었다. 그 아이는 자기가 암에 걸린 걸 알고 있었다. 그런데도 일부러 암을 무시하고 제정신이 아닌 좌익의 말도 안 되는 논리를 선택했다. 그런 짓을 하면 누구나 죽을 수밖에 없는데."

생각하기에 따라서는 죽을 때까지 폭동을 멈추지 않은 것이다.

똑바르게, 세속적 욕심에 한눈팔지 않고 무언가를 믿으며, 그 믿음을 향해 폭주하는 것이 에어리 업의 폭동이었던 것이다.

"영어는 그의 모국어가 아니었기 때문에 영어로 노래하는 건 그에게 편한 일이 아니었다. 사람들이 진지하게 받아들이도록 그는 싸워야만 했다."

이렇게 말한 사람은 에어리 업이 죽고 2년 뒤 주부 생활에 종지부를 찍고 57세에 솔로 데뷔 앨범을 발표한 전 슬리츠 기타리스트 비브 앨버틴Viv Albertine이다.

---

53 에티오피아의 전 황제 하일레 셀라시에 1세를 숭상하는 자메이카 신흥 종교 라스타파리교의 신자. 라스타파리교는 종교인 동시에 사회 운동적인 성격이 강하다. 라스타파리안은 긴 머리카락을 꼬아서 늘어뜨린 헤어스타일이 외견적 특징이며, 그들에게서 레게가 시작되었다고 한다.

내가 영국에 거주하는 외국인이다 보니 이런 이야기에 야말로 '아아.' 하고 반응하게 된다.

에어리 업은 엘리트인 동시에 이방인이었던 것이다.

쌍둥이 남자아이들을 출산한 에어리 업은 그 뒤에 또 아이가 생겼는데도 유랑하는 싱글 맘이라는 생활양식을 멈추지 않았다. 양딸의 생활을 보다 못한 존 라이든이 "애들은 학교에 제대로 다녀야 한다."라며 쌍둥이를 거두어 키운 것은 잘 알려진 이야기다. 천하의 조니 로튼에게 뒷바라지를 받으며 살고 싶은 대로 살아간 펑크 걸이 바로 에어리 업이었다. 에어리 업의 폭동이란, 집단을 이뤄 일시적으로 폭주하는 것이 아니라 고고하게 전 생애에 걸쳐 폭주하는 것이었다.

존 라이든은 암을 치료하지 않고 세상을 떠난 양딸을 '불효자식'이라 나무랐지만, 사실은 펑크의 맹우로서 에어리 업에게 연민을 느꼈는지도 모르겠다.

(단행본 출간에 맞춰 새로 씀)

잔인한 행위에 관해, 심지어 진지하게

런던 동시 다발 테러[54] 직후의 주말에는 토요일에도 일요일에도 신문이 이 '잔인한 행위atrocity'를 특집으로 다루었다. 텔레비전 뉴스에서도 "테러와의 전쟁은 계속된다"는 헤드라인이 끝없이 춤추었고, 이른바 세계를 이끄는 지도자들의 극적인 연설이 계속 흘러나오는 가운데 테러 당일에 활약한 일반 시민과 소방관, 경찰관 등의 영웅담이 차례차례 소개되어서 아아, 영국 언론은 이 사건을 영국판 9·11 테러[55]로 만들려는

54 2005년 7월 7일 출근 시간에 런던 중심부의 지하철과 버스 네 곳에서 거의 동시에 일어난 자살 폭탄 테러. 750여 명의 사상자가 발생했고, 수사 결과 범인들은 파키스탄계 영국인으로 밝혀졌다.
55 2001년 9월 11일 이슬람 테러 조직 알카에다의 주도 아래 납치된 여객기가 뉴욕의 세계무역센터 빌딩과 워싱턴의 미국 국방부 건물에 충돌한 테러 사건. 약 3000명의 사망자와 수만 명의 부상자가 발생했고, 미국은 테러와의 전쟁을 선포해 아프가니스탄과 이라크를 침공했다.

거구나, 하고 생각하는데 이미 7·7 테러로 불리고 있었다.

이번 테러도 이슬람 과격파 조직의 짓일 가능성이 높다는 게 현시점 수사 당국의 견해인 모양이다. 그렇게 되니 또 "무슬림은 위험해."라며 제멋대로 사납게 날뛰는 사람들까지 출현해서 이슬람교도를 먼저 공격하자는 주장이 드문드문 나오는 것 같은데, 이번 테러로 희생된 분들 중에는 이슬람교도도 여럿 있기 때문에 영국인이 아무리 혈기 왕성하고 야만적이라 해도 그토록 멍청한 짓을 하는 사람은 매우 소수인 듯하다.

그렇지만 이슬람 원리주의를 향한 혐오라고 할지, 특정 종교 혹은 사고방식에 빠져들어 '죽어도 상관없다'라는 믿음으로 그것을 위해서라면 몸을 바칠 수도 있는 사람들을 '미치광이'라고 부르는 풍조에는 다시 불이 붙었다. "증오를 기르는 종교는 잘못된 것이다."라는 주장을 크게 외치며 타인이 신봉하는 개념 혹은 가르침 같은 것을 일방적으로 부정하는 사람들도 우익계 신문을 중심으로 활발히 활동하고 있다.

그처럼 타인이 받드는 개념을 잘못되었다 주장하고 부정하는 사람들이 현재 믿거나 믿지는 않아도 관혼상제에서 한 번쯤 이용하는 종교로 기독교라는 것이 있는데, 사실 기독교도 처음 생겨났을 때는 요즘 말로 유대계 과격파라고 해도 지나치지 않은 신흥 종교였다. 사실 예수라는 양반도 뜬금없이 "성전을 더럽히지 말라."라고 비현실적인 말을 하며 시장을 파괴한 적이 있고, "나는 세상 사람들을 분열시키기 위해서 왔다."라는 몹시 과격한 말을 하기도 했다.

그 예수라는 나사렛의 일용직 목수가 설파한 개념 혹은 가르침 같은 것에 깊숙이 파고들어서 그것을 위해서라면 목숨도 바칠 수 있다고 믿은 사람들이 바로 성서에 등장하는 예수의 제자 여러분인 셈이다. 즉, 종교에 빠진 사람을 미치광이라고 한다면, 예수의 제자들도 골수 미치광이라고 할 수 있다는 말이다. 그렇게 생각하면 현재 영국과 미국에서 존John이나 폴Paul이나 피터Peter(요한, 바울로, 베드로라는 사도에서 유래한 영어 이름)라고 불리는 사람들은 전부 미치광이에서 비롯된 이름을 쓰고 있는 것이고, 마찬가지로 비틀즈 같은 밴드 역시 그건 미치광이 콤비('존' 레넌과 '폴' 매카트니)가 주축인 밴드라고 농담할 수도 있다.

게다가 기독교도 여러분이 "증오를 기르는 종교"를 부정하는 것도 좀 이상하다. 왜냐하면 기독교 또한 피비린내 진동하는 종교라 오래전부터 마구잡이로 증오를 길렀고, 애초에 종교 자체에 어떤 사고방식

혹은 가르침을 믿는지 여부로 사람을 나누는 성질이 있는 이상, 종교가 세상 사람들을 분류해서 단절시키는 것은 누구도 어쩔 도리가 없는 일이다.

가령, "나는 더 스미스The Smith[56]를 좋아하는데."라고 말한 사람에게 "음, 모리시Morrissey[57]는 너무 구질구질해서 싫더라. 그보다는 혁명을 선동하는 클래시가 멋있지."라고 주장하는 사람이 있다면, 더 스미스의 팬을 자처한 사람은 "그래? 나는 클래시 같은 건 단세포에 멍청이라고 생각하는데."라고 자기도 모르게 반론하고 싶을 테고, 그 사람들이 두 밴드의 열광적인 신봉자일수록 대화는 평행선을 달리기만 할 것이며, 처음에는 자기가 좋아하는 밴드가 얼마나 멋진지 소개하려던 대화가 그만 상대방이 좋아하는 것을 서로 매도하는 입씨름으로 발전하고, 결국에는 멱살을 잡거나 주먹질을 하거나 바닥에 떨어진 날붙이를 주워 상대방을 찌르고 마는 참사가 일어날 가능성도 전혀 없다고는 할 수 없다.

[56] 1982년 영국에서 결성된 록 밴드로 5년이라는 짧은 기간 동안 활동했지만 후대에 막대한 영향을 미쳤다.
[57] 더 스미스의 리더로 천재 음악가라 평가받으며 밴드 해체 후에도 지금까지 활발하게 활동하고 있다.

즉, '자신이 받드는 것을 누구와도 나누지 않고, 누구에게도 주장하지 않고, 누구에게도 이해받으려 하지 않으면서 오로지 내 방에서 나 혼자 사랑한다.' 하는 너드nerd[58]의 왕도를 걷는 듯한 생활양식을 전 인류가 채택하지 않은 이상, 무언가를 사랑하거나 신봉하는 것은 무슨 수를 써도 세상 사람들을 분열시키고 다툼의 씨앗이 되어 증오를 낳을 수밖에 없다.

영미 기독교인 지배자 콤비로 '일요일마다 반드시 미사에 참석하는 경건한 가톨릭 신자' 토니 블레어 영국 총리와 '예수의 가르침 덕분에 새로 태어난 남자' 조지 W. 부시George W. Bush[59] 미국 대통령만 해도 '테러와의 전쟁'이라는 말을 입에 담은 순간 실은 기독교인으로서는 실격이다. 애초에 기독교를 믿는다는 사람들이 테러리스트에게 선전포고를 하면 어떡하냐는 말이다.

그들이 "오른뺨을 맞으면 왼뺨도 내밀어라."라고 했던 예수를 진심으로 믿고 사랑한다면, "범인을

---

58 특정 분야에 푹 빠져 사회성이 떨어지는 사람을 가리키는 말이다.
59 미국 41대 대통령 조지 H. W. 부시의 아들로 빌 클린턴에 이은 43대 대통령이다. 젊은 시절 심각한 알코올 의존증이었지만 신앙 덕에 극복했다고 한다.

반드시 색출해 관타나모Guantanamo 수용소[60]에서 고문해버리겠다." 같은 말을 해서는 결코 안 된다. 그에 더해 "공격당하기 전에 부수겠다."라는 대담하기 그지없는 이유로 남의 나라를 갑자기 폭격하기까지 했으니, 그건 안티크리스트인 사탄이나 할 짓이다. 기독교인이 나아가야 하는 길이란 나를 때리든 말든, 밟든 말든, 십자가를 짊어지고 죽어가는 것이니까.

이런 이야기를 쓰면 그렇게 극단적인 생각은 위험하다고 말씀하시는 분이 있을까 싶지만, 애초에 무언가를 믿고 사랑하는 것에는 위험도 안전도 없다. '이 부분은 안전하니까 믿지만, 저 부분은 좀 위험하니 안 믿을래.' 하는 어중간한 자세는 진정 무언가를 믿고 사랑하는 것이 아니다. 성 아우구스티누스도 성 프란체스코도 그렇다고 말씀하셨다.

즉, 이 논리로 생각하면 맹신하는 사람들을 '미치광이'라고 부르는 인간들이야말로 안이하다고 할 수 있지만, 그래서 기독교인 여러분은 통장을 도둑맞으

---

60 쿠바 관타나모만에 있는 미군 기지 내의 수용소. 테러와의 전쟁 중 체포한 사람들을 수용했는데, 수용 절차가 불법적이고 고문 등이 자행되어 문제가 되었다.

면 자택의 권리서도 내밀고, 아내가 유린당하면 딸도 바쳐야 하냐고 묻는다면, 전부 싸잡아서 그래야 한다고 할 수는 없으며, 그런 짓을 했다가는 "오른뺨을 맞으면 상대의 뺨을 왕복으로 휘갈겨라."라는 마초 같은 분들이나 "뭐가 평화냐, 멍청이들. 얼빠진 놈들한테서 전부 강탈해라." 하는 위험한 동네 여러분이 타인의 재산과 생명을 맘대로 빼앗는 지옥 같은 세상이 펼쳐질 게 뻔하기에 국가는 법률을 만들어서 인간이 타인에게 해를 끼치지 않도록 하는데, 그 법률이라는 것도 해당 지역의 종교와 민족성에 따라 정의正義의 의미가 다르다는, 까놓고 말해 퍽 대충대충 만들어진 것이라서 '절대적이고 완벽하게 공정한 전 인류의 법' 같은 것은 한 번도 세상에 존재한 적이 없다.

지금까지 쓴 글로부터 알 수 있듯이, 요컨대, 인간 한 사람 한 사람이 올바르다 생각하는 것을 통일하기란 불가능하다.

하얀 비둘기를 파란 하늘로 날리며 '평화, 인명은 지구보다 중요해.'라는 사람이 있는가 하면, 무언가를 추구하며 싸우다 죽는 것이야말로 진리라고 생각하는 사람도 있고, 진리인지 똥인지 알 게 뭐냐, 낭만적인 소리 집어치워라, 정신 나간 놈, 하며 굳이 무법 지대로 나가는 사람도 있을 테니까 말이다.

그리고 또 하나, 더더욱 중요한 점이 있으니 사실 인간 따위로서는 사람들 제각각의 정의 중 무엇이 정말 올바른지 알 수 없다는 것이다.

그러니 '내가 올바르다고 생각하는 것은 타인이 올바르다 생각하는 것보다 더욱 올바르다.'라며 '내가 남보다 낫다.' 혹은 '나는 남보다 살짝 훌륭해서 무엇이 올바른지 아는 꽤 특별한 사람.' 나아가 '나는 천황가의 후예로 신의 서자다.' 등 수상쩍은 자신감의 근거는 그것이 환상인 이상 갖고 있어 봤자 무의미할 뿐 아니라 재앙의 씨앗이 되기만 한다.

"점점 혼탁해질 세계"(존 라이든)를 살아가면서 조금이나마 도움 되는 것이 있다면,

나는 자주 틀린다.

그런 체념 가득한 인식. 혹은 부정적인 관용. 아니면 밑바닥에서 바라본 통찰. 그런 것이 아닐까 하고, 최근 들어 나는 진지하게 생각한다.

'잔인한 행위'가 발생할 때마다 자신의 정당성을 더욱 확신하는 듯한 영미 정치적 지도자들의 그 자신감과 정의감에 취한, 빛나고, 힘이 넘치고, 의욕이 용솟음치는 얼굴을 바라보자니 말이다.

사실 말은 이렇게 해도, 나 역시 틀렸을 수 있지만.

(출처: a grumpy old woman, 2005. 7. 12)

눈과 학생 투쟁, 그리고 조니 마

Stop saying that you like The Smiths,
no you don't. I forbid you to like it.
더 스미스를 좋아한다고 말하지 마라.
당신은 안 된다. 당신이 그 밴드를 좋아하는 걸
금지한다.

조니 마Johnny Marr[61]가 자신의 트위터로 영국 총리
데이비드 캐머런에게 보낸 메시지다.

눈 내리는 날씨에도 학생들이 거리로 나가 보수
당에 항의 시위를 벌이는 요즘, 나는 누군가 이 말을
하기를 기다리고 있었다. 나는 눈 속에서 항의 시위를

---

[61] 영국의 기타리스트, 싱어송라이터. 더 스미스에서 활동하며 모리시와
함께 곡을 만들어 명성을 얻었다. 노동당 지지자이며 보수당을 매우 싫어
하는 것으로 유명하다.

하는 사람들과 함께하지는 않지만, 거리에서 행진하는 사람들의 아이를 어린이집에서 돌보고 있다. 개인적으로는 더 이상 시위니 유혈 항의 운동이니 하는 것에 두근거릴 나이가 아니지만, 이 전국적인 학생 운동은 '내 마음은 너희와 함께 있어.' 하는 심정으로 지켜보았다.

보잘것없던 것이 사실인 노동당 정권이 한 일 중 그래도 가장 훌륭했던 것은 (토니 블레어와 고든 브라운이 개인적으로도 원했는지는 모르지만, 노동당의 전통적 이념에 따라 우선할 수밖에 없었던 정책으로서) '밑바닥을 끌어올리려고 했던' 교육 정책이다.

밑바닥 사람들을 끌어올릴 수 있는 것은 교육밖에 없다.

이런 사상을 떠받드는 노동당 정권 덕분에 얼마나 많은 빈곤층과 언더클래스 아이들이 대학과 대학원을 다닐 수 있었는가. 전부 록 스타 지망생이었던 토니 블레어가 연설에서 "교육, 교육, 교육Education, education, education!"[62]이라 외쳐서 청중을 열광시킨 바로 그 정책 덕분이었다.

---

62 토니 블레어가 1997년 영국 총선을 앞두고 했던 연설 중 일부다.

텔레비전 뉴스에 등장하는 학생들은 모두 젊은 이들이고 중노년 학생은 별로 화제에 오르지 않지만, 보수당 정권(실은 자유민주당이 함께하는 연립정권이지만, 시작부터 자유민주당은 없는 셈이나 마찬가지였다)이 교육 예산을 대폭 삭감한 탓에 아저씨·아줌마 학생을 위한 보조금과 학비 면제 제도 등도 폐지되어서 "영국은 좋은 나라야. 나이가 많아도 다양한 공부를 할 수 있고, 인생에 선택지가 많아." 하는 일본인 유학생의 소감은 앞으로 들을 일이 없을 것이다. 지긋한 나이에 거액의 빚을 지면서까지 대학에서 공부하려는 사람은 거의 없을 테니까.

10대에 아이를 여럿 낳고 20년 동안 어머니로 살았지만, 아이들도 모두 어른이 되었으니 늦게나마 대학교에 가서 공부하고 싶다. 이런 꿈이 있었던 빈민가 여성들도 현 정권에서는 '웃기는 소리 말고, 하층의 인간은 하층답게 영원히 최저임금이나 받으면서 일해. 주택 보조금도 끊을 거니까.' 같은 대우를 받게 되었다. 보수당의 지지 기반이 중산층 이상인 이상, 그들은 '밑바닥 사람 끌어올리기' 같은 일에 관심을 주지 않는다. 굳이 말하면, 위에 있는 사람들이 만족하도록 격차를 더욱더 넓힐 뿐이지.

나는 영국에서 보육사로 일하고 있는데, 노동당이 시작한 '0세부터 시작하는 교육 정책'도 보수당 정권에서 폐기되고 있다.

매일 접하는 어휘 수가 중산층의 유아들과 비교하면 10퍼센트 이하. 그런 말을 듣는 빈곤층 유아들을 '끌어올리기' 위해 노동당 정권은 보육사들을 '유아 교육 전문 교사'로 만들고 보육시설에서 아이들 한명 한 명에게 적합한 학습 과정을 세우게 하려 했다. 그러기 위해 유아 학습 과정을 만들 수 있는 전문가를 육성하는 새로운 프로그램을 전국 대학교에서 시작하고, 일하면서 공부하려는 보육사들에게는 학비를 전액 면제해주었다. 특히 가난한 지역의 보육시설에서 일하는 보육사가 대학교에 다니면 그 보육사가 근무하는 시설에도 장려금 등을 지급해주었다.

내가 일했던 '밑바닥 어린이집'[63] 같은 곳이 노동당 정권의 정책에 얼마나 큰 도움을 받았는지는 두말할 필요도 없다. 학비 면제 제도를 이용해 대학교에 입학한 밑바닥 어린이집 관계자 중 한 사람도 새로운

---

63 저자가 한때 자원봉사를 했던 보육시설로 무직자 및 저소득자를 위한 자선시설의 부설 어린이집이다. 자세한 내용은 『빌어먹을 어른들의 세계』 참조.

정권이 내년부터 그 제도를 폐지하여 공부를 계속할
수 없는 상황이 되자 플래카드를 들고 가랑눈 흩날리
는 브라이턴 거리를 행진했다.

현 정권의 데이비드 캐머런 총리는 무인도에 홀로
남을 때 가져갈 곡으로 더 스미스의 「디스 차밍 맨This
Charming Man」을 꼽은 것으로 유명하다.

내가 런던에서 열렸던 한 일본인 모임에 참가해
벽 쪽 맨 뒷자리에 앉아 몸을 웅크리고 있을 때, 재영
일본인으로 구성된 록 밴드의 멤버라던 사람이 "더 스
미스의 음악에는 계급이 없어요. 부자라든가 가난하
다든가, 그렇게 좁은 음악이 아니라 훨씬 보편적이에
요."라고 이야기했었다. 하지만 10년이 훌쩍 넘게 이
나라의 빈민가에서 생활한 탓에 내 감수성이 썩었는
지, 내게 더 스미스의 음악은 영국 밑바닥 계급 젊은이
들의 원망 어린 노래로밖에 들리지 않는다. 그런 의미
로 더 스미스는 섹스 피스톨즈와 가장 가깝다고도 할
수 있다.

더 스미스를 좋아한다고 말하지 마라.
당신은 안 된다. 당신이 그 밴드를 좋아하는 걸
금지한다.

조니 마가 트위터에 남긴 짧은 문장은 영국에서 유력 매체까지 주목하며 큰 화제가 되었다. 「타임즈」의 여성 칼럼니스트는 "블러와 라디오헤드Radiohead 같은 밴드도 그런 성명을 내야 한다."라고 선동했다.

학생들의 항의 운동도 그렇지만, 이처럼 직접적으로 뜨겁게 정부에 '반항'하는 기세는 이 나라에서 수십 년 동안 보지 못했던 것이다. 특히 가난한 젊은 이들이 진심으로 분노하고 있다. 밑바닥 생활자 지원 시설 주위를 돌아다니는 어린 친구들도 표정이 달라졌다.

엄혹한 시대가 되었다. 재미있는 시대이기도 하다.

(출처: THE BRADY BLOG, 2010. 12. 5)

학생 시위에 무엇보다 필요한 것

조니 마가 데이비드 캐머런 총리에게 직접 보낸 '더 스미스 애호 금지령'을 모리시가 공식적으로 지지했다는 소식을 이미 아는 분도 많겠지만, 그 내용이 담긴 「가디언」의 기사를 보고 나는 폭소를 터뜨렸다.

나는 조니 마의 성명을 지지한다, 하는 모리시의 지지에 이 양반이 웬일로 순순한가 싶었지만, 뜬금없이 '왜냐하면, 데이비드 캐머런은 사냥을 합법적으로 용인하거든. 나는 그런 폭력을 용납할 수 없어. 자연 생태계에 피해를 입혀서는 안 된다고.' 하는 의견과 함께 새끼 고양이를 끌어안은 모리시의 사진이 게재되어 있었기 때문에 나로서도 폭소를 참을 수 없었는데, 폭소가 잠잠해진 다음 모리시의 '시치미'에 다시 히쭉 웃고 말았다.

영국에서 '사냥'은 전통적으로 상류층 및 명사들이 즐기는 유희다. 가난한 사람은 그런 걸 한 적도 본 적도 없는, 몹시 '폐쇄적'이며 특권적인 스포츠인 것이다. 그리고 그 사냥이라는 스포츠를 즐기는 사람들은 빠짐없이 보수당 지지자다.

이렇게 직접적으로 말하지 않고 굳이 새끼 고양이를 품에 안은 채 그윽한 눈빛으로 중년 채식주의자에 몰입한 모리시의 유머 감각은 아마도 현재의 학생 시위대에 가장 필요한 것일지 모르겠다. 조니 마 같은 직구도 좋지만, 모리시의 변화구도 절묘하다. 이 아저씨들은 아직 팔팔한 현역인 것이다.

런던에서는 학생 시위대가 찰스 왕세자 부부의 자동차를 공격했다는데, 이번 학생 운동에 필요한 것은 모리시가 보여준 '시치미'의 유머와 템스강에 보트를 띄우고 「갓 세이브 더 퀸God Save the Queen」[64]을 부른 섹스 피스톨즈의 '얼버무리기' 정신 아닐까.

이런 이야기를 밑바닥 생활자 지원시설에서 오늘 시위에 참가하겠노라 의욕을 불태우는 젊은이들에게 말했는데 "그런 건 중년들이 하는 생각 같지만, 그렇게 우리에게 충고해준다는 점에서 이 시대에 중년이

---

64 엘리자베스 2세 즉위 25주년이던 1977년 발표된 곡. 여왕을 칭송하는 제목과 달리 영국 왕실과 여왕을 조롱하는 내용이라 당시 방송 금지 처분을 받기도 했다.

해야 하는 역할도 있는 것 같다." 하는 말을 들었다.

그렇군. 조니 마와 모리시는 정확하게 중년의 역할을 다한 것이다.

무심결에 내 청춘 시절의 섹스 피스톨즈와 존 라이든은 지금 무엇을 할까 생각했는데, 그 순간 내 시선은 미국으로 향했다.[65]

오늘날 더 스미스와 피스톨즈의 결정적인 차이가 바로 그것이다. 더 스미스는 어디까지나, 요령부득이라 할 만큼 언제까지나, 영국 밴드라고 생각한다.

국회에서는 야당이 더 스미스의 곡명을 비틀어서 조니 마에게 거부당한 캐머런 총리를 놀리고, 총리는 그걸 또 다른 더 스미스의 곡명으로 받아쳤다고 하는데, 그런 점을 고려하면 더 스미스가 이번 학생 운동의 배경음악을 맡은 밴드로서 부활해도 전혀 이상한 일이 아닐 것이다.

더 스미스의 「더 퀸 이즈 데드The Queen Is Dead」(1986)와 피스톨즈의 「갓 세이브 더 퀸」(1977). 오래된 것일수록 훌륭하다는 상투적인 방정식이 이번만은 쓸모없을 수도 있겠다.

---

[65] 존 라이든은 섹스 피스톨즈 해체 후 오랫동안 미국 캘리포니아에서 살고 있다.

추신

오늘 아침, 버스에서 주운 신문의 1면 헤드라인
은 「아나키 인 더 UK Anarchy In The UK」[66]이긴 했다. 누구
든 생각하는 건 비슷한 모양이다.

(출처: THE BRADY BLOG, 2010. 12. 10)

---

66 1976년 발매된 섹스 피스톨즈의 첫 싱글 타이틀 곡. 섹스 피스톨즈의
대표곡이면서 펑크 록을 상징하는 곡으로 록 역사상 손꼽히는 명곡이기도
하다.

정치와 눈금자

학생 시위에 관해 쓰고 싶어진 것에는 개인적인 이유가 있다.

영국에서는 '기이할 만큼 산수에 능한 사람들'로 여겨지는 일본인의 일원으로서 나는 이따금씩 모 진보적 자선 단체가 운영하는 교육 기관의 성인 대상 산수 교실에서 보조 교사로 자원봉사를 하고 있다.

그래서 읽고 쓰기와 산수를 제대로 하지 못하는 성인 영국인들을 재교육하는 현장이 어떤 곳인지 알고 있고, 그래서 노동당 정권이 얼마나 예산을 들여서 밑바닥 사람들을 끌어올리려고 했는지도 알고 있다.

단언컨대, 일본의 열두 살이라면 그곳의 시험에 낙제할 리는 없다. 그 정도로 쉬운 산수 시험을 통과하기 위해 공부하는 성인 영국인이 얼마나 많은 줄 아는가. 곱셈, 나눗셈은커녕 덧셈, 뺄셈에도 애를 먹는다. 눈금자도 읽을 줄 모른다. 마약에 빠졌다 간신히 끊었다든지 열세 살에 임신해 학교를 자퇴했다든지 하는 젊은이들만 그곳에서 공부하는 건 아니다. 의외로 평범하게 일하는 아줌마 아저씨도 다닌다.

'수입 격차'도 대단하지만, '교육 격차'는 더더욱 대단하다.

이 나라에 그런 사정이 있다는 걸 지식으로는 알았지만, 실제로 교실에 나란히 앉아 '24+8'이라는 문제 앞에서 어쩔 줄을 모르는 어른들을 처음 보았을 때는 할 말을 잃었다. 덧셈이나 뺄셈을 하지 않아도 평생 먹고살 수 있다면 딱히 산수 따위 할 줄 몰라도 상관없을 테지만, 그들은 다양한 사정이 있어 다시 공부하기 위해 찾아왔다.

취직하고 싶다. 승진하고 싶다. 이런 것들이 주된 이유이긴 했다. 그 외에 아이의 숙제를 봐주고 싶다, 아무리 그래도 인간적으로 덧셈 뺄셈 정도는 하고 싶다, 하는 사람도 있었다. 동네 담배 가게에서 계산할 때 맨날 나만 잔돈을 조금씩 덜 받는 것 같다는 절실한 위기의식을 토로한 사람도 있었다.

이유가 무엇이든, 나는 그런 사람들에게 다시 배울 기회를 무료로 제공한 노동당의 정책을 좋아했다. 하지만 그 성인 대상 산수·읽기 쓰기 교실도 보수당 정권의 교육 예산 삭감 때문에 당장 내년에 어떻게 될지 알 수 없게 되었다.

현재의 학생 시위는 대학교의 학비 인상이 핵심 쟁점이지만, 사실 내게는 그보다 빈곤층 학생 및 빈곤층 대상 교육 기관에 대한 보조금과 지원금 삭감이 더 신경 쓰인다. 학생 운동도 빈곤층에 초점을 맞추면 다종다양한 아나키스트 여러분까지 끌어들이며 본격적인 반정부 운동으로 발전할 수 있을 듯한데, 학생에 한정한 투쟁은 아직 거기까지 나아가지 않았다.

인간 따위는 무엇이 옳고 무엇이 그른지 알 수 없기에 무엇이든 옳고 그름을 단정하는 것은 위험하다. 하지만 무엇이 자기의 취향인지, 혹은 자신의 미의식(쿨하냐, 쿨하지 않느냐)에 맞는지는 알 수 있다. 그리고 인간인 이상 그런 본능적 가치 판단은 그만둘 수 없다.

데이비드 캐머런이 이끄는 보수당 정권(거듭 말하지만 자유민주당은 처음부터 없는 것이나 마찬가지다)은 세간에서 "도련님 정권"이라는 말을 듣는데, 노동당의 토니 블레어도 고든 브라운도 '도련님'이라는 점은 마찬가지다. 노동당이라고 하지만, 유서 깊은 노동자 계급 출신자가 당대표에 오르는 것은 아니다. 아니, 현실적으로 생각해서 역시 눈금자도 읽지 못하는 계급에서 정치가가 나오기는 힘들 것이다.

정치란 서 있는 위치를 말하는 것이 아니다. 정치란 지향하는 방향이다.

어떤 국가가 쿨할까, 어떤 나라가 되면 쿨하다고 생각할까, 하는 개인적 미의식이 정의니 정치적 이념이니 하는 어려운 단어로 바뀌었을 뿐, 본래 정치란 그처럼 복잡기괴해서는 안 될 것이다.

그런 점을 고려하면 성인 대상 산수 교실은 내 취향에 딱 맞는 곳이다. 그런 곳을 무시하려 하는 보수당이 얼른 정권을 내려놓기를 바라고 있다. 왜냐하면, 연 수입이나 계급 같은 배경과 무관하게 전 국민이 '15+7'이 얼마인지, 영하 2도와 영하 6도 중 어느 쪽이 더 추운지 아는 나라가 더 아름답다고 생각하기 때문이다.

그와 더불어 성인 대상 산수 교실에서 성인 학생들을 정력적으로 가르치는, 매일 닉 케이브Nick Cave[67]의 티셔츠를 입는 50세 강사가 올해 들어 내가 만난 사람들 중 가장 쿨한 인물이라는 점도 꼭 적어두고 싶

---

67 호주 출신 싱어송라이터. 닉 케이브 앤드 더 배드 시즈(Nick Cave and the Bad Seeds)의 리더이며, 모든 곡을 만든 천재 음악가로 알려져 있다.

다. 외부에서 밑바닥 사람들을 지원하는 지식인이 (현실에) 존재하는 것. 맨날 똑같은 티셔츠를 입을 만큼 가난하면서도 자신의 신념을 위해 자기 두뇌를 활용해 기운 넘치게 일하는 뜨거운 학구파 아저씨가 (현실에) 존재하는 것.

영국이라는 나라의 심오함은 바로 그런 현실 근처에 있다.

(출처: THE BRADY BLOG, 2010. 12. 16)

머저리들은 신경 쓰지 마

그 여자는 집에 돌아가기 위해 버스에 올라탔다. 그의 외견은 중국인 혹은 일본인. 한국인일 수도 있고, 필리핀인일 가능성도 있다. 어쨌든 동아시아, 또는 더욱 넓은 의미의 아시아 출신이라는 사실이 한눈에 보아도 분명한 외견. 그 중년 여성은 무척 서두르며 처칠 스퀘어의 버스 정류장에 서 있던 버스에 뛰어올라 뒤쪽 좌석으로 걸어갔다.

여자가 입고 있는 붉은 폴로셔츠의 가슴팍에는 '테디 베어 보육원'이라는 자수가 놓여 있었다. 보육시설에서 일하는 이주민일까. 슈퍼마켓과 저렴한 상점의 비닐봉지를 양손 가득 들고 비틀비틀 위태롭게 뒤쪽으로 걸어가는 그의 발이 툭, 하고 무언가에 걸려 넘어질 뻔했다. 발을 통로까지 내밀고 칠칠치 못하게 앉아 있는 문신 가득한 민머리 아저씨 2인조 중 누군가의 발에 걸려 넘어질 뻔했던 것이다.

"미, 미안해요."

여자가 'r' 발음과 'l' 발음이 뒤섞인 듯한, 영국인이 알아듣기 어려운 불가사의한 발음으로 'sorry'를 발음하며 사과했다.

민머리 및 문신 2인조 중 한 아저씨가 낮은 목소리로 중얼거렸다.

"퍼킹 칭크 Fucking chink."

여자는 또다시 조건반사처럼 "미안해요."라고 사과한 뒤 버스의 뒤쪽으로 걸어갔다.

칭크. 그건 그가 일상적으로 듣는 말이었다. 그 말은 중국인을 가리키는 멸칭이라고, 한 일본인이 알려주었다. 그렇지 않다고, 동아시아 사람 전체를 가리키는 명칭이라며 폭소한 중국인도 있었다.

그렇지만 여자에게 그런 자세한 사정은 아무래도 상관없었다. 중국인이든 일본인이든 한국인이든 필리핀인이든 아무래도 좋은 것이다. 저쪽 눈에 칭크는 칭크일 뿐이니까.

"퍼킹 칭크."

특히 그 여자에게는 자주 그 말을 듣는 구석이 있었다. 자전거로 외출했을 때, 멍하니 있다 신호를 보지도 않고 횡단보도를 건너는 바람에 옆에서 튀어나온 자동차의 운전사가 "퍼킹 칭크!"라고 호통쳤다. 멍청하게 딴생각을 하며 시내를 걷다가 맞은편에서 걸어 오는 사람의 어깨에 머리를 부딪쳐서 "퍼킹 칭크."라고 혼났다.

어느 상황에서든 잘못한 건 나 자신이다. 그는 그렇게 이해했다. 내가 종종 멍하니 있으니까, 딴생각을 하면서 걸어 다니니까 타인에게 불편을 끼치고, 나 때문에 화난 상대방이 "퍼킹 칭크."라고 소리치는 거라고.

그렇게 생각하는 그에게 "퍼킹 칭크."는 더 이상 인종차별적인 표현이 아니었다. 그저 자기가 덜떨어진 탓에 처음 보는 사람에게 혼날 때 듣는 말에 불과했다. 그래서 그때도 그는 허둥지둥 민머리와 문신 2인조에게서 멀어져 버스의 맨 뒷자리에 앉았다.

그런데 그 순간, 갑자기 버스 앞쪽에서 탁한 목소리가 들려왔다.

"누군가 지금 내 버스에서 불쾌한 말을 뱉은 거 같은데. 심지어 욕까지 함께."

고개를 든 여자의 시야에 천천히 뒤를 돌아 자기 쪽을 바라보는 버스 기사가 들어왔다.

기사는 민머리에 체구가 큰, 언뜻 봐도 거칠 듯한 백인 남자였다. 반소매 셔츠로 가려진 울퉁불퉁 근육질 팔뚝에는 색색이 문신이 새겨져 있었다. 아마 나이는 30대 후반에서 40대 초반. 확실히 말해 그 기사의 외견은 여자에게 욕을 퍼부은 2인조와 무척 비슷해서 같은 계통에 속한 사람들로 보이기도 했다. 저 세 사람은 사실 사이좋은 친구들이에요, 하고 누군가가 말해도 딱히 놀랍지 않을 듯했다.

"누군가 거기 가운데 근처에서 불쾌한 잡소리를 했잖아."

기사는 그렇게 말했지만, 그 눈은 명백히 민머리 2인조를 향하고 있었다. 누구라도 알 수 있는 명료한 기사의 시선을 받으며 2인조는 크게 흥분했다.

"뭘 폼 잡고 있어." 키 큰 민머리가 말했다.

"퍼킹 칭크를 퍼킹 칭크라고 한 게 뭐가 문젠데! '퍼킹' 돈을 쥐꼬리만큼 받는 '퍼킹' 일자리가 있다고 사람을 얕보는 거야, 뭐야!"

키가 작고 통통한 민머리도 박자 맞춰 '퍼킹'을 넣으며 고함쳤다.

"내려."라고 기사가 말했다.

"타인을 경멸하는 말이나 욕을 내뱉는 인간은 내 버스에 탈 수 없어. 내려."

민머리 2인조는 대체 무슨 일이 벌어지고 있는지 이해하지 못하는 듯한 표정으로 당황했지만, 금세 분노를 되찾아서 기사를 향해 소리쳤다.

"봉급쟁이 운전수 주제에 폼 잡지 마. 버스 회사에 항의할 테니까 두고 봐!"

"우리는 버스비를 전부 냈다고! 당신이 돌려줄 거야?"

그렇지만 그러는 사이에 2인조의 입지가 좁아지고 있다는 것은 그 여자의 눈에도 분명히 보였다.

'당신들이 계속 거기서 우물거리고 있으면 아르바이트에 늦는다고.' 하는 눈빛으로 2인조를 노려보는 학생인 듯한 빨간 머리 여성.

'아무래도 상관없으니까 빨리 좀 내려. 나는 새벽부터 일해서 피곤하다고.' 하는 듯한 깊은 한숨을 내쉬는 눈빛이 어둡고 우편배달부 유니폼을 입은 남성. 그 외에도 가만히 2인조를 응시하는 승객이 꽤 있었다.

버스 기사는 단호하게 말했다.

"저 사람들이 내릴 때까지 이 버스는 출발하지 않습니다."

(이렇게 쓰면 마치 드라마처럼 정직한 전개 같지만, 이건 현실에서 일어난 일이라 당연히 승객 중에는 '당신만 버스에 타지 않았으면 이런 일은 없었잖아.' 하는 눈길로 그 여자를 째려보거나 과장스럽게 한숨을 내쉬며 고개를 가로젓는 사람도 있었다.)

"일개 '퍼킹' 운전수가 버스비를 내고 차에 탄 승객한테 '내려'라고 할 '퍼킹' 권한이 있는 줄 알아?"라고 키 큰 민머리가 말했다.

"'퍼킹' 운전수는 '퍼킹' 운전수답게 잠자코 '퍼킹' 버스를 운전하라고. 그게 네 일이잖아."

2인조는 집요하게 떼를 썼지만, 기사는 그들의 도발을 무시하고 차갑게 말했다.

"빨리 버스에서 내려."

승객들은 일제히 2인조를 보았다.

2인조는 어깨를 들먹이며 화난 자세를 취하면서 비스듬하게 일어났다.

"최저임금으로 일하는 불쌍한 패배자가."

"'퍼킹' 씨발 새끼."

2인조는 욕을 내뱉으면서 기사 옆을 지나쳐 버스에서 내렸다.

대낮부터 느긋하게 버스에 타서 마구 욕을 내뱉는 걸 보면 2인조는 무직자일지도 모른다. 그들이 최저임금으로 일하는 불쌍한 패배자라고 부른 버스 기사는 아무 일도 없었다는 양 다시 앞을 보고 버스 문을 닫으며 말했다.

"출발합니다."

이게 대체 무슨 일이지?

여자는 몹시 동요했다.

이 나라에서 산 지 15년이 되었지만, 이런 일은 처음이었다. 그래서 버스 기사의 행동은 그에게 위기에서 구해준 영웅의 활약이나 한 모금 청량음료 같은 시원한 것이 아니었다. 어떤 의미로는 매우 충격적이기까지 했다.

많은 사람들이 버스를 타고 내렸다. 창밖 풍경이 서서히 시내에서 교외로, 부유한 동네에서 가난한 동네로 변했고, 민머리 2인조를 모두가 잊어버렸을 무렵, 여자는 평소처럼 하차 벨을 누르고 평소와 같은 정류장에서 내렸다.

그는 내리면서 "고마워요."라고 말했지만, 딱히 버스에서 있었던 일에 관한 감사는 아니었고, 이 동네 사람들 대부분이 버스에서 내리며 기사에게 하는 인사말을 습관처럼 말했을 뿐이었다.

버스 기사도 익숙한 듯이 "고마워요, 잘 가요."라고 인사했다.

그런데 느닷없이, 하지만 아무렇지 않은 듯이 버스에서 내리는 여자의 등 뒤로 "머저리들은 신경 쓰지 마Never mind the idiots." 하는 탁한 목소리가 들려왔다.

그러고 보니 오래전, 이 나라의 펑크 밴드가 낸 앨범 중 『네버 마인드 더 볼록스』라는 것이 있었지.

여자는 생각했다.

그 앨범, 일본으로 수입되면서 제목이 '니 마음대로 해.'라고 번안됐지. 사실 그게 아닌데.

'개소리는 신경 쓰지 마.'

빈민가의 비탈길을 비슬거리며 올라가는 여자를 버스가 부릉부릉 달리며 지나쳤다.

그의 가슴속에서 오랜만에, 실로 오랜만에, 화려한 불꽃놀이가 터졌다.

(출처: THE BRADY BLOG, 2011. 9. 20)

화를 내며 과거를 돌아보지 마, 오늘만은

그날, 아들의 어린이집 시절 친구가 생일 파티를
연다기에 그 여자는 브라이턴 교외의 경치 좋은 마을
에 있는 공원으로 아들과 함께 갔다. 그곳은 공원인
동시에 무언가 오래된 폐허를 기념하는 장소이기도
해서 석조 건물의 기초 부분 같은 것이 남아 있었고,
아이들은 까르르 웃으며 그 폐허를 기어서 오르락내
리락했다.

생일 파티의 주인공인 소년 T의 어머니 H가 무척
좋아할 법한 장소네, 하고 여자는 생각했다. 42세로
대학교에서 예술을 공부하고 있는 H는 40대라고 믿
기지 않을 만큼 펑크 패션을 좋아하는데, 집은 얼마나
펑크다울까 궁금해하며 방문했지만, 막상 보니 마치
빅토리아 시대의 주택 박물관 같았던 것이 기억에 남
아 있다.

파티의 주인공인 소년 T의 아버지 R은 약물 사용

이 지나쳐 폭삭 늙은 폴 웰러Paul Weller 68 같은 풍모였고, 아이들과 뛰어다니며 술래잡기를 했다.

"R이 또 제대로 탈선했었어. 크리스마스부터 6개월 동안은 말도 아니었어."

H가 말했다. 'R이 탈선했다'는 것은 H가 자주 쓰는 표현인데, 쉽게 말해 R이 불법 약물에 절어 있었다는 말이다.

자기들은 직업이 없지만 부모가 부유한 덕에 아들을 유명 사립학교에 보내는 H와 R, 그리고 노동자계급의 밑바닥 동네에 살아서 당연히 아이를 동네 공립학교에 보내는 여자. 보호자들의 사회 계급적 사정 때문에 어린이집을 다닐 때는 친구였던 두 남자아이들은 1년 전 서로 다른 초등학교에 입학했다. 이제 두 아이가 전혀 다른 세계에서 서식한다는 사실은 공원에서 놀면서도 서로 신경 쓰며 거리를 두고 있는 모습만 봐도 명백했다.

아이는 이런 일에서부터 자신의 계급을 명확하게

---

68 영국의 싱어송라이터. 1970년대에 밴드 잼(The Jam)으로 명성을 얻었고, 밴드 해체 후 솔로로도 큰 성공을 거두었다. 영국 사회와 노동자 계급에 기초한 노래를 만드는 것으로 유명하다.

인식하기 시작하는 걸까. 여자는 생각했다.

그런데 그의 눈에 낯익은, 아니, 낯익은 것 같은 풍모의 남성이 들어왔다.

사나다 히로유키真田広之.[69]

폴 스미스를 입은 사나다 히로유키.

사나다가 영국 고성의 폐허 앞에 서 있었다.

여자의 집에는 묘하게 사나다 히로유키를 닮은 아메리카 선주민 인형이 있는데, 그 남성의 용모는 그 야말로 그 인형을 방불케 했다. 그는 폐허를 기어오르는 아이들에게 "조심하렴! 위로 올라갈수록 돌계단이 좁아지니까."라고 낯선 발음의 영어로 말했다.

미국인일까? 하고 여성은 생각했다.

갑자기 사나다가 먼저 "헬로."라고 말을 걸어왔다. 폐허 위에서는 여자의 아들과 검은 머리카락의 여자아이가 그들을 향해 손을 흔들었다.

"아무래도 아드님이랑 제 딸이 마음이 잘 맞나 봐요."

사나다를 닮은 남성이 말했다. 여자는 그에게 물

---

69 일본의 배우. 어린 시절부터 연기를 시작했고, 2000년대 중반부터는 주로 미국에서 활동하고 있다.

어보았다.

"미국 분이세요?"

"가까워요."

"그렇다면, 캐나다?"

"맞아요."

사나다의 딸이 오늘 생일 파티의 주인공과 같은 사립학교에 다니는 것. 사나다가 2년 전 영국에 건너와서 지금은 대학교에서 일하는 것. 그는 그런 이야기를 붙임성 좋게 이어갔다.

"영국에는 무척 재미있는 구석이 있어요."

"예를 들면요?"

"이 나라 사람들의 계급에 대한 강박."이라고 그가 말했다.

"하하하."

"조금만 사회 속으로 파고들면, 모든 사람이 이상할 만큼 계급에 집착하는 걸 알 수 있어요."

"하하하하하." 여자는 힘없이 웃었다.

초면인데도 여자와 사나다 사이에는 불가사의할 만큼 대화가 매끄럽게 이어졌다. 왜냐하면 상대가 사나다 히로유키였기 때문이다. 같은 나라 사람과 말하는 것 같아서 여성의 마음속 방어가 느슨해졌는지도 모른다. 어느새 두 사람은 육아에 관해서도 이야기했다.

"저는 어렸을 때 수양부모 아래에서 자랐어요. 그래서인지 육아하다 마주치는 단순한 상황에서 지나치게 생각하는 바람에 일을 그르치기도 해요."라고 사나다가 말했다.

여성이 얼굴로 물음표를 그리는 듯한 노골적인 표정을 짓자 사나다가 말을 이었다.

"저는 캐나다 선주민 출신이에요. 제가 어렸을 때는 정부가 선주민의 아이를 부모에게서 빼앗아 강제로 백인 수양부모에게 맡겼어요."

"빼앗았다고요?"

"공무원이 정기적으로 선주민 공동체를 방문해서 아이들을 데려갔어요. 널리 알려지지는 않았지만 그 나라의 역사에는 그런 어두운 면이 있어요."라며 사나다가 웃었다.

캐나다의 백인 사회가 선주민의 아이들을 빼앗은 이유는 여자도 짐작할 수 있었다. 백인의 기준으로 보았을 때 선주민은 궁핍했던 것이다. 그리고 궁핍하기 때문에 이런저런 어두운 문제들을 겪고 있었다. 그런데도 선주민은 자기네 문화를 버리고 백인화하여 문제를 해결하려 하지 않았다. 그런 가정에서 아이가 제대로 자랄 리 없으니 아이를 내놓아라. 그렇게 백인이 백인의 관점에서 판단하여 아직 어린 아이들을 친부모와 떼어놓고 자기네의 표준적인 틀 안에서 교정하고 양육하려 한 것이다.

비슷한 일이 21세기 영국 사회의 빈곤층 비백인 가정에도 일어날 수 있음을 여성은 알고 있다. 뭐라 하면 좋을까, 그런 점은 하나도 다르지 않은 것이다.

"그래도 저는 운이 무척 좋은 편이에요. 저는 성인이 되고 선주민 부모와도 교류하기 시작했거든요. 지금은 양쪽 부모와 관계가 좋아요."

"분명히 드문 경우겠네요."

"영국에 건너오기 전에 양쪽 부모님을 저희 집에 초청해 다 함께 저녁을 먹었어요. 그게 저에게는 무언가 전환점이라고 할까, 정말 뜻깊은 일이었어요."

사나다 인형과 닮은 남자는 그런 무거운 이야기를 시원시원하게 말했다.

"제대로 정리되었다고 할지, 깔끔하게 결말이 난 게 대단하네요."

"만약 그때 정부가 저를 수양부모에게 맡기지 않았다면, 저는 대학교에서 가르칠 수 있는 학력을 쌓지 못했겠죠. 그 점은 현실적으로 인정해야 해요."

"하지만 당신의 유전자에 배어 있는 문화는 백인

사회의 것이 아니지 않나요."

"유전자는 후천적인 경험에 따라 크게 변화한다는 학설이 있어요."라며 사나다가 웃었다.

주름투성이 폴 웰러를 닮은 R이 어린이 취향과 동떨어진 음악을 틀기 시작해서 6세 어린이의 생일 파티가 어느새 1990년대의 브릿팝 메들리로 채워졌다.

"아, 이 노래, 제가 좋아하는 거네요."라고는 사나다가 흥얼거렸다.

화를 내며 돌아보지 마[70]

멍하니 있는 여자의 앞을 분홍색 스쿠터에 올라탄 사나다의 딸이 스르르 지나쳐 갔다. 사나다의 부인은 백인 미국인이라는데, 딸의 외견에서는 북미 선주민의 피가 진하게 드러났다. 인간에게는 교정하려 해도 할 수 없는 무언가가 반드시 존재하는 것이다.

"이 곡 가사 중 가장 대단한 부분은 어디라고 생각하세요?" 불쑥 사나다가 질문을 던졌다.

---

[70] 오아시스의 대표곡 「돈 룩 백 인 앵거(Don't Look Back In Anger)」의 가사 중 일부다.

"후렴구죠."

"저 개인적으로는 마지막 문장이에요."

마지막 문장이 뭐였지? 여자는 생각했다.

화를 내며 돌아보지 마

화를 내며 돌아보지 마

그렇게 노엘 갤러거가 열창했다.

맨발로 자기 곁에 달려온 딸을 안아 올린 북미 선주민 출신 대학교 선생님은 필사적으로 신발을 신기려 했다. 그 뒤에는 오늘도 약에 취했나 싶을 만큼 흥분해서 신나게 춤을 추는 R을 말없이 차갑게 응시하는 H. 갈색 피부를 지닌 여자아이는 신발을 거부하며 발버둥 쳤고, 대학교 선생님의 폴 스미스에는 모래가 잔뜩 달라붙었다. 전 부인의 찌르는 듯한 시선을 눈치챈 R은 중지를 치켜들며 꺼지라는 의사 표명을 했다.

화를 내며 돌아보지 마

화를 내며 돌아보지 마

그렇게 네가 말하는 게 들렸어

적어도 오늘만은

아아, 그런 거였구나.

여자는 가사의 마지막 문장을 확인하고는 생각했다.

그 남자는 오로지 '오늘'을 되풀이하면서 살아왔는지도 모른다. 핏줄이니, 가족이니, 민족이니 하는 것은 그런 의지의 끝없는 반복인 것이 분명하다.

(출처: THE BRADY BLOG, 2011. 10. 11)

돌로 만들어진 것

내가 예전에 쓴 글에는 '옆집 아들내미'라는 인물이 자주 등장했다.[71] 하지만 요즘에는 등장하지 않는데, 그가 어딘가로 떠난 것은 아니고 지금도 옆집에 살고 있다.

생각해보면, 그런 현상 역시 빈민가의 특징이다.

다들 지금까지도 앞으로도 같은 집에서 살아가는 것이다. 부모의 집을 뛰쳐나가 자립하거나 여자 친구를 임신시켜 가정을 꾸린 사람들도 이런저런 것들을 깨뜨리고 금세 본가에 돌아온다.

돌이켜보면 7년 전, 내가 잡스러운 글을 쓰기 시작했을 때 옆집 아들은 10대였다. 그런 그가 어느새 20대가 되었고, 성인이 되었을 때는 이미 '주말에만 아

71 『꽃을 위한 미래는 없다』(김영현 옮김, 다다서재 2024) 참조.

이를 만날 수 있는' 아버지였으며, 올해(2011년) 여름 런던 폭동[72]이 일어났을 때는 노인처럼 등을 구부리고 홍차를 마시며 후드티 입은 10대들의 난동을 뉴스로 보았다. (한때 그는 알코올 의존증에 걸려 큰일 날 뻔했지만, 아이와 만날 권리를 잃지 않기 위해 재활했다.)

"너도 옛날에는 우리 집 앞 전화박스 유리를 전부 깨뜨리고 꼭대기에 부처 같은 자세로 모자를 쓴 채 앉아 있었잖아. 나는 그때 런던에서 일해서 집에 늦게 돌아왔는데, 어두컴컴한 길에서 전화박스 위에 책상다리로 앉아 있는 네가 보이면 꽤 무서웠다고."

"하하하, 그런 적도 있었나."

"있었어. 그때의 너라면 당장 런던에 가서 저 폭동에 참가했을 거야."

내 말에 옆집 아들은 입을 꾹 다물었다.

그의 옆얼굴을 보면서 생각했다.

브래드 피트Brad Pitt라고 하면 지나치지만, 최근 외모로 화제를 모은 배우 피어스 브로스넌Pierce Brosnan의

---

72 2011년 런던 북부 토트넘에서 20대 흑인이 경찰관의 총에 맞아 숨지는 사건이 일어났고, 그에 항의하는 시위가 시작되었다. 시위는 점점 폭력적으로 변질되어 약탈, 방화, 파괴 등이 벌어졌고, 영국 전역으로 확대되었다.

아들들과 비교하면 단언컨대 그가 훨씬 잘생겼다. 내가 런던의 일본계 기업에서 일했던 시절 같은 사무실에 있었던 '옥스브리지Oxbridge'[73] 출신의 영국인들보다 훨씬 현실적이고 재미있는 말을 할 수 있을 만큼 두뇌도 날카롭다.

그렇지만 옆집 아들은 일본에 있는 내 아버지처럼 토건업에 종사하기 시작했고, 어째서인지 그 일을 그만두고 자기 사업을 시작했지만, 금세 빚더미에 앉아 결국에는 무직자가 되어 빈민가로 돌아왔다. 옆집 아들이 지금까지 걸어온 길을 떠올리면 타고난 외견과 두뇌를 전혀 써먹지 못한다는 생각이 어쩔 수 없이 든다.

택시 기사로 일하는 옆집 아들의 엄마는 말했다.

"아스퍼거Asperger 증후군[74]이라 그런 거 같아. 어렸을 때부터 목표 코앞까지는 가는데 결국 아무것도 해내지 못했어."

73 영국의 명문 대학교인 옥스퍼드대학교와 케임브리지대학교를 통틀어 부르는 명칭이다.
74 발달장애의 일종으로 의사소통 및 인지 능력에 별다른 발달 지연은 없지만, 사회적 상호 작용에 어려움을 겪고 제한적이며 정형화된 행동을 보이기도 한다.

옆집의 엄마는 태어났을 때부터 이 동네에서 살아온 빈민가의 베테랑이다. 어린 시절 친아버지에게 성적 학대를 받았다고 하며, 그 탓에 오랫동안 우울증을 앓았는데, 출산을 겪으면서 기적적으로 나았다고 했다. 하지만 그래도 아들을 임신했을 때 술과 약물을 대량으로 즐겼기 때문에 아들의 아스퍼거 증후군은 자기 탓이 아닐까 자책하는 밤도 있었고, 그런 밤에는 꼭 펍에서 울며 노래방 기계로 열창했다.

그런 옆집 너머에 있는 집에는 나이 든 여성이 살고 있는데, 그 여성의 30대 아들은 초록색 저지 운동복 차림에 핸드백을 팔에 걸고 빈민가에서 브라이턴 시내를 두 시간 반 동안 걸어서 왕복하는 것이 일과다. 무직자라 시간이 남아돌아서일까, 하루에 두세 번씩 왕복할 때도 있고, 얼굴에 새하얗게 분칠하거나 초록색 운동복 상의 아래에 하얀 팬티 한 장만 입을 때도 있다. 그런 사람이 가벼운 걸음으로 보도를 걸어 다니니 다섯 살 된 우리 집 꼬맹이가 "저 사람은 왜 팬티만 입고 있어?"라고 물어볼 때면 뭐라 말할지 고심하게 되는데, 일단은 "눈을 마주치지 않는 게 좋아."라고 답하고 있다.

그 집 옆에는 작년에 집안의 기둥이던 아버지가 돌아가시고 어머니로부터 "더 이상 너랑 같이 못 살아."라는 말을 듣고 버림받은 40대 남성이 혼자 살고 있다. 그 역시 무직자인데, 언제나 얼룩덜룩한 군복 같은 옷을 입은 채 의미도 없이 길에서 행인들에게 욕을 퍼붓는가 하면 혼자 눈물을 흘리며 웃기도 해서 그 또한 내가 "저 사람이랑 눈을 마주치지 않는 게 좋아."라고 다섯 살 아이한테 일러두는 동네 주민 중 한 사람이다.

그 군복 남성의 맞은편 집에도 중년의 무직자 남성이 홀로 살고 있다. 그는 자신을 홀로 키워준 싱글맘 어머니가 인지저하증에 걸린 뒤로 오랫동안 돌봤는데, 2년 전 어머니가 돌아가신 걸 기점으로 "세상의 종말이 머지않았다. 그때 자네는 어떤 짓을 한 인간으로 신께 심판을 받고 싶은가."라고 중얼거리며 돌아다니기 시작한 탓에 역시나 '눈을 마주치지 않는 게 좋은 동네 사람'이 되었다.

평균 수명이 늘어나고 있는 건 일본뿐이 아니며 영국도 마찬가지다.

그렇지만 빈민가 사람들은 예외인지 대체로 50대 후반에서 60대에 세상을 떠난다. 그리고 남겨진 이들 중에 지금도 이 주변에서 살고 있는 사람들은 빠짐없이 무직자에 무언가 정신적 질환을 앓거나 장애인으로 인정받은 경우가 많다. 그런 사람들이라서 일을 하지 못하는 것인지, 아니면 일을 하지 않으니까 그런 병에 걸렸는지, 그것도 아니면 장애인으로 인정을 받아 국가에서 돈을 받는 전략을 세운 것인지, 진상은 알 수 없다.

알 수 없지만, 앞길이 창창한 다섯 살 아이를 키우기에는 어두운 환경이다. 되도록 눈을 마주치지 않는 게 좋은 어른들이 우글거리는 동네에서 앞으로 어른이 되어갈 아이의 눈에는 무엇이 보일까.

때때로 나는 상상하곤 해
거리가 춥고 쓸쓸할 때를
내려다보면 자동차들은 불타고 있고
이런 시간들이 눈에 선하지 않아?
거리는 춥고 쓸쓸하고
자동차들이 불타고 있을 때가

자신이 돌보던 어머니가 눈감은 뒤로 정체 모를 '신'을 선교하며 돌아다니기 시작한 중년 남성의 집에서 오늘도 스톤 로지스Stone Roses[75]의 「메이드 오브 스톤Made of Stone」이 크게 들려왔다.

"스톤 로지스가 재결합한다는 말 들었어? 이제

와서 재결합이라니, 대체 뭘까?"

　예전에 슈퍼마켓에서 장을 보고 언덕길을 올라가는 내게 그가 다가와서는 고개를 살짝 갸웃거리며 그렇게 말한 적이 있다.

　때때로 나는 상상하곤 해
　거리가 춥고 쓸쓸할 때를
　내려다보면 자동차들은 불타고 있고
　이런 시간들이 눈에 선하지 않아?

　가랑비가 뚝뚝 떨어지는 빈민가의 밤은 춥다.
　이 나라의 안개와 가난과 어둠은 자비로운 용서를 모른다.
　이 거리는 돌로 만들어져 있다.

　거리가 춥고 쓸쓸할 때
　내려다보면 자동차들이 불타고 있을 때

　너는 고독하게 혼자 있는 거냐?

75 1983년 결성된 영국의 록 밴드. 데뷔와 동시에 평단과 대중의 극찬을 받으며 큰 성공을 거두었다.

집에 누군가 있는 거냐?

잘 타지 않아 연기를 피우는 불꽃 같은 주황색 가로등 아래를 후드티를 입고 모자를 뒤집어쓴 소년이 건들건들 걸으며 지나갔다.

(출처: THE BRADY BLOG, 2011. 11. 15)

사랑에 패배한 여자

에이미 와인하우스Amy Winehouse[76]의 사인은 불법
약물 과다 사용도 아니고, 알코올 의존증도 아니다.
섭식장애다. 바로 얼마 전, 그의 오빠가 공개적으로
그렇다고 밝혔다.

어떤 의미로 약물보다도 의존증보다도 끔찍한
사인이라고 생각하기에 굳이 이제 와서 밝힐 필요가
있을까 싶지만, 젊은 여성들에게 경고하기 위해 밝힌
것일 수도 있고, 혈육의 죽음을 뛰어넘어 사회에 경종
을 울리는 것일 수도 있겠다.

영국 여성들의 의복 사이즈는 내가 처음 영국에
건너왔을 무렵과 비교해서 훨씬 작아졌다. 1990년대
중반에는 영국 옷 가게에서 일본인의 표준 사이즈를

---

76 영국의 싱어송라이터. 단 두 장의 앨범으로 최고의 스타가 되고 음악
계에 큰 영향을 미쳤지만, 27세에 급작스럽게 사망했다.

찾기가 지극히 어려웠다. 하지만 현재는 일본인의 표준 사이즈는 물론 그보다 작은 옷도 평범하게 진열되어 있고, 미국에서 '제로 사이즈o size'라 불리는 아동복 같은 옷을 진열한 가게도 있다.

그런 현상은 젊은 여자아이들을 타깃으로 삼는 번화가의 상점에서 두드러진다.

"사이즈 따위 상관없잖아. 남자들 취향에 휘둘리면 안 돼."라고 옛날 방식의 페미니스트는 말한다.

"내가 날씬하길 바라는 건, 남자 때문이 아니라 내가 나 자신의 외모를 사랑하고 싶으니까."라고 젊은 여자아이들은 말한다.

두 주장은 항상 평행선을 달리는데, 서로 다른 미의식에 기초한 주의 주장인 이상 어쩔 수 없을 것이다. 그런데 오랜만에 에이미 와인하우스를 듣다 보니 그는 두 주장 중 어느 쪽도 아니었다는 생각이 들었다.

와인하우스는 페미니스트도 아니었고, 여자아이도 아니었다.

여자였다.

남자의 정자를 체내로 받아들여 아이를 임신하는 성별의 인간이 지닌 업보라고 할 만한 것이 다른 사람보다 몇 배는 많은 가수였다. 옆에서 보면 한심하다고 할 수밖에 없는 백수한테 반해서, 끝까지 반한 채 자신이 타고난 재능을 내버린 그 여자는 「러브 이즈 어 루징 게임Love Is a Losing Game」이라는 명곡을 세상에 남겼다.

사랑은 패배한다. 패배하지 않는 사랑 따위, 사랑이라 할 수 없다.

그렇지만 지금은 승리와 쟁취가 여자의 강함이라 여겨지는 시대다. 그런 시대에 술독에라도 빠지지 않으면, 약에라도 취하지 않으면, 그런 노래는 부를 수 없었을 것이다.

사랑하면 지는 게 사실이라고, 에이미 와인하우스는 노래했다. 승리하길 바라는 여자들은 타블로이드 신문이 뿌려댄 그의 사진을 보고 비웃으며, 비참한 패자의 모습을 기꺼이 서로 소문냈다.

에이미 와인하우스는 런던의 전통 택시 블랙 캡black cab 기사의 딸로 태어났다. 그 아버지라는 남자는 아마추어 재즈 가수로 활동했기에(지금도 노래하고 있다) 어린 딸을 재즈의 세계로 인도했고, 매우 일찍 딸의 재능을 깨달아서 이후 자신의 생을 에이미 와인하우스라는 가수를 성공시키는 것에 바쳤다. 아빠를 무척 좋아한 와인하우스는 데뷔 앨범인 『프랭크Frank』를 아버지에게 헌정했다. '프랭크' 시나트라Frank Sinatra

는 아버지가 가장 존경한 가수인데, 데뷔 앨범의 에이미 와인하우스는 그야말로 여성판 시나트라라고 할 만한 탁월한 재즈 가수였다. 정말이지 훌륭했다. 20대임에도 이미 원숙미가 느껴졌는데, 당시 그의 목소리에 감돌았던 비단결 같은 여유 덕분일지도 모른다. 아버지에게서 무조건적인 사랑을 받고, 그 사랑을 돌려주던 무렵의 에이미 와인하우스에게는 여유가 있었다. 영어로 표현한다면 'comfortable편안한'이 어울렸다.

그렇지만 두 번째 앨범 『백 투 블랙Back to Black』으로 돌아온 에이미 와인하우스는 전혀 프랭크 시나트라가 아니었다. 수많은 나라의, 수많은 여자아이들이 비슷한 길을 걸어간다. 에이미 와인하우스의 삶에도 아빠보다 중요한 남자가 등장한 것이다.

'섹시한 유대계 아가씨' 같은 보수적인 옷차림을 즐기던 그가 느닷없이 거식증에 걸린 펄 하버Pearl Harbour[77](클래시를 좋아한 중년이라면 누군지 알 것이다)처럼 변모해서 R&B, 소울, 모타운 같은 장르의 영향이 짙게 엿보이는 앨범을 발표했다.

2006년 줄스 홀랜드Jools Holland의 연말 특집 프로

---

[77] 1970년대 말에 활동한 밴드 펄 하버 앤드 더 익스플로전스(Pearl Harbor And The Explosions)의 보컬.

그램[78]에 출연한 에이미 와인하우스의 모습이 지금도 기억 속에 선명하다. 그는 연인인 블레이크 필더시빌 Blake Fielder-Civil의 무릎 위에 앉아 이목 따위 개의치 않고 끈적끈적하게 혀를 얽으며 키스했다. 카메라가 찍지 않았으면, 스튜디오 내에서 그대로 섹스에 돌입할 듯이 뜨거웠다.

두 사람 모두 눈동자에 초점이 흐릿했다. 술 때문에 흐릿해졌는지, 약물 때문에 흐릿해졌는지, 성욕 때문에 흐릿해졌는지. 아마 그 전부가 원인이었을 것이다. 에이미 와인하우스는 눈빛이 흐릿한 채 무대에 섰다. 어째서 그렇게 기괴한 춤을 추었을까. 미니스커트를 양손으로 하늘하늘 흔들며 걷어올려 허벅지를 노골적으로 보여주었다.

나, 실은 이렇게 무대에 서기보다 자기랑 하던 걸 계속하고 싶어.

연인에게 그렇게 말하는 것만 같았다. 하지만 에이미 와인하우스가 기괴한 동작으로 스커트를 걷어올리며 언뜻언뜻 보여주는 허벅지는 요만큼도 요염하지

---

78 정식 명칭은 「줄스의 연례 파티(Jools' Annual Hootenanny)」. 영국의 음악가 줄스 홀랜드가 진행을 맡아 매년 12월 31일 밤에 흥겨운 연말 파티 같은 분위기로 가수들이 노래하다 시청자와 함께 새해를 맞이한다.

않았다. 비쩍 여윈 것이 병든 느낌이었다.

그는 공허하게 입을 열고 아무래도 상관없다는 표정으로 노래하기 시작했다.

그 노랫소리는 지독히 천재적이었다.

저런 사람은 오래 살지 못할 거라고 생각했다. 그리고 실제로 그렇게 되었다.

비디오 제작회사의 조수로 에이미 와인하우스와 처음 만난 블레이크 필더시빌은 와인하우스의 음악과 패션 취향을 완전히 바꾸고 헤로인까지 가르쳤다. 한 차례 연인에게 버림받은 와인하우스가 죽을 생각을 하고 쓴 것이 『백 투 블랙』의 수록곡들이다. 그리고 그 앨범을 들은 남자는 여자 곁으로 돌아갔다.

21세기의 시드 비셔스와 낸시 스펀젠Nancy Spungen.**79** 남녀의 역할이 뒤바뀐 커트 코베인Kurt Cobain과 코트니 러브Courtney Love.**80** 언론이 그렇게 부른 에이미 와인하우스와 블레이크 필더시빌의 추태는 매일같이 타블로

---

79 시드 비셔스는 섹스 피스톨스의 베이시스트이며, 낸시 스펀젠은 그의 연인이다.
80 커트 코베인은 미국 밴드 너바나(Nirvana)의 리더이자 보컬이며 록 가수이자 배우인 코트니 러브는 그의 아내다.

이드 신문을 장식했다. 얼굴에 멍이 든 채 맨발로 필더시빌과 장을 보러 나온 와인하우스. 목과 팔에 피를 흘리며 필더시빌의 손에 이끌려 걷는 와인하우스. 필더시빌이 펍 사장을 폭행하여 금고형을 받은 뒤로는 와인하우스가 한밤중에 옷도 제대로 입지 않고 캠던 Camden 거리를 배회하는 모습이 목격되었다. 와인하우스는 "내 사랑이 없으면 노래할 수 없어."라며 순회공연도 멈췄다. 단 한 사람의 백수를 위해서 와인하우스는 자신의 천부적 재능을 내버렸다.

그처럼 바보 같은 기사를 접할 때마다 여자들은 에이미 와인하우스를 비웃고 냉소했고, 내심 가슴을 쓸어내리며 안도했다.

아아, 나는 남자나 사랑 같은 것에 지지 않아서 다행이야, 하고.

슬리츠의 에어리 업과 베이시스트 테사 폴리트 Tessa Pollitt가 빌리 홀리데이Billie Holiday[81]에 관해 이야기하는 영상을 유튜브에서 본 적이 있다. "빌리 홀리데이의 목소리에는 영혼이 있어. 지금은 그렇게 영혼에

---

81 1900년대 초반 활동한 미국의 가수. 형식에 얽매이지 않고 노래하며 청중의 마음을 뒤흔들어서 재즈 역사상 손꼽히는 가수로 이름을 남겼다.

서 우러난 감성을 노래하는 가수가 없어."라고 주장하는 테사 폴리트에게 에어리 업이 말했다.

"요즘 여자애들은 남자한테 차여도 '엿 먹어!'라고 할 뿐이지, 그 시절 사람들처럼 속을 끓이지 않잖아. 홀리데이 같은 감성은 더 이상 안 나올 거야."

에이미 와인하우스는 자주 빌리 홀리데이와 비교되었는데, 내가 와인하우스의 노래를 들으며 떠올린 사람은 미소라 히바리美空 ひばり[82]와 에디트 피아프Édith Piaf[83]다. 미소라 히바리가 고바야시 아키라小林 旭와 짧은 결혼 생활을 끝내고 울면서 부른 「슬픈 술悲しい酒」, 그리고 에디트 피아프가 비행기 사고로 연인을 잃고 부른 「사랑의 찬가Hymne à l'amour」. 두 곡 모두 에이미 와인하우스가 부르는 것을 들어보고 싶었다.

그 여자들의 노랫소리에는 주체할 수 없는 따스함이 있다.

툭하면 남자나 사랑에 패배하고 마는 여자의 온기가 있었던 것이다.

---

[82] 20세기 일본 대중가요를 상징하는 가수. 1900년대 중반부터 수십 년 왕성히 활동하는 동안 1억 장이 훌쩍 넘게 음반이 판매되었다.
[83] 20세기 프랑스 대중문화를 대표하는 가수. 프랑스 전통의 '샹송'을 상징하며 극적인 창법으로 유명하다.

본디, 여성은 실로 태양이었다. 진정한 사람
이었다. 지금, 여성은 달이다. 타인에 의존하
여 살고, 타인의 빛을 받아 빛나는, 병자처럼
창백한 얼굴의 달이다.

히라쓰카 라이초平塚らいてう[84]의 말이다.

남자와 사랑에 빠진 뒤로 에이미 와인하우스의
얼굴은 분명 아픈 사람처럼 창백했다.

그렇지만 남자에게 패배하는 모든 여자가 달이
되지는 않을 것이다. 남자에게 지고, 그걸 노래하며,
사람의 마음을 뜨겁게 녹이는 태양이 되는 여자도
있다.

에이미 와인하우스는 실로 태양이었다. 진정한
가수였다.

(단행본 출간에 맞춰 새로 씀)

---

[84] 20세기 초반 활동한 일본의 사상가, 여성 해방 운동가. 인용문은 1911년
그가 편집장을 맡은 여성잡지 「세이토(青鞜)」의 창간을 축하하며 쓴 글로
일본의 여성 운동을 상징하는 글이기도 하다.

모리시의 런던 올림픽 비판

"시끄러운 애국주의 탓에 나는 올림픽을 볼 수가
없다. 잉글랜드가 이렇게 부끄러울 만큼 애국주의에
빠진 적이 있었을까. '그저 눈부신 왕실'이, 뭐, 당연한
일이긴 하지만, 그들의 경험에서 비롯한 욕구에 따라
올림픽을 가로챘는데, 언론의 자유를 지닌 보도기관
은 반대하는 의견을 내지도 못하고 있다. 이런 상황을
보고 있노라니 죽을 것만 같다. 갑작스레 런던이 매우
부유한 브랜드로 선전되고 있지만, 런던 바깥의 잉글
랜드는 긴축재정을 펼치는 정권 아래에서 답답한 상
황과 최악의 경제에 벌벌 떨고 있다. 한편으로 영국의
대중매체는 마치 그러는 것이 영국 사회에 일체감을
불러일으킨다는 듯이 '그저 눈부신 왕실'을 24시간 보
도하고 있다. 얼마 전, 그리스에서 자동차를 운전하다
모든 벽에 낙서가 있는 게 눈에 띄었다. 커다란 파란
글씨로 '눈을 떠라, 눈을 떠라.'라고 쓰여 있었다. 그

낙서는 영국 대중을 생각하면서 쓰였을지도 모른다. 지금은 마치 1939년의 독일 같은 정신[85]이 잉글랜드에 충만하지만, 2013년에는 데이비드 베컴이 작위를 받는다는, 기괴한 일이 일어날 것이기 때문이다.[86] 그것은 정말이지 인생보다도 끔찍한 숙명이다. 눈을 떠라. 눈을 떠라."

이런 성명을 팬 사이트에 공개적으로 올린 모리시는 몹시, 본질적으로, 치명적일 만큼 시대에 뒤처진 사람이라고 생각한다.

그렇지만 모리시의 시대인 1980년대는 그런 시대였다.

여피yuppie[87]와 금융 버블 같은 말들이 팔랑팔랑 춤추는 동시에 음지에서는 가난한 젊은이들이 볼품없도록 진지하게 사회적 메시지를 발언하거나 노래로 표현하던 시대였던 것이다.

---

85 1939년 히틀러가 이끄는 나치 독일이 폴란드를 침공하며 2차 세계대전이 시작되었다.

86 데이비드 베컴은 2013년 기사 작위 후보에 올랐지만, 결국 받지는 못했다.

87 1980년대 중반 생겨난 말로 대도시 혹은 그 주위에서 생활하며 지식 산업이나 전문직에 종사하는 젊은이들을 가리킨다.

세간에서는 1980년대 패션이 본격적으로 부활하고 있다. 쇼윈도 너머 마네킹이 입은 옷을 보고 향수 어린 혐오감을 느끼며 얼굴을 붉히는 중년이 아마 나만 있지는 않을 것이다. 그, 뭐랄까, 양손으로 얼굴을 가리고 차라리 없었던 셈 치고 싶은 1980년대의 '아픈 손가락'. 모리시는 그걸 유행이나 패션으로 소비하는 게 아니라 여전히 자기 스스로 체현하고 있다.

그런 생각을 하는데, 앞서 인용한 모리시의 발언이 어제 영국 야후에서 메인 뉴스로 소개되었다.

그렇다는 것은 영국 언론과 그들이 목표 시장으로 분석하는 대중에게 '아픈 손가락'이 여전히 조금은 남아 있다는 뜻일까.

'런던 거리는 현대적이고 쿨하다.'

여행객들의 그런 인상과는 전혀 동떨어진 곳에서 이 나라의 '아픈 손가락'의 진면모는 지금도 멈추지 않고 힘차게 숨 쉬고 있다.

눈을 떠라,
귀를 기울여라.

(출처: THE BRADY BLOG, 2012. 8. 8)

영국의 이주민들

런던 올림픽 폐막식에 그토록 많은 밴드와 가수
가 출연했는데도, 어째서인지 우리 집 아들이 가장 강
렬한 인상을 받은 건 에릭 아이들Eric Idle[88]이었다고 하
는데, 그 여름이 지난 뒤에도 자주 「올웨이즈 룩 온 더
브라이트 사이드 오브 라이프Always Look on the Bright Side
of Life」[89]를 부르는 바람에 모친으로서 당혹스럽다.

왜냐하면 몬티 파이튼의 명작 코미디 영화인 「라
이프 오브 브라이언Life of Brian」에 삽입된 이 노래의 가

88 영국의 배우, 코미디언. 영국의 전설적인 코미디 그룹 몬티 파이튼
(Monty Python)의 멤버로 활동한 적도 있다.
89 에릭 아이들이 작사 작곡한 몬티 파이튼의 노래. '삶의 밝은 면을 보라'
는 긍정적인 제목과 달리 몹시 냉소적인 메시지를 담고 있다. 영국에서는
세대를 뛰어넘어 많은 사랑을 받았기에 런던 올림픽 폐막식에 에릭 아이
들이 등장해 직접 부르기도 했다.

사에 "인생은 똥 덩어리야Life is a piece of shit."라는 내 좌
우명이 포함되어 있기 때문이다. 그리고 그런 노래를
아들이 부르는 것에서 무언가 피의 저주 같은 게 느껴
지기 때문이다. 심지어 그 노래는 영국인을 대상으로
'자신의 장례식에서 틀고 싶은 노래'를 조사했을 때
늘 상위권에 자리하는데, 굳이 여섯 살 꼬맹이가 장례
식용 노래를 마음에 들어할 필요는 없지 않을까 싶지
만, 아무래도 아들의 마음에 든 것은 노래 그 자체가
아닌 듯했다.

"그 할아버지가 노래하는데 갑자기 인도 사람들
이 끼어들어서 딴딴다단, 딴딴다단 하고 허리를 흔들
면서 춤췄어."

아들은 그렇게 말하며 볼리우드Bollywood[90] 영화에
나올 듯한 춤을 흉내 내어 허리를 흔들면서 깔깔깔 웃
었다. 해외에서는 올림픽 폐막식에서 이뤄진 에릭 아이
들의 공연을 어떻게 봤는지 모르지만, 그 연출은 런던
을 상징하는 것이며, 나아가 영국 전체를 상징한다고
해도 지나치지 않을 것이다.

---

90 뭄바이를 중심으로 만들어지는 인도 영화를 가리키는 명칭. 볼리우드
란 뭄바이의 옛 지명인 봄베이(Bombay)와 할리우드(Hollywood)를 합친
말이다.

옛 시대를 대표하는 몬티 파이튼의 일원이었던 영국인이 금빛 은빛으로 반짝이는 의상을 입고 발리우드계 댄서들에게 둘러싸여 '이게 대체 무슨 일이야?' 하는 어쩔 줄 모르는 표정을 짓는 장면. 그것은 런던에 영국인이 거주하는 집이 한 채도 없는 동네까지 있을 만큼 인도·파키스탄·방글라데시 이주민과 아프리카 이주민이 눈에 띄게 대두하고 있는 현실의 은유다. 즉, 끊임없이 외부에서 사람들이 들어오고 있는 영국의 모습을 상징하는 것이다.

그처럼 늘어나는 외국인 중 한 사람인 나로서는 그런 장면을 연출해 시청자를 웃기려 한 제작진과 그 장면을 집에서 보고 "하하하." 웃었을 영국인의 체념 투성이 관용을 새삼 뼈저리게 깨달았다. 길바닥에서 "퍼킹 칭크."라고 욕을 듣는 사람이지만, 그 점은 인정할 수밖에 없다.

그 장면을 보고 영국인이 웃은 이유는 자학적이라서가 아니다.

그들은 현실주의자인 것이다.

그런 연유로 이 나라에서 살다 보면 다양한 국가에서 제각각 다른 사정으로 이주한 외국인들과 만나게 되는데, 내게도 절친한 이란인 친구가 있다. 그는 불과 4년 전까지 테헤란에서 부잣집 아가씨들이 다니는 사립초등학교의 교사로 일했다는데, 고국의 교사 자격이 영국에서는 쓸모없기 때문에 일단 빨리 자격을 취득할 수 있는 보육사가 되어 일하고 있다. 친구의 남편은 정부가 싫어하는 기사를 쓴 저널리스트였다지만, 영국에서는 대학원에 다니는 동시에 버거킹에서 아르바이트를 하고 있다.

밥 딜런Bob Dylan을 무척 좋아하는 친구는 예를 들어 보육사 과정 수업 시간에 배포한 유인물이 자기 자리까지 오지 않으면 "이건 저에 대한 정치적 제재입니까?"라고 블랙 유머를 내뱉어 주위를 폭소시키는 사람으로 나와도 마음이 잘 맞아 코미디와 음악에 관한 이야기를 자주 나눴는데, 어째서인지 정치에 관해 대화한 적은 없다.

나는 친구와 친구의 남편에게 정치가 가장 중요한 주제라는 것을 알고 있다. 정확히 말하면, 정치가 그들의 삶을 결정한 요인이라는 것을 알고 있다.

그렇기 때문에 묻지 못했다. 구경꾼에 불과한 내가 친구와 정치에 관해 대화할 수는 없을 것 같았다.

그런 이유로 나는 친구와 단 한 번도 이란 정세에 대해 이야기를 나누지 않았다. 그런데 바로 얼마 전 3주 동안 이란에 다녀온 친구가 문득 말했다.

"어떤 코미디보다도 웃긴 건, 바로 이란의 서민들이라는 걸 다시 확인했어."

너무 불쑥 그런 말을 하기에 입을 다물고 있었는데, 친구가 이어서 말했다.

"분노나 절망 같은 걸 뛰어넘어서 이제는 웃음밖에 안 나와. 이 사람들은 뭘까? 하고."

"…"

"그 나라 사람들은 맛있는 음식을 먹고 신나게 수다 떠는 걸 정말 좋아해. 그리고 그럴 수만 있으면 다른 건 신경 안 써. 무언가 힘든 일을 겪거나 부당한 대우를 받은 게 아닐까 마음에 걸려도 뭐, 됐어, 하고 흐지부지 넘어가."

"…"

"바깥에서 아무리 간섭해봤자 사람들의 내면에서 아무것도 일어나지 않는 이상, 그 나라는 변하지 않아. 그래도 이제는 진짜 그냥 넘길 수 없는 지경이 되어서 간신히 무슨 일이 일어날지도 모르겠어. 이 정도가 되어야 사람들이 생각을 하는 거냐 싶은데, 진짜 맥이 빠진다고 할지, 그냥 웃음밖에 안 나와."

지친 웃음을 지으며 말하는 친구에게 나는 마음먹고 물어보았다.

"…그래서 너희는 떠난 거지? 딸을 위해서."

친구는 고요하고 맑은 눈으로 나를 바라보다 한숨을 내쉬고 고개를 끄덕였다.

"영국에서도 일본에서도 사람들은 정치에 관해 불평불만을 늘어놓아. 하지만 내 아이를 이곳에서 키울 수는 없다는 이유만으로 아무것도 없이 뛰쳐나가는 사람은, 없어. 그래서 진심으로 그래야 하는 나라라는 게 어떤 느낌인지 솔직히 말해서 잘 몰라."

내 말에 친구는 학교 선생님다운 얼굴로 힘주어 말했다.

"중요한 건 정치가 아니라 사람이야. 스스로 매사 생각할 줄 아는 인간을 키우는 데 필요한 건 정보와 교육이야. 내 나라에서 하나는 차단되었고, 다른 하나는 썩었어."

영국으로 이주하기 전의 친구네 사진을 보면 조국에서는 아무런 불편 없는 중산층 지식인이었던 것 같은데, 무슨 인과인지 지금은 나와 지저분한 맥도날드에서 커피를 마시며 쿠폰을 모아서 "좋았어! 다음에 커피 공짜." 같은 이야기를 하고 있다.

"이란이라고 하니까 생각나는데, 얼마 전 「가디언」의 블로그에 재미있는 기사가 실렸어."

"아아, 그 펑크 기사 말이지? 남편이 번역했어. 그 사람도 그런 걸 좋아하거든."

"펑크는 죽지 않았다. 그저 이주했을 뿐이다."라는 제목의 그 기사는 펑크가 영국에서 회고의 대상이 되고 말았지만 쿠바와 이란 같은 나라에서는 여전히 살아 있다는 논지로 쓰여 있었다.

"하지만 영화감독 같은 사람만 언급해서 나는 그 기사가 영 그랬어. 서민의 세계에서는 전혀 다르거든. 그 기사도 바깥에서 이란을 바라본 사람의 환상이라고 생각해."

친구가 차갑게 내뱉었다.

"그래도 음악은 무척 중요해. 이란 같은 나라에서 사는 사람들에게 외국 음악은 그 자체로 정보거든. 그래서 젊은 사람들이 흥미를 가졌으면 하는 마음에 남편도 그 기사를 번역한 거 같아."

그렇게 말하면서 친구는 무료 커피 쿠폰 여섯 장이 붙은 카드를 지갑에 넣었다.

슬슬 친구도 나도 서로 다른 보육시설에 출근할 시간이었다.

"그런데 아들은 잘 지내?"

친구는 의자에서 일어나며 내 아들의 안부를 물었다. 내 아들은 친구를 이상하리만치 잘 따라서 이따금씩 친구가 아이를 봐주고는 한다.

"아직도 에릭 아이들이 되어서 노래하고 있어."

"감이 예리하다니까. 그 폐막식에서 현실적이었던 부분은 그 공연밖에 없었어."

친구는 그렇게 말하며 호쾌하게 웃었다.

"언제나 인생의 밝은 면을 걸어가Always walk on the brighten side of life…."라고 진부하게 가사를 바꾼 노래를 경쾌하게 부르며 브라이턴 거리를 걸어가니 지나치는 사람들이 친구를 돌아보면서 웃음을 머금었다.[91] 틀림없이 모국에서는 소탈하고 재미있으면서 진보적인 선생님이었을 테지.

구역질 날 만큼 조국에 절망하면서도 그들은 한결같이 영어 기사를 번역하고는 모국 정부에 차단되지 않을 방법을 찾아 시행착오를 겪으면서 발신하고 있다.

애국자만이 나라를 사랑한다고는 할 수 없다.

애국자와 입장이 다르면서도 끊임없이 나라에 관해 생각하는 사람들이 있다.

"잉글랜드인이라는 인종이 싫다는 이유만으로는 그런 가사를 쓰지 못한다. 그런 가사를 쓰는 이유는 그들을 사랑하기 때문이다."

존 라이든이 「갓 세이브 더 퀸」에 관해 그렇게 말

---

91 원래 가사는 "Always look on the bright side of life…."이다.

145

한 적이 있다. 어느 아침, 일어나자마자 식빵과 통조림 콩을 먹으면서 단숨에 쓴 것이 「갓 세이브 더 퀸」의 가사였다는데, 라이든이 그 가사를 쓰게 만든 것과 친구 부부가 여전히 버리지 못하는 것은 그리 동떨어지지 않은 듯싶다.

국가라는 정체성을 사랑하는 인간과 우연히 그곳에 태어나 살고 있는 사람들을 사랑하는 인간. 그 두 부류는 환상을 사랑하는 낭만주의자와 실존을 사랑하는 현실주의자라고 바꿔 부를 수도 있다.

결국 정치적 입장이라는 것은 사람들 제각각이 무엇을 사랑하는지에 따라 결정되는지도 모른다.

구름 한 점 없이 푸른 가을 하늘 아래, 우리는 포옹을 하고 헤어졌다.

"아, 좋다. 이런 날에는 모든 일이 잘 풀릴 것 같아."

등 뒤에서 쏟아지는 햇빛을 받으며 그렇게 말하는 친구의 모습이 인상적이었는데, 이곳은 역시 영국이라 5분 뒤에는 큰비가 쏴쏴 내렸다.

강우가 차창을 때리고 멀리서 천둥까지 울리기 시작하는 현재 상황을 바라보며 다른 버스에 올라탄 친구 역시 크게 웃으리라는 것을 나는 알고 있었다.

(출처: 웹진 「에레킹」, 2012. 10. 3)

아나키한, 너무나 아나키한 현실

"베네딕토 교황이 그만둔대."라고 내가 말했다.

"거봐, 그럴 줄 알았다니까. 앞으로 꽤나 충격적인 일들이 밝혀질 거야."라고 배우자가 말했다.[92]

지난주에 꽤 많은 아일랜드계 가정에서 비슷한 대화가 오가지 않았을까.

"들었어? 교황의 뉴스."라고 내가 말하자 더블린 출신인 한 여성은 다음처럼 말했다.

"꼭 「파더 테드 Father Ted」[93]의 소재 같다니까. 은퇴한 교황이 수영장 가장자리에 드러누워서 비키니 입은 여자들의 시중을 받을 거 같아. 그 시트콤이라면

---

[92] 2013년 건강 문제로 물러난다 발표한 베네딕토 16세는 2012년부터 측근의 부정부패 등으로 어려움을 겪고 있었다.

[93] 1995~1998년 동안 방영된 영국의 시트콤. 불미스러운 일 때문에 아일랜드의 외딴 섬으로 추방당한 세 신부와 가정부의 소란스러운 일상을 그렸다. 방영 당시 여러 상을 수상하며 인기를 모았다.

그랬을 텐데."

「파더 테드」란 영국의 지상파 방송국 채널4가 자랑하는 컬트 시트콤으로 아일랜드의 외딴섬에 사는 가톨릭 성직자들의 일상을 신랄하게 놀리며 시청자의 폭소를 불러일으켰다. 1990년대에 제작된 프로그램인데 참으로 급진적이라서 그걸 보고 있으면 아일랜드의 성직자들은 모두 마피아인가 싶다.

그 내용이 너무 과격한 탓에 당초 아일랜드에는 방영되지 않았지만, '재미있다'는 소문이 나라 밖에서 들려오는 바람에 위성 안테나를 사용해서 시청하는 사람들이 늘어났고, 그렇게 얼렁뚱땅 아일랜드에서도 방영되기 시작했다.

아일랜드는 1980년대만 해도 일반 시민이 "완벽한 인간 따위는 없어, 주교님을 제외하면."이라는 말을 아무렇지 않게 하던 나라였다. 그런 나라의 사람들이 맨날 "술! 여자! 씨발!"이라고 소리치는 알코올 의존증 신부와 미국 캘리포니아에 섹시한 애인과 아이를 숨겨둔 주교가 등장하는 시트콤을 보면서 깔깔깔 웃는 시대가 되었다니, 겨우 10년이 조금 넘는 시간 동안 그 나라에 극적인 가치관의 변화가 일어난 모양이다.

그렇지만 아일랜드계 뮤지션들은 오래전부터 교

회의 부패를 고발해왔다.

존 라이든은 런던의 가톨릭계 학교에서 수녀들에게 가혹한 체벌을 당했던 비참한 과거를 여러 차례 이야기했고(「파더 테드」에 등장하는 잭 신부 역시 가톨릭계 학교에서 맹위를 떨친 교사였고, 그의 제자 중에는 연쇄살인범까지 나왔다), 가톨릭계 소년원에서 성직자한테 학대를 당했다는 시네이드 오코너Sinéad O'Connor[94]는 무대에서 교황 요한 바오로 2세의 사진을 찢은 적이 있다. "베네딕토 16세의 가장 큰 공적은 퇴임한 것이다. 앞으로 교회의 치부가 드러날 것이다."라는 오코너의 말이 「가디언」에 실리기도 했다.

그런데 교황 퇴임과 가톨릭교회의 부정부패가 아일랜드계 사람들만의 관심사인가 하면 그렇지는 않다. 실은 영국에서도 최근 들어 가톨릭교회의 신도 수가 영국국교회의 신도 수를 앞지르는 역전 현상이 일어났다. 단, 영국인이 가톨릭으로 개종했기 때문은 아니고, 폴란드인 등 가톨릭교도 이주민이 늘어났기 때문이다. 내 아들은 가톨릭계 공립초등학교를 다니고

---

94 아일랜드의 싱어송라이터, 사회 운동가. 가수로서 대중적으로 크게 성공했으며, 아동 학대, 인종차별, 여성 인권 등과 관련해 적극적으로 발언하고 행동해왔다.

있는데, 그의 반 친구들만 해도 아일랜드인, 아프리카인, 폴란드인 등 실로 국제적이다. 이 나라의 가톨릭 인구를 늘리는 것은 이주민과 그 자녀들이라는 사실을 체감할 수 있다.

얼마 전, 모 아나키스트 단체에서 활동하고 있는 히피계 지식층 영국인 여성과 슈퍼마켓에서 몇 년 만에 마주쳤다. 드레드 헤어를 한 것이 평범한 학교를 다니지는 않는 듯한 딸과 함께였던 그는 하얀 셔츠에 넥타이를 맨 교복 차림의 내 아들을 보고 말했다.

"네 아들은 가톨릭계 초등학교에 다닌다고 했지?"

"응."

"좋겠다."

응? 천하의 아나키스트가 가톨릭 학교를 부러워하는 거야? 어안이 벙벙해서 가만있는데 그가 말을 이었다.

"우리는 결국 집에서 가르치고 있어. 보내고 싶은 학교에 들어가지 못했거든. 엄하게 훈육하는 가톨릭 학교에 보내고 싶었는데."

그의 견해는 최근 몇 년간 이 나라 사람들의 공통된 의견이 되었다고 해도 무방하다.

설령 학생이 욕을 퍼붓고 폭력을 휘둘러도 그저 미소 지으며 견딜 수밖에 없는 교사들에게 '무엇보다 아이들의 인권을 우선'하는 진보적 학교 현장은 지옥 같은 직장이 되었다고 한다. 그런 학교 교육으로 태어난 것이 2년 전 런던 폭동에서 짐승처럼 날뛴 아이들이다, 하는 언론의 분석이 시민들 사이로 침투하면서 '일반 학교보다 엄격하다'고 여겨지는 가톨릭계 학교의 인기가 높아지고 있고, 심지어 아이를 가톨릭계 학교에 보내기 위해 개종하는 집안도 있다고 한다(영국에 거주하는 일본인 중에도 있는 모양이다).

성직자가 아이들을 성적으로 학대하는 큰 문제가 일어났던 가톨릭계 학교가 이제 와서 왠지 부모들에게 대인기를 얻고 있다. 그런 것 또한 생각해보면 퍽 아나키한 이야기다.

아나키스트 여성이 들고 있는 장바구니 속으로 화려하게 포장된 초콜릿과 감자칩이 엿보였다. 응? 하고 의아해했다. 내 기억 속의 그는 갓난아기를 아기 띠로 가슴 앞에 단단히 고정하고는 아나키스트 단체의 무농약 채소밭에서 부지런히 농사를 짓는 사람이었기 때문이다.

결사 항전. 이제는 그만둔 걸까.

"이 아이를 학교에 보내면 내 시간이 더 생겨서

활동도 좀더 제대로 할 텐데, 집에서 교육하려니 그럴
수도 없어."

지친 표정으로 말한 그는 "안녕." 하고 손을 흔
든 다음 장을 계속 보았다.

결사 항전. 그것도 시간이 필요한 일이겠지.

그렇지만 종교와 정치 같은 분야의 권위가 모조
리 사라지며 「파더 테드」가 현실이 되는 듯한 오늘날,
스스로를 아나키스트라 칭하는 사람들은 대체 무엇
과 싸우는 것일까. 굳이 무너뜨리지 않아도 온갖 것
들이 와르르 무너져서 현실이 가장 아나키한 시대에
아나키스트로서 살아간다는 것도 꽤나 고생스러울
듯싶다.

퇴근길과 하굣길에 들른 사람들 사이에서 장바
구니에 먹을거리를 가득 담는 아나키스트 모녀는 그
저 평범한 소비자처럼 보였다.

틀림없이 그는 자신의 장바구니에 담긴 식품들이
전부 유해하다고 생각할 것이다. 그렇게 생각하면서
도 먹고살기 위해 장바구니를 유해 식품들로 채우는
것이다. 그런 모습은 아나키하지 않았지만, 아이러니
하긴 했다. 그 모습은 항전이 아니라, 삶이었다.

"히피 여자애들 중에는 예쁜 애들이 많지."

나는 싱글싱글 웃고 있는 아들의 손을 잡고 장보기를 재개했다.

　　저녁의 슈퍼마켓에는 음침한 표정으로 고개를 숙인 채 마치 부정을 씻어내는 의식인 양 묵묵히 장바구니에 물건을 담는 인간들이 가득했다.

(출처: 웹진 「에레킹」, 2013. 2. 21)

가상의 인종차별, 현실의 인종차별

내가 일하는 어린이집에서는 매달 한 차례씩 다양한 주제로 직장 내 연수(라는 이름의 야근)가 이뤄지고 있다.

그런 연수 중 내가 가장 두려워하는 것은 이른바 '워크숍'이다. 그 워크숍은 연극적 색채가 진한 활동으로 가령 '보호자와 관계 쌓기'라는 주제의 워크숍을 한다면, 누군가는 '보호자'를, 또 다른 누군가는 '좋은 보육사' 혹은 '나쁜 보육사'를 연기해야 한다. 안 그래도 다른 사람들보다 훨씬 장단을 못 맞추는 동양인 아줌마인 나는 이 사람들이 대체 왜 이런 걸 하는 건가, 이곳이 셰익스피어의 나라이기 때문인가, 하고 자주 넋을 놓았다. 그처럼 워크숍을 하면 실로 녹초가 된다.

바로 며칠 전에도 그런 일이 있었다.

연수의 제목은 'EAL English as an additional language'.[95] 현

재 영국의 보육시설에서는 영어가 모국어가 아닌 아이들이 급증하고 있다. 그런 아이들에게 효과적인 지도법과 보육법을 다 함께 공부해보자는 것이 그날 연수의 취지였는데, 하필이면 연수 후반부에 문제의 워크숍이 포함되어 있었다.

'포용성inclusion'에 대해 고찰하자는 목적 아래 참가자들이 두 그룹, 영국인 팀과 외국인 팀으로 나뉘어서 토론해보자고 했다.

외국인 팀이라고 하지만, 내 직장에 외국인은 나밖에 없다. 나는 그것이 순리인 양 묻지도 따지지도 않고 외국인 팀에 들어가게 되어 역시나 싫었는데, 곧장 워크숍이 시작되었다. 영국인 팀은 '어린이집에서 포용성을 중시하는 데 반감이 있는 부모', 그리고 외국인 연기자(+진짜 외국인 한 명) 팀은 '영국의 어린이집에 아이를 맡기는 이주민 부모'가 되어서 토론하라고 했다.

"그러면 일단 영국인 보호자 여러분께 질문하겠습니다. 어째서 어린이집이 포용성을 중시하는 것에

---

95 한국어로 옮기면 '추가 언어로서의 영어'. 영어를 제1언어로 사용하지 않는 이주민, 난민 출신 어린이들이 영어로 이뤄진 주류 교육 과정에 접근할 수 있도록 가르치는 영어를 가리킨다.

반감을 느끼십니까? 이유를 말씀해주세요."

강사가 질문했다.

잠시 한데 모여 술렁술렁한 영국인 팀이 주저주저하면서 의견을 냈다.

"우선, 언어 때문이죠. 저희 아이가 외국인 아이들과 뒤섞여서 이상한 영어를 배우면 안 되니까요."

"그리고 영어를 말하지 못하는 아이에게는 아무래도 선생님이 시간을 더 많이 쓸 수밖에 없죠. 그러는 사이에 저희 아이는 누가 봐줄까 걱정돼요."

흔하디흔한 의견이 나온 뒤 강사가 말했다.

"그럼 외국인 보호자들께 묻습니다. 자신과 자신의 자녀들이 영국의 보육시설에 제공할 수 있는 긍정적인 점은 무엇일까요?"

"실제로 이 나라에는 외국인이 정말 많기 때문에 어렸을 때부터 서로 섞여서 자라는 게 좋다고 생각합니다. 익숙해진다고 할까요."

"그리고 언어와 문화의 다양성은 어린아이들의 세계를 넓혀줍니다."

"맞아요. 해외여행을 가지 않아도 세계 각국을 체험할 수 있으니 대단하지 않나요."

한 동료가 인도·파키스탄계 이주인의 영어 억양을 흉내 내서 말하자 사람들이 일제히 웃음을 터뜨렸다. 강사까지 "훌륭해요!"라고 엄지를 세워 보이며 폭소했다.

그런데 영국인 팀의 K가 입을 열었다.

"가치관이나 문화 같은 게 아니라 좀더 눈에 보이는 방식으로 외국인은 영국인한테 불편을 끼친다고 생각하는데."

화기애애한 분위기를 단숨에 뒤바꾸는 날 선 말투였다.

"어린이집에서 운동회니 뭐니 하는 행사가 있을 때 주도적으로 나서서 돕는 건 맨날 영국인 보호자야. 외국인은 그런 때 참가하지 않잖아."

복고풍 헤어스타일을 한 20대 초반의 K가 말했다. 단, K의 경우에는 요즘 여자아이들 사이에서 유행하는 아델Adele[96] 같은 복고가 아니다. K는 폴 웰러 같은 헤어스타일을 하고 물방울무늬 셔츠에 밀리터리 코트를 입고 출근하는데, 내 직장에서는 그가 레즈비언이라는 소문도 돌고 있다.

"외국인 부모는 맨날 영어를 못 해서라고 핑계를 대는데, 애초에 영어를 못 하는 사람이 영국에서 살면

---

96 영국의 싱어송라이터. 2000년대 후반과 2010년대 대중적으로 가장 성공한 가수 중 한 명이며, 영국과 미국에서 수많은 상을 수상했다.

안 되는 거 아냐?"

"그렇게까지 말할 필요는 없지 않아?"

외국인 팀의 S가 말했다.

"지금 하는 건 워크숍이잖아? 나는 외국인을 싫어하는 보호자의 생각을 말할 뿐이야."

K의 반박에 강사도 고개를 끄덕였다.

"게다가 이주민의 아이들한테는 돈이 많이 들어. 영어를 말하지 못하니까 통역도 고용해야 하고. 멋대로 이 나라에 들어온 사람들을 어째서 영국인이 낸 세금으로 돌봐야 하는데."

내 옆에 앉아 있던 S가 슬쩍 내 쪽을 보았다. 마음씨가 올곧은 아이라서 진짜 외국인인 내가 신경 쓰이는 모양이었다.

"곤경에 빠진 사람을 돕는 건 사람으로서 도리잖아. 네가 외국인의 입장이라고 생각해봐."

"나는 외국에 건너가서 살지 않을 거고, 그 나라 사람들한테 불편을 끼치지도 않을 거야."라고 말하는 K도 실은 나와 사이좋게 지내는 동료다.

어린이집의 직원 휴게실에는 두 개의 산이 있으니 하나는 산더미처럼 쌓인 가십잡지, 다른 하나는 유서 깊은 음악 잡지 「NME」다. K와 나는 후자를 차례대로 사서 가져오는 그룹에 속해 있다.

"내 언니의 아이는 동네에 외국인이 잔뜩 이사 오는 바람에 근처 초등학교에 입학하지 못했고, 그 대신 버스로 30분 걸리는 도시 반대편 학교에 다니고 있어. 이렇게 말하면 좀 그렇지만, 무슬림이나 방글라데시 쪽 사람들은 아이를 많이 낳잖아. 외국인 아이들이 늘어나서 영국인 아이들이 학교에 입학하지 못한다니, 이상해."

그렇게 말한 K는 나와 마찬가지로 사정이 있어 특수한 돌봄이 필요한 아이들을 담당하는 팀의 일원이다. 현재는 가나에서 건너온 자폐 스펙트럼이 있는 아이를 1대1로 맡고 있다.

"그리고 이건 엄연히 사실인데, 기초생활보장을 수급하는 이주민도 많아. 다른 나라의 복지 제도에 매달려서 살아갈 정도라면 자기 나라로 돌아가야 하는 거 아냐?"

그러고 보니 K가 돌보고 있는 자폐 스펙트럼 아이의 어머니도 기초생활보장을 받는 싱글 맘이었지, 하는 생각이 들었다.

"애초에 정부가 먹고살게 해준다는 소문을 듣고 영국에 오는 외국인도 많다고 해. 정말이지 영국은 착해빠진 나라야. 취미로 기부하는 부자야 상관없겠지만, 최저임금으로 일하는 우리 같은 사람들은 외국인 무직자들을 돌볼 세금까지 낼 만큼 여유롭지 않다고."

K가 거기까지 말했을 무렵에는 영국인 팀도 외국인 팀도 조용히 입을 다물고 있었다.

"…우리 모두 마음 한구석에 그런 생각이 있잖아. 좀 진지해지자고!"

K도 그렇게 말하고 입을 다물었다.

그 상황을 잘 수습하기란 경험이 풍부해 보이는 강사에게도 힘들 것 같았지만, 간신히 워크숍은 막을 내렸고, 오후 8시가 지나서야 연수가 끝났다.

깜박한 물건을 가지러 탈의실에 돌아갔는데, K가 아직 있었다. 늦은 시간이라 모두 유니폼을 입은 채 퇴근했지만, K는 옷을 갈아입고 있었다.

"놀러 가?"

내가 물어보자 K가 말했다.

"저렇게 다수자의 시선으로 이뤄지는 진보적 강좌를 보면 너무 열받아. 술 좀 마셔야겠어."

"하하하, 모즈Mods 97의 외견을 빌린 국민전선당 National Front 98 당원인 줄 알았어."

"아냐, 의외로 말이지. 진짜배기 우익들은 일상에서 소수자한테 따뜻해. 그렇게 둥글둥글한 녀석들이 가장 처리하기 어려워."

"응, 우리 집 근처에 BNP^{영국국민당 99} 브라이턴 지부장이 사는데, 나랑 아들한테 유독 친절해. 전에는 스킨헤드였나 봐. 지금은 그냥 머리 벗겨진 아저씨지만."

"전 스킨헤드는 의외로 동성애자한테도 친절해."

K의 말에 '응? 이거 커밍아웃인가?'라고 생각했지만 잠자코 사물함에서 짐을 꺼냈다.

"스킨헤드라고 하니까 생각났는데, 「디스 이즈 잉글랜드This Is England」¹⁰⁰ 사운드트랙 갖고 있어?"라고 K가 묻기에 "응."이라고 답했고, "빌려줘."라기에 "알았어."라고 하자 K가 말했다.

"나는 태어날 시대를 잘못 골랐어."

---

97 모더니스트(modernist)에서 유래한 말로 기존의 체제와 관습에서 벗어나 새로운 것을 추구하는 젊은이들의 문화를 가리킨다. 1950년대에 런던에서 시작되어 영국뿐 아니라 다른 국가로도 퍼져 나가며 패션을 비롯한 당대의 유행에 영향을 끼쳤다.

98 백인 우월주의 등을 추구하는 영국의 극우 정당.

99 백인을 우선하며 동성애와 문화 다양성을 반대하는 영국의 극우 정당.

100 2006년에 공개된 영국 영화. 감독인 셰인 메도우스(Shane Meadows)의 경험에 기초하여 1983년을 배경으로 가난한 공영주택지에서 살아가는 소년이 스킨헤드 무리와 어울리면서 겪는 일을 그린다.

젊은 시절 그런 말을 했던 친구가 일본에도 있었지. 나는 그렇게 생각하면서 돋보기안경을 벗고 안경집에 넣었다.

결국, 음악 같은 걸 듣는 사람은 예나 지금이나 이런 종류의 부조화를 느끼는 젊은이인지도 모른다.

거울을 마주 보고 머리카락을 정돈한 K는 엄청 잘생긴 모즈 보이가 되어서 퇴근했다. 그의 사물함 문에는 'KEEP CALM AND DRINK 평정심을 유지하고, 계속 마셔라' 라고 쓰인 스티커가 붙어 있다.

(출처: 웹진 「에레킹」, 2013. 3. 19)

혐오 사회

런던의 울위치Woolwich에서 영국군 병사가 참수당
했다.

범인은 청년 두 명으로 이슬람 과격파의 영향을
받았다고 하며, 대낮에 길바닥에서 정육점용 식칼 등
으로 영국군 병사를 참혹하게 죽이고 머리를 잘라냈
다고 한다. 범행 후, 엄청난 피로 붉게 물든 아스팔트
도로 위에서 그들은 "이 장면을 목격해야 했던 모든
여성에게 미안하다. 하지만 우리 조국에서는 여성들
도 이런 장면을 보고 있다."라고 말했다고 한다.

"그런데 조국이라니, 그 아이들은 어디를 가리킨
걸까? 런던의 나이지리아 이주민 집안에서 태어났다
며. 범행 후에 늘어놓은 이슬람 원리주의 설교도 끈적
끈적한 런던 사투리로 말했다고 하고."

내 이란인 친구가 말했다.

"특정한 원리주의 단체에 소속된 건 아닌가 봐."

"인터넷에서 세뇌당한 거네. 남편도 요즘은 사이버 무슬림이 더 위험하다고 말했어."

"사이버 무슬림은 대체 뭘 하는 거야?"

"이슬람교 정보와 설교가 실린 웹사이트의 게시판이나 트위터에서 자기들끼리 얘기하면서 의견을 주고받는 거 같아."

"그러다 마음이 맞으면 이슬람 사원에 가기도 하고?"

"아니, 그런 부류는 모스크에는 안 갈걸."

"그래?"

"이 나라의 무슬림 공동체는 폐쇄적이거든. 모스크는 대대로 무슬림인 사람들이 모이는 곳이야. 젊은 남자가 얼마 전 개종했다면서 불쑥 나타나면 오히려 테러리스트가 아닐까 경계하지."

"흠."

"그런 부류의 활동 거점은 모스크가 아니라 인터넷과 길거리야."

"…."

이런 대화를 이른 아침 맥도날드에서 아침을 먹으며 나눈 다음 직장으로 가는 버스에서 신문을 읽었는데, 극우 단체인 EDL English Defence League, 잉글랜드 수호 연맹이 총리 관저 근처에서 이번 병사 살해 사건에 대해 항

의 시위를 한다는 소식이 실려 있었다. 안티 무슬림을 주된 이념으로 삼고 있는 EDL은 본래 수백 명 규모의 훌리건hooligan[101] 조직이었지만, 인터넷에서 회원 수를 10만 명 넘게 늘렸다고 한다. 뭐, 이렇게 말하면 좀 그렇지만 그들도 언어적 의미를 따져보면 그거다, 넷우익ネット右翼.[102] 일본의 넷우익과 차이점이라면 EDL은 웹사이트를 몹시 정성 들여서, 심지어 BBC와 ITV 같은 방송사의 축구 뉴스 웹사이트와도 무척 비슷하게 만든다는 점일까. 그와 더불어 역시 훌리건에서 비롯한 조직인 만큼 항의 시위의 사진을 보면 상반신을 헐벗은 사람이 많고 그 육체에는 문신이 가득하다. 그처럼 폭력적인 인상이 강한 단체다.

EDL이 영국의 넷우익이라면, 앞서 말한 인터넷에서 정보를 교환하는 무슬림 개종 청년들은 넷무슬림일까. 그러고 보면 EDL이 병사 살해 사건에 대해 항의 시위를 할 때, 그에 반대하는 시위를 벌인 좌익 단체 UAFUnite Against Fascism, 파시즘 반대 연합와 LMHRLove Music

---

101 경기장 등에서 폭력을 휘두르는 광적인 스포츠 팬을 가리키는 말. 처음에는 영국의 축구 팬 중 일부를 가리키는 말이었으나 현재는 나라와 종목을 불문하고 폭력적인 팬들에게 쓰이고 있다.
102 일본에서 인터넷을 중심으로 활동하는 극우 성향의 사람들을 가리키는 멸칭이다.

Hate Racism, 음악을 사랑하고 인종차별을 혐오한다 등도 인터넷에서
만들어져 커진 조직이라고 하니 그들은 넷좌익일지도
모르겠다.

넷우익과 넷무슬림에 관해서는 실제로 참여하는
사람을 모르기 때문에 뭐라 말할 수 없지만, 넷좌익은
밑바닥 생활자 지원시설에서 자원봉사를 하며 그 관
계자와 마주칠 기회가 있었다. 무직자, 홈리스, 기초
생활보장을 수급하는 저소득자 등이 어떻게 인터넷에
접속할 수 있느냐 묻는다면, 밑바닥 생활자 지원시설
을 비롯한 영국의 자선시설들이 '빈자도 인터넷에 접
속할 수 있도록 하자'는 것을 주요 과제 중 하나로 삼
아서 어딜 가봐도 컴퓨터실(또는 인터넷 구역)이 충실
히 마련되어 있기 때문이다.

밑바닥 생활자 지원시설의 컴퓨터실은 각종 아나
키한 활동에 매진하는 분들의 집합소인데, 집에 컴퓨
터가 없고 인터넷을 할 수 없는 사람들(불법 거주를
하거나 보호소에서 생활하거나)이 인터넷에서 아나코
계열(아나코비거니즘, 아나코페미니즘 등) 관련 정보
를 입수하기도 하고 발신하기도 한다. 아나코 계열에
열심인 분들은 아무래도 최신 기술을 멀리하는 친환
경적인 인상이 강하지만, 최근에는 인터넷 역시 중요

한 활동 도구인지 그곳을 통해 운동에 참여하는 사람이 많다고 한다. 그처럼 인터넷을 활용하는 아나코 계열 활동가들은 넷아나라고 불러야 할까.

여기까지 생각하고 보니 넷우익에 넷무슬림에 넷좌익에 넷아나까지, 뭐랄까, 현재 영국 사회는 큰일이 난 셈인데, 특히 올해 초여름에는 울위치의 사건과 EDL의 대두 등 각 진영이 거리로 나서 다양한 방식으로 혐오를 쏟아내는 게 영 신경 쓰인다. 일본에서도 신오쿠보의 혐한 시위 등이 화제를 모으고 있다 하니, 전 세계에 공통된 경향일까.

그런 사색을 하던 중이지만 화제를 바꾸어서, 나는 런던으로 가는 전철에 앉아 있었다. 혼자 창가에 앉아 신문을 보는데, 앞쪽의 4인 좌석에 앉아 있는 젊은 외국인들이 눈에 띄었다. 어학원이나 대학교에 다니는 학생들 같았고, 다채로운 국적이 느껴지는 억양의 영어로 대화하고 있었다.

그중에는 몸집이 작고 귀엽게 생긴 동양인 여자가 한 명 있었다. 일본인일까 생각하며 지켜보는데, 그들이 각자 좋아하는 음식에 관해 이야기하는 듯했다.

"나는 스시를 좋아해. 그거 네 나라의 음식이지?"라고 이탈리아어 느낌이 나는 말투로 한 청년이 말했다.

"전혀 아니야! 나는 한국인이라고!"

"응? 스시는 한국 음식 아니야?"

"아냐! 그건 일본 음식이야. 똑같이 취급하지 마. 결코 한국 음식이 아니니까!"

"그렇게 화낼 일은 아니잖아."

"나는 일본인을 진짜 싫어하거든. 일본인으로 착각하면 정말 열받아."

오오. 그들의 뒤쪽에 앉아 있던 나는 돋보기를 위로 올렸다. 한국과 일본 국민 중 일부가 서로 반감을 품고 있다는 이야기는 인터넷에서 종종 읽었지만, 실제로 영국에서 명확하게 들은 것은 처음이었기 때문이다. 게다가 그 여성은 아직 어렸다. 어림잡아도 스무 살 안팎일까.

"왜 그렇게 일본인을 싫어해?"

이탈리아인으로 추측되는 청년이 물었다.

"내 부모도, 조부모도 모두 일본인을 싫어하고, 그 외에도 싫어하는 사람이 많아."

"흐음, 그런데 그건 이유가 안 되지 않아?"

"응, 남이 싫어하니까 나도 싫어한다는 건 정당한 이유가 아니야."

옆자리에서 무척 딱딱한 느낌이 드는 억양으로

독일인처럼 보이는 청년이 말했다.

"맞아, 무언가를 정말 싫어한다고 주장하려면 어떤 점이 싫은지 명확하게 해야 하고, 그 부분이 어째서 싫은지 개인적인 논리가 있어야 해."라고 목에 스카프를 둘둘 두른 프랑스어 억양의 여자가 말했다.

논리지상주의를 내세운 유럽인들에게 포위된 젊은 동양인 여성이 횡설수설했다.

"…몰라. 잘 모르지만, 왠지 싫어."라고 그는 고개를 숙인 채 말했다.

아아, 그런데 젊은 친구, 그런 구석은 당신이 싫어하는 일본인과 무척 비슷하네요. 그렇게 생각하며 나는 신문으로 시선을 내렸다. 우리는, 논리로 밀어붙이면 어쩔 줄 모르고 정신이 아득해진다.

"그렇다면, 너는 무언가에 대해 '정말 싫어.' 하는 강렬한 감정을 지니고 있는 게 아니야. 잘 모르는데 정말 싫다니, 그렇게 모호한 감정은 있을 수 없으니까."

프랑스인 여성이 한국인 여성에게 강하게 말했다.

그들의 뒤에서 남몰래 귀를 기울이고 있는 동양인 아줌마는 사실 논리로 무장한 유럽인들보다 한국인 여자의 주장 쪽에서 현실적인 느낌을 받았다. 이론파 유럽인들은 인류라는 존재가 무척 고상하고 이

169

지적인 생물이라고 생각할지 모르겠는데, 싫다든지 혐오한다든지 하는 감정은 몹시 급이 낮고 멍청한 것이다. 그런 감정을 이론으로 분명히 설명할 수 있다면, 인류는 훨씬 오래전에 그 감정들을 뛰어넘었을 것이다.

유학생들이 개트윅에서 내렸기 때문에 본격적으로 신문을 읽으려 했는데, 누가 봐도 '언더클래스 같은' 어머니의 사진과 모자이크 처리로 얼굴이 가려진 네 아이들의 사진이 1면에 실려 있었다.

"자기 자녀를 향해 인종차별 발언을 한 모친에게 반사회적 행동 금지 명령"[103]이라는 큰 제목. 유색인종과 사이에서 네 명의 자녀를 낳은 31세 영국인 여성이 집에서 아이를 혼낼 때 "망할 깜둥이!" "넌 까만 병신이야!" 등 혐오 발언을 쏟아냈는데, 그걸 몹시 불쾌하게 여긴 옆집 주민이 경찰에 신고했고 법원은 그 모친에게 반사회적 행동 금지 명령을 내렸다고 한다.

---

103 영어로는 'anti-social behaviour order'. 방화, 기물 파손, 불법 약물 거래, 절도 등 반사회적이라 여겨지는 행동에 대해 법원에서 금지를 명령하는 제도로 토니 블레어 정권 때 제정되었다. 영국 사회에서 '브로큰 브리튼'과 더불어 언더클래스를 상징하는 말이 되었다.

오오. 동양인 아줌마는 다시 돋보기를 머리 위로 올렸다. 마침내 엄마가 아이에게 혐오 발언을 쏟아내어 경찰에 잡혀가는 시대가 온 것인가. 나 참, 이래서야 보수도 진보도 모두 혐오투성이가 아닌가. 그런 생각을 하면서 나는 창밖으로 눈길을 돌렸다.

요즘에 계속 비가 내렸기 때문인지 초원에는 짙은 초록색이 가득했다. 목가적인 시골 풍경이 끝없이 이어졌지만, 한 꺼풀 벗기고 보면 이곳은 혐오 사회다.

(단행본 출간에 맞춰 새로 씀)

'죽어.'라는 말

얼마 전, 내 블로그를 읽어주는 분에게 메일을 받았다.

"이 영상 좀 봐주세요."

그처럼 간결한 메일에 첨부된 링크를 따라가서 영상을 보았는데, 일본에서 벌어진 시위를 찍은 것이었다.

바람에 나부끼는 일장기들을 들고 줄줄이 행진하는 사람들의 모습은 영국에서 벌어지는 국민전선당의 시위를 방불케 했다. 영상은 한쪽 보도에 서 있는 촬영자가 도로 건너편 보도의 시위대를 천천히 담은 것이었다. 가운뎃손가락을 들고 '꺼져' 포즈를 잡는 사람들. 일장기 집단을 향해 욕설을 퍼붓는 사람. "사이좋게 지내요."라고 쓰인 플래카드를 들고 있는 사람. 아주 오래전, 내가 일본에서 살던 무렵에 알았던 사람이 보인 듯한 건 착각일까.

"잠깐, 이리 와. 이것 좀 봐."라고 거실에서 수다 떨고 있는 배우자와 옆집 아들을 불러서 영상을 보여주었다.

"이게 뭐야?"

"일본의 우익 시위. 한국인들이 많이 거주하는 지역에서 일본 국기를 내걸고 '너희 나라로 돌아가!'라고 하고 있어. 그리고 반대쪽 보도에 있는 건 우익에 반대하는 사람들."

"하하하, 잘 만든 코미디네."

배우자는 웃었다.

"아니, 코미디가 아냐. 진짜라고. 이거 실제로 일어난 일이야. 지금, 일본에서."

"거짓말이지?"

"아냐, 정말이라니까. 봐, 저기 진짜 경찰 부대도 있잖아." 그렇게 연출이 아니라 현실이라는 것을 이해시키는 데 5분 정도 걸렸는데, 그들에게는 일본 우익의 시위 영상이 아무래도 코미디로 보이는 것 같았다.

"어째서 저걸 코미디라고 생각하는 거야?"라고 물어보자 배우자가 답했다.

"왜냐하면, 시위대와 반대파가 저렇게 코앞에서 맞서고 있는데, 난투가 벌어지지 않으니까."

옆집 아들도, 여섯 살 먹은 우리 집 아들도, "응,

173

응." 하며 고개를 끄덕였다.

"저기 봐, 경찰이 있어서 그런 거겠지."

"아냐, 경찰이 나서면 더 흥분한다고. 이 나라였으면 세 세력이 얽혀서 피비린내 나는 싸움이 벌어졌을걸."

…그건 그렇겠네.

나는 납득했다. 이케아의 대형 매장이 새로 문 열면서 가구를 반값에 판다는 소식에 모여든 사람들이 상품을 서로 빼앗으며 폭동을 일으킨 일, 정부 정책에 반대하는 시위인데도 왠지 은행에 숨어들어 현금인출기를 부수는 사람들이 속출한 일 등 이 나라에서는 일단 사람들이 모이면 폭동이 일어날 때가 많다. 뭐, 확실히 배우자의 말이 틀린 건 아니었다.

그런 느낌으로 배우자와 옆집 아들은 "이야, 참 평화롭고 일본인다운 시위 풍경이네. 대단해."라고 영상을 평했다.

"아냐, 물리적으로는 평화롭지만, 구호는 엄청 험악해."

"어떻게 험악한데?"라는 질문을 듣고, 나는 잠시 당황했다.

"돌아가!"라느니 "우리나라에서 나가!" 같은 건

금방 알려줄 수 있다. 뭐, 그 말은 만국에 공통하는 외국인 배척 문구라고 할까, 솔직히 말해 나도 이 나라의 길바닥에서 험악한 여러분에게 들어본 말이다.

그렇지만. "죽어."라는 말 앞에서 나는 딱 멈추고 고민했다.

"Die!"라고 직역하면 듣는 이가 '응?'이라고 의아해할 것 같았기 때문이다.

현실에서 벌어지는 싸움, 모멸, 매도의 순간, 영상의 한 장면, 책 속 대사 등을 죽 돌이켜봤지만, 영국인이 "Die!"라고 한 마디를 내뱉는 건 들은 적이 없다.

"음, '너를 죽일 거야I'll kill you.'는 아니고. '자살해버려Kill yourself.'는… 아냐. 뭐라고 해야 하지…."라며 망설이는 나를 보고 옆집 아들이 물었다.

"뭘 고민하는 거야?"

"그게, 영어로는 'Die!'라고 안 하지? 남을 욕할 때."

내 고민에 배우자와 옆집 아들이 말했다.

"미국 사람은 말하려나. 그런데 이쪽에서는 확실히 안 하지. 'Die!'라고는."

"응, 미국에서는 말할지도 모르겠네. 마이클 매드슨Michael Madsen[104]이나 다른 배우가 피투성이가 되어서 쓰러진 남자한테 총을 겨누면서 '죽어, 개자식Die, bastard!'이라든가 뭐라고 하고는 방아쇠를 당기는 장면 같은 게 쿠엔틴 타란티노Quentin Tarantino[105]의 영화 같은 데 나올 거 같아."

옆집 아들은 무척 상세한 상황 묘사까지 했다.

"그런데 그건 상대방이 죽기 직전인 상황에서 나오는 말이잖아. 쌩쌩하게 기운 넘치는 사람한테 'Die!'라고 한 단어로 욕하는 건 영국 영어에는 없지 않나."

"응, 우리는 역시 뭔가 다른 말을 앞뒤로 좀더 붙이지."

"간단히 말해서 'I hope you are dead.'라는 거잖아. 나는 너희가 죽어서 여기 없기를 바란다는 뜻 아니야? 그 말을 하는 게 어쨌든 인종차별주의자라면."

"그럼 그런 말을 이 나라의 인종차별주의자는 뭐라 할까?"

"글쎄, 'I'll kill you.'나 'Go, kill yourself.'라고 하면 협박이고, 'I hope you are dead.'는 아무래도 인종차별주의자의 구호로는 좀 약한데."

"하하하, 'hope희망하다'는 좀 그렇지. 'I wish you were dead.'는 어때? 'wish바라다'라고 하면 좀 디즈니랜

---

104 미국의 배우. 주로 악역으로 출연해왔다.
105 미국의 영화감독. 폭력적이면서도 개성 강한 영화들을 연출해왔다.

드 같은가."

그렇게 낄낄거리며 「웬 유 위시 어폰 어 스타When You Wish Upon a Star」[106]를 부르는 그들을 보고 있으니, 일본어에서 파괴력 넘치는 말인 "죽어!"도 영어로 옮기며 분석해보면 생각보다 훨씬 모호한 말이구나 하는 생각이 들었다.

대체 언론에서는 이 말을 어떻게 번역할까? 하는 궁금증에 조사해보니, 『저팬 투데이Japan Today』는 "We'll kill you죽여버린다."라고 옮기고 있었다. CNN에서 운영하는 시민 기자 플랫폼인 『아이리포트iReport』 기사에는 일부러 그랬는지 "죽어."라는 말이 등장하지 않았다. 「아사히신문朝日新聞」의 영어판에는 "Kill them저놈들 죽여."이라고 쓰여 있었는데, 실제로 "죽여!"라고 일본어로 외친 사람이 있었던 모양이다. 하지만 내가 들은 "죽어!"는 "We'll kill you죽여버린다."처럼 능동적인 말은 아닌 것 같다. 또한 곰곰이 생각해보면 '죽여.' 역시 막연히 타인에게 죽이라고 명령할 뿐 스스로 어떻게 하겠다고는 말하지 않는다. 뭐랄까, 힘껏 혐오하는 것치고는 어딘가 호리멍덩하고 '누가 죽이는가.' 하는

---

106 1940년 공개된 디즈니 애니메이션 「피노키오」의 삽입곡으로 디즈니 제작 영화의 오프닝 음악으로 사용되며 유명해졌다.

주체가 없는 것이다.

죽어.

그 일본어를 나도 여러 번 들어본 적이 있다. 다만, 일본의 길바닥에서 그랬다는 건 아니고 인터넷에서 들어봤다는 말이다. 야후 뉴스의 댓글. 내가 쓴 가십 기사에 이따금씩 "죽어."가 포함된 거친 비판 댓글이 달렸는데, 그 전후에는 대체로 한국이 이러쿵저러쿵하며 지나치게 한자가 많은 장문이 함께 쓰여 있었다. 하지만 애초에 가십 기사란 할리우드 모 여자 배우의 유방이 대단히 크고 아름답다든가 서양의 저명한 누군가와 누군가가 섹스한 것 같다든가 하는 내용인데, 그런 기사의 댓글에 어째서인지 한국인에 대한 반감과 외교에 대한 불만을 늘어놓다니 그야말로 초현실적인 일이다. 이유를 굳이 짐작해본다면, 대지진 후 일본에 거액의 기부금을 베풀어 애국자들 사이에서 신성시되는 미국인 가수를 내가 가십 기사에서 신으로 그리지 않은 것이나 "버킹엄 궁전 앞에서 '일본, 파이팅!'을 외치지 마라. 보기 흉해." 같은 논지의 글을 블로그에 적었기 때문일까. 그런 생각을 해보지만 어디까지나 내 상상일 뿐, 실제로 그 댓글을 적은 사람은 물어뜯을 상대방과 기사가 무엇이든 상관없었을 수도 있다.

죽어.

그러고 보면 이 말은 훨씬 오래전에 메일로도 받았다.

그렇지만 그 무렵에는 일본어로 '死ね'가 아니라 '氏ね'라고 쓰여 있었다.[107] 그래서 처음 보았을 때는 '뭐지, 이 기분 나쁜 말은.'이라고 생각하여 인터넷을 잘 아는 사람에게 물어보았는데, 대놓고 '死ね죽어'라고 쓰는 게 금지된 게시판에서 쓰는 인터넷 용어라고 가르쳐주었다.

내 생각이지만, 일본의 시위 영상에서 들은 "죽어!"는 'We'll kill you.'가 아니라 '氏ね'에 가까웠던 것 같다. 영어로 옮기기 어려운 게 당연하다. '氏ね'의 의미는 '미스터군요?'이고, 영어로 직역하면 'Mr, isn't it?'인데, 그야말로 의미 불명인 말이다.

'We'll kill you.'를 쓰면 누군가를 죽이려 하는 인간들에게 인명을 뺏으려 한다는 형사적 책임 및 인도

---

107 '死ね'는 '죽어'를 뜻하는 올바른 일본어 표기고, '氏ね'는 발음이 같은 다른 한자로 바꿔 쓴 것이다. 참고로 '氏'는 한국어에서 쓸 때와 마찬가지로 '○○○ 씨'를 뜻하는 한자다.

적 책임이 지워진다. 영어권에서는 거기에 '죄와 벌'을 운운하는 숨 막히는 종교적 책임도 더해질 것이다.

그처럼 무거운 문제와 각오 같은 것이 '氏ね'에는 당연하게도 전혀 없다. 그 말은 마치 실체 없이 푸른 하늘로 둥실둥실 날아가는 풍선 같다. 그러니 내가 영상에서 들은 "죽어."와 가장 가까운 영어는 역시 'I hope you are dead.'나 'I wish you were dead.'일지도 모르겠다. 그렇지만 아무리 알록달록한 풍선이라도 'I hope you are dead.' 같은 걸 적어서 날려 보내면 영국에서는 바로 경찰에 붙잡힌다.

이 나라에 그런 방면의 법이 확립되어 있는 이유는 '인간이니까' 혹은 '수치스러우니까' 하는 감성적인 것이 아니다. 실제로 인종차별과 혐오 발언 때문에 사람이 흉기에 찔리거나 죽었던 역사가 있었기 때문이다.

아무리 꿈과 낭만이 넘치는 디즈니 노래라 해도 너무 집요하게 반복하면 미키 마우스의 얼굴을 깨부수고 싶어하는 사람이 나올 수 있고, 디즈니 노래를 부르는 미키 마우스 군단 중에서 갑자기 '氏ね'를 'I'll kill you.'로 바꾸는 돌연변이가 등장할 가능성도 있다.

사람이 찔리거나 죽어온 영국의 인종차별 역사는

여전히 계속되고 있다. 런던 폭동의 발단을 떠올려보길 바란다. 'I hope you are dead.'가 쓰인 풍선을 가볍게 여겨서는 안 된다. 개인적인 생각으로는 내 조국 역시 그 나라만의 방식으로 이미 짐승이 다닐 법한 험악한 길을 나아가기 시작했다고 본다.

(단행본 출간에 맞춰 새로 씀)

그 무덤에 침을 뱉지 마라

그날, 나는 퇴근길에 동네 뒷골목의 작은 펍에서 사람과 만날 약속이 있었다.

그곳은 어둑어둑하고 낡은 펍으로, 요즘 유행하는 와인 따위를 마실 수 있는 세련된 펍이 아니다. 창가에는 세월이 느껴지는 당구대가 놓여 있고, 카운터 위쪽에는 평평하고 얇은 최신 모니터가 아니라 두꺼운 브라운관 텔레비전이 있어서 언제나 축구 시합을 보여준다. 그런데 그날 펍에 도착해서 보니 웬일로 텔레비전에서 BBC 뉴스가 나오고 있었다.

"어? 대처, 죽었어?"

놀라는 내 뒤로 도장공인지 페인트가 여기저기 묻은 펑퍼짐한 청바지를 입은 아저씨가 들어오더니 텔레비전 화면의 "대처 남작 서거"라는 제목을 읽자마자 천천히 두 주먹을 치켜들며 승리의 포즈를 취했다.

"좋았어!"

컴퓨터 앞에 앉아 일하는 계급의 사람들은 좀더 빨리 부고를 접했을 테지만, 육체노동자가 대처의 죽음을 안 것은 저녁 무렵이었다. 그런 이유로 펍 안은 평소와 달리 떠들썩했다. 퇴근 후에 들뜬 젊은이들이 모이는 펍과 달리 평소에는 어두운 표정의 중노년 노동자들이 묵묵히 술만 들이켜는 펍인데, 그날만은 분위기가 달랐다.

BBC 뉴스24는 각계 저명인사들의 반응을 보도했다. "전 노동당 하원 의원 조지 갤러웨이George Galloway는 트위터에 엘비스 코스텔로Elvis Costello[108]의 곡 「트램프 더 더트 다운Tramp the Dirt Down」[109]의 제목을 적었습니다."라고 여성 아나운서가 말하자 펍 안쪽에서 누군가 외쳤다.

"조지, 말 잘했네!"

짝, 짝, 짝. 누군가가 친 박수가 천천히 펍에 퍼져갔고 어느새 아저씨도 아줌마도 모두 박수를 쳤다.

웃는 사람은 아무도 없었다. 모두 지친 표정이

---

108 영국의 싱어송라이터. 1970년대에 데뷔 앨범부터 평단과 대중의 극찬을 받았으며, 지금까지 여러 장르를 넘나들며 활발히 활동하고 있다.
109 '흙을 짓밟다'라는 뜻으로 대처의 무덤을 밟겠다는 말이다.

었다.

아아, 이건 틀림없이 이 나라의 노동자들이 대처에게 보내는 소리야. 그렇게 생각했다.

덤프트럭 기사인 배우자는 그날 늦은 밤 런던의 브릭스톤을 운전해서 지나갔다고 한다.

"런던 폭동 직전이랑 분위기가 비슷하던데. 한밤중에 길바닥에서 술 마시고 소리 지르면서 파티를 하더라고. 대처가 누군지도 모를 것 같은 꼬맹이들이."

배우자는 런던의 분위기를 알려주었다.

이튿날 신문을 읽어보니, 언더클래스가 많기로 유명한 리버풀에서 거친 10대들이 길바닥에 불을 피우고 서로 축하하는 사진과 브리스톨에서 세련되고 가방끈 긴 중산층 젊은이들이 경찰 부대와 충돌한 사진이 실려 있었다.

"전국 각지의 '좌파'가 대처 남작의 죽음을 축하한 밤"이라는 제목이 붙은 기사였다. 기쁜 듯이 가운뎃손가락을 세운 동시에 불만 가득한 표정을 짓는 10대, 그리고 맥주 캔을 한 손에 들고 만취한 눈빛으로 경찰관에게 행패를 부리는 30대 중산층 도련님.

현대 영국의 '좌파'란 이런 사람들일까 하는 생각이 들었다.

매일매일 빌어먹을 시급으로 아침부터 밤까지 일하면서 월급이 아니라 주급을 받고, 그 쥐꼬리만 한 임금에서도 세금을 빼앗기고, 대처 정권에 속아 공영 주택을 구입했건만 자기 집을 수리할 돈이 없어 망가진 보일러를 고치지 못하고 한겨울에 동사한 사람도 있다고 하는,[110] 정말로 고故 대처 남작이 한 짓을 알고 있는 '노동자 계급'은 신문에 실린 사진 속 인물들처럼 흥겨워하지도 분노하지도 만취하지도 않았다.

정말로 대처 때문에 고통을 겪었던 사람들과 여전히 고통스러워하는 사람들은 이른 아침 일어나 일을 나가기 위해 일찌감치 잠자리에 들었다.

대처가 눈감은 날, 내가 펍에서 만난 사람은 작년까지 성인 대상 산수 교실에서 강사로 일한 R이었다.

지난 노동당 정권은 읽고 쓰기를 못 하는 성인의 재교육에 힘썼기 때문에 산수와 영어를 배울 수 있는 기회를 무료로 제공했다. 하지만 현재의 보수당 정권

---

[110] 1979년에만 해도 영국인 중 42퍼센트가 공영주택지에 거주했지만, 마거릿 대처 정권은 관리 등의 이유로 국가 재정에 큰 부담을 끼치는 공영주택을 1980년대에 파격적으로 싸게 내놓아 주민들이 우선적으로 구입할 수 있게 했다. 당시 많은 노동자 계급이 공영주택을 구입했지만, 노후한 주택의 관리비를 감당하지 못해 어려움을 겪기도 했다.

은 성인 대상 교육에 주던 보조금을 끊어버렸다. 보수 당은 예나 지금이나 밑바닥 계층을 끌어올리는 일에는 관심이 없다.

정부의 보조금이 사라졌기 때문에 성인 대상 산수 교실과 영어 교실은 유료로 전환되었고, 당연하게도 학생 수가 급격히 줄어들었다. 그리고 그런 성인 대상 교실을 운영하는 단체의 수도 급격히 줄었다. 그 때문에 먹고살 수 없어진 R은 현재 대학교에서 일하고 있는데, 자비로라도 주민 센터의 공간을 빌려서 성인 대상 무료 산수 교실을 재개하려고 했다.

"대처가 죽었다고 시끄럽지만, 달라지는 건 전혀 없어."

냉담한 표정으로 텔레비전을 보는 R은 예전에 보조 교사로 자원봉사를 한 사람들에게 연락을 돌리며 다시 자원봉사를 하지 않겠느냐고 설득하는 중이라고 했다.

나 역시 산수가 특기인 일본인으로서 산수 교실에서 자원봉사를 한 적이 있지만, "안 돼, 지금은 낮에도 밤에도 일하고, 그 사이에 집안일도 해야 해서 자원봉사는 무리야."라고 일단 거절했다. 그런데도 R은 끈질기게 설득을 포기하지 않았다. 산수 교실에는 언더클래스인 싱글 맘도 꽤 오기 때문에 보육사인 내가 함께하면 탁아 서비스를 제공할 수 있어 좋은 것이다.

"돈이 없다든지 아이가 있어서 교실에 오지 못한다는 사람들이야말로 가장 재교육이 필요해. 그렇다는 거 알잖아."

"나도 알아. 하지만 시간이 없어. 저녁 시간에 그런 일을 하면 내 아이한테는 누가 밥을 줘?"

"데리고 오면 어때?"

"뭐어?"

"매주 음식을 줄게. 교실 구석에서 먹이면 어때? 그리고 예비 노트북이 있으니까 게임이나 숙제를 시킬 수도 있어. 산수는 당연히 내가 봐줄게. 아이들한테 구구단 가르치는 건 내 특기라고."

"뭐? 잠깐, 잠깐."

점점 구석으로 몰려서 잽을 연신 얻어맞는 내 공허한 눈에 텔레비전 화면 속에서 대처의 위대함과 숭고함을 쉬지 않고 이야기하는 데이비드 캐머런 총리의 얼굴이 보였다.

그는 명백하게 마거릿 대처의 후예다.

영국 최고의 명문 사립학교로 유명한 이튼 칼리지와 옥스퍼드대학교를 거치며 착실히 도련님의 길을 걸어온 그는 항상 눈에 띄지 않는 괴짜 청년으로 더 스미스의 음악을 편애해왔다는데, 대체 더 스미스의 곡에서 무엇을 들은 것인지 모리시가 단두대에 세우고 싶어한 대처의 정책을 충실히 모방하고 있다. 대처의 정책을 기점으로 발생하여 21세기 영국의 암이라고 불릴 만큼 많아진, '진정한 대처의 유산'이라 해도 무방한 언더클래스라는 계층을 캐머런의 정권은 냉혹하게 잘라버리고 있다. 철의 여인의 아들들은 어머니가 남긴 진흙탕을 깨끗하게 하기는커녕 더욱더 넓히고 있는 것이다.

"알았어. 할게."

"고마워. 그렇게 말할 줄 알았어."

그 말을 들었을 때는 함정에 빠졌다는 생각도 들었지만, 대처가 죽은 날이었다. R 같은 사람의 부탁을 그런 날 거절할 수는 없었다.

"살아 있는 대처는 내 적이었다. 하지만 죽은 대처는 더 이상 내 적이 아니다. 나는 대처의 무덤 위에서 춤추지 않을 것이다."

그런 존 라이든의 발언은 현대 영국의 이른바 '좌파'들에게 좋은 반응을 얻지 못하는 모양이다. 그건 "나쁜 마녀가 죽었다."라고 환회하고 춤추며 파티를 즐기는 사람들의 사기를 꺾는 말이기 때문이다.[111] 섹스 피스톨즈의 조니 로튼이 더 스미스의 모리시처럼 직설적인 대처 반대 성명을 발표하지 않자 다들 맥이 빠졌던 모양이다.

그렇지만 나는 그것이 섹스 피스톨즈와 더 스미스라는 밴드의 차이점이라고 생각한다.

죽은 사람 상대로 의기양양하게 파티를 벌여봤자 뭐가 달라지냐.

어물쩍 넘어가지 마라. 진정한 적과 싸워라.

"애초에 엘비스 코스텔로의 그 노래는 그 여자가 죽으면 묘를 짓밟고 파티를 하겠다는 게 아냐. 그 여자보다 우리가 먼저 죽겠지 하는 슬픈 노래라고."

R이 말했다.

R 같은 사람은 고인의 묘에 침을 뱉지 않는다. 그럴 틈에 해야 할 일이 산더미처럼 있기 때문이다. 그가 탁자 위에 펼친 표에는 무료 산수 교실에 다니던 학생과 자원봉사자의 이름이 빼곡히 적혀 있었다.

"혹시 여기 있는 모든 사람한테 연락하는 거야?"

"응."

111 대처의 사후 그의 정책에 반감이 심했던 사람들은 조직적으로 영화 「오즈의 마법사」 삽입곡인 「딩동! 마녀가 죽었다」를 구입하는 운동을 벌여서 음원 순위 10위 안으로 끌어올리기도 했다.

정치가들은 대처의 장례식 절차로 논쟁을 벌이고, '좌파' 사람들은 장례식 당일의 항의 시위를 준비하느라 여념이 없다.

그리고 R은 장례식 따위 전혀 신경 쓰지 않고 커다란 표를 가득 채운 사람들에게 전화를 걸 것이다.

R 같은 사람의 일은 신문과 온라인 뉴스에 단 한 줄도 쓰이지 않는다. 하지만 진심으로 대처가 남긴 유산의 뒤처리를 하는 사람들은 R처럼 이름이 알려지지 않은 말단의 사람들이다.

내게 그 무엇보다 영국적인 것은 그와 같은 사람들이다.

(출처: 웹진 「에레킹」, 2013. 4. 15)

거리가 더러워졌다는 슬픔에

최근, 브라이턴 거리가 유달리 더럽다.

왜 그토록 더러운가 하면, 지방자치단체의 쓰레기 및 재활용품 수거원들이 파업을 결행해서 쓰레기가 온 도시에 가득해졌기 때문이다. 길에 설치된 쓰레기통이 가득 찼는데, "냄새 나는 쓰레기봉투를 집 안에 두는 것보다는 나아."라는 사람들이 내용물이 밖으로 흘러나왔음에도 불구하고 또 다른 쓰레기를 보도에 방치하고 있다. 거리에 서식하는 고양이와 개와 비둘기 등이 쓰레기봉투를 물어뜯고 내용물을 길바닥에 흩뿌려서 보도 전체에 양배추 심, 달걀 껍데기, 신문지, 휴지 등 온갖 쓰레기들이 굴러다니고, 그걸 게걸스레 먹고 배설한 짐승의 똥까지 여기저기 덕지덕지 떨어져 있다.

이야, 이렇게 쓰레기 가득한 거리를 영국에서 마지막으로 본 게 1989년 런던이었나. 토트넘 코트 로

드나, 킬번이나, 존 라이든이 태어난 곳으로 유명한 핀즈베리 파크 일대도 심상치 않게 쓰레기가 어질러져 있던 것으로 기억한다.

'얼마 전, 런던에 가봤는데 불황이라는 게 믿기지 않을 만큼 영국은 멋지고 현대적이었다.'

이런 글을 일본의 모 작가가 썼던데, 한 발짝만 지방으로 들어와서 보면 이처럼 궁상맞은 상황이 펼쳐진다. 마치 도시 전체가 거대한 쓰레기통이 된 것 같다.

상점가에는 문을 닫고 유리창이 깨진 가게가 몇 곳이나 있고, 거리에는 맥주병을 손에 들고 침을 흘리며 하늘을 우러러보는 홈리스 여러분이 앉아 계신다.

냄새 난다. 더럽다. 어둡다. 심지어 올해 여름은 줄곧 날이 흐리고 춥다.

도대체 이 세상이 2013년에 종말이라도 하는 것일까.

마거릿 대처가 눈감은 날 의기양양하게 성인 대상 무료 산수 교실을 재개하겠다고 했던 R의 계획이 암초를 만났다.

강사 및 자원봉사자들은 당장이라도 시작할 수

있게 대기 중인데, 정작 학생들이 모이지 않는 것이다. 공짜인데도 예전 학생들이 돌아오지 않는 이유 중 하나는 보수당의 정책으로 실업급여와 기초생활보장을 받지 못하게 된 사람들 중 상당수가 막다른 길에 몰려서 읽기 쓰기나 산수를 할 줄 몰라도 상관없는 최저임금 일자리에 취직했기 때문이다. 그런 사람들은 더 이상 학습의 필요성 같은 걸 느끼지 않았다.

또한 기초생활보장이 끊긴 뒤 범죄에 손을 대어 현재 수감 중인 학생이 여럿 있다고 하고, 알코올 의존증에 걸려 보호소에 들어간 사람과 행방불명이 된 사람도 있다고 한다. 전화에도 메일에도 무소식인 사람이 꽤 많아서 공통의 지인과 자선시설 관계자를 통해 그런 학생들의 소식을 알아봐도 불길한 소문만 들리고, 연락이 닿은 예전 학생들도 "어차피 쥐꼬리만 한 돈을 받으면서 빌어먹을 일을 하는데, 이제 와서 망할 산수를 배우라니 그렇게 귀찮은 걸 해봤자 아무것도 달라지지 않아." 같은 내일에 대한 밝은 전망 따위 전혀 느낄 수 없는 부정적인 말만 늘어놓는다고 한다.

"너무 늦었나 싶어."

수화기 너머의 R이 나직이 중얼거렸다.

"시간 외 수당과 만근 보너스를 받지 못하는 건 정말로 사활이 걸린 문제야. 어째서 그놈들은 임금이 깎이면 먹고살 수 없는 사람들의 임금만 깎는 걸까."

아들과 같은 반 아이의 아버지가 말했다. 폴란드인인 그는 파업을 결행한 쓰레기 수거원으로 브라이턴 거리의 풍경을 황폐하게 한 당사자 중 한 사람이다. 하지만 그의 말은 충분히 이해할 수 있다. 파업이란 보통 임금 인상을 요구하며 하는 것인데, 임금 인하라는 벼랑 끝에서 하는 저항을 그리 간단히 끝낼 수는 없는 노릇이다.

"슈퍼마켓에서 매주 가족 네 명이 먹을 식료품을 사잖아. 3년 전만 해도 50파운드면 충분했는데, 이제는 똑같이 사도 80파운드가 들어. 그렇게 물가가 오르는데 급여를 깎는다니 죽으라는 말이나 다름없어."

폴란드인 쓰레기 수거원이 말했다. 대처의 후예들이 하는 정치란 바로 이런 것이다.

"나는 멋대로 이 나라에 온 인간이니까 노동자의 권리 같은 번거로운 이야기는 별로 말하고 싶지 않아. 더러워진 거리를 보면 마음도 아프고. 하지만 나도 애들 둘을 데리고 먹고살아야 한다고. 의회에 있는 높으신 양반들은 매년 수입이 오르는데 밑바닥 노동자만 수입이 줄어드는 건 이상하잖아."

1980년대 대처 정권 시절에 영국인 탄광 노동자들이 했을 법한 말을 오늘날에는 폴란드인 이주민 노동자가 말하고 있다. 그러고 보니 셰인 메도우스 감독이 만든 영화 중 「소머스 타운Somers Town」이라는 작품이 있다. 그 영화는 어디에도 자기 자리가 없는 하층계급의 영국인 소년과 폴란드에서 이주해온 노동자의 아들이 나누는 우정을 그렸다.

폴란드인 쓰레기 수거원은 두 아이를 데리고 교문 밖으로 나가다 스킨헤드 영국인 남성과 마주쳤다. 두 사람은 손을 들어 손바닥을 마주치며 하이 파이브를 했다. 아아, 저 스킨헤드 아저씨도 쓰레기 수거원이었지, 하고 생각났다. 요즘 같은 궁지에서는 파업이라는 행동을 통해 본국인이든 이주민이든 상관없는 '노동자'라는 그룹이 만들어지는지도 모르겠다. 세상이 각박해지면 인종차별이 심해진다는 속설이 반드시 맞는 것은 아닌 모양이다.

"보수당 정권은 언제까지야?"

최근 들어 심하게 야윈 옆집 아들이 물어보았다. 이 녀석도 실업급여가 끊겨서 하는 수 없이 사회에 복귀한 인간 중 한 명이다.

"앞으로 2년."이라고 배우자가 알려주었다.

"안 돼, 그렇게 한참 남았어?"

"총리 임기는 원래 4년이었는데, 그놈들 어느 틈에 그걸 5년으로 늘렸어."

"그때까지 내가 살아남을 수 있을지 걱정이네."

질풍노도의 시기부터 우리 집에 드나들며 아버지가 없는 탓인지 내 배우자의 영향을 지나치게 많이 받은 옆집 아들은 덤프트럭 운전면허를 취득하고 기사로 일하기 시작했다. 하지만 명백하게 EU법을 위반하는 가혹한 근무표에 따라 자는 시간도 줄이며 운전하는데도, 벌이는 한없이 최저임금에 가까웠다.

"야, 아무리 그래도 그 회사는 너무 심해. 인권은 어디에 팔아먹은 거야."

"하지만 다른 일자리는 없었다고."

체중이 4킬로그램 줄어서 눈에 띄게 늙은 옆집 아들을 보고 노동당 정권에서 사회보장제도를 남용하며 빈둥거렸으니 자업자득이라고 할 수도 있겠지만, 2013년 영국에는 그런 젊은이들이 수없이 존재할 것이다. '일을 시켜주니 감사하게 생각해.'라는 듯한 사용자에게 이용당하고, 경제 피라미드의 주춧돌이 되어 정치에 유린당하는 젊은이들.

"다음에는 노동당이 정권을 잡을 거야."

"아마도. 그렇게 되면 좋겠는데."

배우자가 그렇게 모호한 말밖에 하지 못한 것은 토니 블레어 정권 시절 노동당의 노선이 눈에 띄게 보수당과 가까워진 탓에 (대처는 아예 "내 최대 공적은 토니 블레어라는 정치가가 나온 것"이라고 했을 정도다) 이제는 노동당도 보수당도 별 차이가 없다는, '이놈이나 저놈이나' 같은 분위기가 너무나 오래 지속되었기 때문이다. 그래서 보수당이 미움을 받는다고 하지만, 딱히 노동당이 지지자를 모으는 것도 아니다.

그렇지만 결코 '이놈이나 저놈이나' 마찬가지일 수는 없다. 왜냐하면 아무리 표면적으로 드러난 것이 비슷해도, 그 핵심에 있는 가치관이 다른 이상 '이놈이나 저놈이나' 같을 수는 없기 때문이다. 사회 경제적 계급 피라미드에서 가운데쯤이나 조금 위쪽에 있는 분에게는 어느 당이 정권을 잡든 생활에 큰 차이가 없겠지만, 하층민의 생활은 정권에 따라 눈에 뚜렷이 보일 만큼 크게 달라진다. 예나 지금이나 보수당 정치가 해결하지 않고 떠미는 불합리는 돈도 없고 지위도 없고 미래에 대한 희망도 희박한 계층의 사람들이 떠맡아왔기 때문이다.

보수당이 떠미는 불합리의 방향을 용인하거나, 보고도 못 본 척하거나, 그런 건 하나도 모르고 본 적도 들은 적도 없다고 시치미 떼거나 할 게 아니라면

'이놈이나 저놈이나' 마찬가지라고 생각할 수는 없을 것이다. '어디도 지지하지 않는다'며 허무주의적으로 고개를 가로젓는 '자유주의를 지향하는 지식층'은 모두 보수당을 지지하는 것이다.

이 세상은 더 이상 중용을 추구하며 멋스럽게 방관해도 상관없는 곳이 아니다.

길바닥에 널린 짐승의 똥과 달걀노른자를 밟은 운동화를 세탁하면서 나는 그런 변화를 직접 느끼고 있다.

「NME」가 톰 오델Tom Odell[112]의 데뷔 앨범 『롱 웨이 다운Long Way Down』에 평점 0점을 주었다. 톰 오델의 아버지가 크게 분노하여 「NME」에 항의했다는 기사를 타블로이드 신문인 「더 선The Sun」 등도 보도해서 살짝 화제가 되었는데, 올해 브릿 어워드에서 데뷔 앨범도 아닌 미니 앨범만으로 비평가상을 수상한 대형 신인의 데뷔 앨범을 「NME」는 다음처럼 평했다.

"작년에 어처구니없이 많이 팔린 빌어먹을 최면제 같은 대중가요의 재탕."

---

[112] 영국의 싱어송라이터. 데뷔와 동시에 대중의 주목을 받으며 크게 성공했다.

이 분노 가득한 앨범 평에는 현재 영국 길거리 분위기가 반영되어 있다.

더 이상, 최면술에 걸려서 멍하니 있을 때가 아니다.

(출처: 웹진 「에레킹」, 2013. 6. 26)

퍼기와 베컴의 시대

알렉스 퍼거슨Alex Ferguson[113]의 은퇴 발표 후 한 시
간 동안 그의 이름을 언급한 글이 트위터에 약 140만
건 올라왔다고 한다. 마거릿 대처 전 영국 총리가 세상
을 떠났을 때는 사망 발표 후 네 시간 동안 약 100만
건이 올라왔다고 하니 퍼거슨의 은퇴에 대한 사람들
의 반응이 얼마나 컸는지 짐작할 수 있을 것이다.

대처가 'Englishness잉글랜드다움'를 대표하는 인물이
라면, 퍼기Fergie[114]는 'Britishness영국다움'를 대표하는 인
물이다. 왜냐하면 'Englishness'는 잉글랜드에 관한 것
만 가리키는 말이지만, 'Britishness'는 웨일스, 스코틀
랜드, 북아일랜드 같은 변방까지 아우르는 더욱 폭넓

---

113 스코틀랜드 출신의 축구감독. 영국 프로축구팀 맨체스터 유나이티드
의 감독을 26년 동안 맡으며 각종 대회에서 총 38회 우승했다.
114 퍼거슨을 친근하게 부르는 호칭.

은 말이기 때문이다. 스코틀랜드 출신인 퍼기는 영국을 대표하는 인물이지, 잉글랜드를 대표하지는 않는다. 나 같은 경우에 알렉스 퍼거슨이라는 이름을 듣고 제일 먼저 떠올리는 것은 월드컵과 유럽선수권 등이 열려 잉글랜드 전체가 축구로 떠들썩한데도 완전히 무관심했던 그의 모습이다. 한때는 맨체스터 유나이티드Manchester United가 통째로 잉글랜드 대표팀 아니냐는 말을 들을 만큼 많은 대표 선수가 소속된 팀의 감독이면서도 퍼기는 국제 대회가 시작되면 바로 휴가를 떠나거나 잉글랜드 대표팀의 경기 시간에 경마장에 가거나 해서 BBC와 스카이 뉴스가 그에게 한마디를 듣고 싶어도 좀처럼 만날 수가 없었다. "스코틀랜드 대표팀이 나가지 않으니까, 아무래도 상관없어."라고 대수롭지 않게 내뱉은 적도 있어서 그때 나는 텔레비전을 보다 폭소를 터뜨렸다.

스코틀랜드는 월드컵에서 잉글랜드가 계속 승리하면 성 조지 깃발[115]을 내건 자동차가 불태워지기도 하는 과격한 나라다. 그만큼 현대 영국에서 잉글랜드와 그 외 변방을 둘러싼 문제는 무척 섬세한 사회 현

---

[115] 기독교 순교자인 성 조지를 상징하는 하얀 바탕에 붉은 십자가가 그려진 깃발. 잉글랜드의 국기이기도 하다.

상이다. 그런데 퍼기는 명백하게 잉글랜드 대표팀을 응원하지 않았다. 퍼기는 '너의 이웃을 사랑하라.'거나 '모두 친구가 되자.' 하는 이상주의자가 아니라 철저한 현실주의자였던 것이다.

퍼기가 은퇴를 밝힌 밤, 나는 라디오를 들으며 일을 했다. DJ가 맨체스터에 거주하는 한 남성 청취자의 사연을 읽어주었다. 오늘 직장에서 조퇴했다는 그의 사연은 다음과 같았다. "저는 스물다섯 살입니다. 태어나서 지금까지 맨체스터 유나이티드의 감독은 계속 퍼기였어요. 그가 없었던 시대를 저는 모릅니다. 퍼기 없이 앞으로 어떻게 될까 생각하니 너무 불안해져서 직장에서 울음이 터졌습니다. 그래서 상사가 '오늘은 일찍 퇴근해라.'라고 했어요." 대처가 죽고 춤춘 사람은 있어도 이토록 흔들린 사람은 없었을 것이다.

리버풀 FC[116]의 명감독이었던 빌 섕클리Bill Shankly는 "축구는 죽느냐 사느냐가 걸린 문제가 아니다. 그보다 중요한 것이다."라고 했다. 코미디언 러셀 브랜드Russell Brand는 「가디언」에 기고한 칼럼에 "축구는 싸움과 역경과 결속과 승리의 은유다. 그 비정형적이고

---

[116] 리버풀을 연고지로 둔 잉글랜드의 프로축구팀. 맨체스터 유나이티드와 더불어 잉글랜드를 대표하는 명문 팀이다.

투명한 틀을 통해 우리는 현실을 이해한다."라면서 "웨스트햄 유나이티드[117]의 일관성과 무일관성, 넘치는 힘과 무력함, 기쁨과 실망은 그 자체로 나의 작은 인생이었다. 나의 엉뚱한, 항상 이리저리 흔들리는 가치관과 안정되지 못하고 변덕스레 변하는 상황은 웨스트햄과 나의 관계에서 비롯된 것 같다."라고 고찰했다. 생각해보면, 내 배우자가 '어차피 진다'는 체념 가득한 자세로 인생을 살아가는 것 역시 어린 시절 웨스트햄의 팬이었다는 사실에서 기인했는지도 모른다.

퍼기의 시대밖에 모르는 맨체스터의 청년이 불안해하는 것도 그럴 법한 일이다. 퍼기의 은퇴는 아버지 하느님을 잃어버린 것처럼 충격적일 테니까. 기독교라는 것은 '아버지성부와 아들성자과 정령성령'을 믿는 성차별이 극심한 종교. "일본에는 어머니 신밖에 뿌리내리지 못했다."라는 엔도 슈사쿠遠藤 周作[118]의 말과 대조적으로 유럽인들은 아버지 하느님을 원한다.

'젊고 카리스마 있는 총리를 연기해봤더니 생각

---

117 런던을 연고지로 둔 잉글랜드의 프로축구팀. 오랫동안 우승하지 못하고 중하위권을 전전했다.
118 일본의 소설가. 일본 현대 문학에 막대한 영향을 끼치며 노벨 문학상 후보에도 올랐다. 기독교를 주제로 한 여러 작품을 집필했다.

보다 잘 통했어요.'라고 할 듯한 전 록 가수 지망생 토니 블레어와 그보다 완성도 낮고 작은 버전인 데이비드 캐머런 등 정치적 지도자가 한없이 가볍고 듣기 좋은 말만 하는 시대에 퍼기는 분노하는 하느님처럼 경기장에서 호통쳤다. 데이비드 베컴의 얼굴에 축구화를 던지고, 정치적 올바름이고 뭐고 상관하지 않는 발언을 하면서도, 가장 중요한 승리를 계속 쟁취했다.

마거릿 대처가 잘 자란 자식만 예뻐하고 변변찮은 자식은 내버리는 비정한 어머니였다면, 퍼기는 밥상을 뒤엎으면서도 가족을 성공으로 이끄는 아버지였다. 마녀 같은 어머니는 죽고, 하느님 같던 아버지는 떠났다. 이 나라는 부모를 동시에 잃은 것이다.

그런 생각을 하는데, 데이비드 베컴까지 현역에서 은퇴했다.

베컴은 하느님 같은 아버지(퍼기)와 잘 맞지 않았던 껄렁껄렁한 아들이라는 식으로 여겨지곤 하는데, 겉으로만 그럴 뿐 베컴의 뿌리에 있는 것은 일반적인 인식과 다를지도 모른다.

거짓 없이 굳센 퍼기와 메트로섹슈얼metrosexual[119]의 대표 주자인 베컴은 정반대처럼 보이지만, 실은 같은 가치관을 대표하는 사람들이기 때문이다.

펑크 전성기에 「NME」를 대표하는 여성 기자로 앞서도 이야기한 줄리 버칠은 베컴 부부가 유명인 바보 커플로 언론의 조롱을 받던 금세기 초에 베컴을 옹호하는 책을 썼다. 그 책에서 버칠은 축구 선수가 팝 스타처럼 되는 것은 전혀 새로운 현상이 아니라고 지적했다. 알코올 의존증이 되도록 술을 마셔댄 조지 베스트George Best, 술과 도박과 여자에 빠졌던 스탠 볼스 Stan Bowles 등 전통적인 영국의 팝 스타 계열 축구 선수와 비교하면 베컴은 구설수 없이 태도가 단정하며 가정을 중시하는 사람이라는 점에서 오히려 이색적이라고 했다. 버칠에 따르면 베컴의 뿌리에는 좋았던 옛날 그 시절 노동자 계급의 가치관이 반영되어 있다.

"이 나라에는 언더클래스가 아닌 노동자 계급이 존재했던 시절이 있었다. 그 계급은 10대 싱글 맘이나 쓰레기장 같은 공영단지와 무관했다. 사실 '전통적'인 영국의 가치 기준에 가까운 것은 돈을 밝히고 성에 개방적인 중산층이나 게으름뱅이에 누구와도 잠자리에 드는 상류층이 아니라 노동자 계급 사람들의 가치관이었다. 관대한 성품과 근면함, 그리고 고

---

119 도시에 살며 자신의 외모를 꾸미는 데 관심이 많은 현대의 이성애자 남성을 뜻한다.

결함. 그것이 그들의 모범이었다."라고 버칠은 적었다. 그리고 노동자 계급의 도덕을 무너뜨린 것은 자국의 제조업을 파괴하여 실업자를 증가시킨 대처 정권이었다고 지적하며, 1969년에 런던 동부에서 결혼한 데이비드 베컴의 부모는 대처 정권이 무너뜨린 노동자 계급의 가치관을 지닌 사람들이었다고 했다. 어린 시절의 베컴은 입만 열면 새된 목소리를 내는 뚱딴지같은 면모(확실히 젊은 시절 베컴의 목소리는 약에 취한 시드 비셔스 같았다) 때문에 말수 적고 얌전한 소년이었다는데, 그는 '대처의 아이들'이라 불리는 같은 세대의 쾌락주의에 물들지 않고 오로지 축구에 매진했다. 그 금욕적인 태도와 야심은 오늘날 영국의 하층에 없는 것이긴 하다.

베컴이 어린 시절을 보낸 집은 내 배우자가 나고 자란 지역에 있다. 현재는 이국적인 향신료 냄새가 가득하고 거리를 다니는 사람 대부분이 이주민이라 영국인을 찾기 힘든 동네다. 그 일대의 1970년대 풍경을 사진으로 본 적이 있는데, 마치 마이크 리Mike Leigh[120]감독의 영화 「베라 드레이크Vera Drake」 같은 세계

---

120 영국의 영화감독. 영국의 사회문제를 적나라하게 그리는 영화를 만들어왔다.

였다. 붉은 벽돌로 나란히 지어진 집들의 정원에 촘촘히 널린 빨래. 새 옷은 아니지만 깨끗한 셔츠와 스웨터와 반바지를 입은 아이들. 길가에 서서 이야기를 나누는 앞치마 차림 엄마들. 그곳에는 분명히 공동체가 있었을 것이다. 가난해도 정갈하게 살림을 정돈하며 살아가는 노동자 계급의 자존심이 있었을 것이다.

그 광경은 펑퍼짐한 운동복 바지가 처져서 속옷이 엿보이는 여자들이 담배 연기를 내뿜으며 유아차를 밀고, 후드티 입은 10대들이 길에 주차된 자동차 유리창을 깨부술 때마다 시끄럽게 경보음이 울리는, 그런 오늘날 빈민가의 풍경이 아직 일상이 아니었던 옛날 노동자들의 거리였다. 그 거리에 사는 사람들은 노동의 가치를, 그리고 오늘보다 나은 내일을 만드는 일의 가치를 믿었다. 최저임금을 받으며 일하기보다 기초생활보장을 수급하면서 인생을 즐기는 게 낫다며 술과 약물과 섹스만 탐닉하는 답답한 생활을 하다 서른 살임에도 쉰 살처럼 겉늙어버린 장기 무직자들이 나타나기 전의 이야기다.

퍼기와 베컴은 마이크 리와 켄 로치Ken Loach[121] 같

---

[121] 영국의 영화감독. 영국의 사회문제를 담은 현실적인 영화를 만들어 왔다.

은 영화감독이 묘사한 노동자 계급의 세계가 셰인 메도우스가 그리는 언더클래스의 세계로 변해가던 과도기에 축구를 통해서 옛 노동자 계급의 가치관을 몸소 보여준 사람들이었다. 그들은 대처가 죽이겠노라 정한 것이 천천히 죽어가던 시대에 마지막으로 등장한 노동자 계급의 상징이었던 것이다.

그렇지만 그 역시 옛날이야기가 되었다. 새로운 하층 계급이 된 언더클래스의 사람들은 보수당 정권에서 기초생활보장이 끊기는 바람에 어쩔 수 없이 사회에 복귀하여 노동의 가치도, 오늘보다 나은 내일을 만드는 일의 가치도 모른 채 피해자 의식이 강한 새로운 노동자 계급을 이루고 있다.

(출처: 「에레킹」 10호, P바인 2013)

왕실의 아기, 공영단지의 아기

영국 왕실의 케이트(캐서린 미들턴Catherine Middleton, 왕세손비)[122]가 출산했을 때, 나는 스페인의 이비사Ibiza섬에 있었다.

일본에 가십 기사를 제공하는 사람으로서 영국발 기사가 가장 필요한 시기였지만, 자리를 비운 사이에 벌어진 일이니 어쩔 수 없었다. 나는 해변에서 술을 마시며 "어어, 낳았대?" 하는 정도였다. 나는 다이애나 스펜서Diana Spencer[123]가 세상을 떠났을 때도 일본에 가 있었기 때문에 지인들이 '중요할 때 영국에 없는 사람'이라고 농담 소재로 쓰는데, 그렇지 않다. 런던 폭

---

[122] 당시 윌리엄 왕세손의 아내로 현재는 왕세자비가 되었다.
[123] 현 영국 국왕 찰스 3세의 전 아내. 남편의 외도와 언론의 과도한 취재로 불행한 결혼 생활을 보내다 이혼했다. 이혼 후 파파라치들을 따돌리다가 교통사고로 숨을 거두었다.

동이 일어났을 때는 영국에 있었다. 그거면 충분하다.

"왕자 이름이 조지래."

"뭐가 그렇게 신나. 언제부터 군주제 지지자가 된 거야?"

"예전에는 아무래도 상관없었는데, 해외에서 오래 살다 보니 왕실이 조국의 상징처럼 여겨지더라고."

"흥, 같은 날 런던 해크니Hackney의 병원에서는 공영단지에 사는 싱글 맘들도 아기를 낳았어."

배우자와 그의 누나는 이비사섬 내륙에 있는 누나의 집에서 말다툼을 했다.

"그런 얘기를 꺼내면 끝이 없잖아. 나이도 지긋한 애가 그러니."

"나이는 상관없잖아. 나는 지금도 옛날과 똑같이 생각해."

"왕실은 영국에 관광객을 끌어들이는 매력 포인트이기도 하잖아. 너희도 그 은혜를 입고 있다고."

"그런 걸 보고 싶어하는 놈들은 안 와도 돼."

두 사람의 대화를 듣던 나는 1960년대 후반에 패션은 물론 사상까지 올곧게 히피를 추구하다가 런던에서 이비사섬으로 이주까지 했던 배우자의 누나가 이제는 현대적 군주제 지지자 같은 말을 하는 게 흥미로웠다. 그뿐이 아니다. 히피나 펑크라는 말을 들었던 세대 중에는 어느새 군주제 지지자로 전향한 사람이 많다.

그런 흐름 속에서도 여전히 안티 왕실을 계속 부르짖는 사람이 있으니, 앞서 몇 차례 이야기했던 줄리 버칠이다.

영국 전체가 엘리자베스 여왕의 다이아몬드 주빌리(즉위 60주년)로 들떠 있었던 2012년 초여름, 버칠은 "지금까지 내가 살아오면서 영국인들이 이토록 부끄러운 줄도 모르고 열렬하게 군주제를 지지하는 것은 본 적이 없다."라고 한탄하는 칼럼을 발표했다. 버칠은 영국 대중음악계의 저명 뮤지션들을 모아 버킹엄 궁전에서 열린 다이아몬드 주빌리 콘서트를 예로 들며 1963년 로열 버라이어티 퍼포먼스The Royal Variety Performance[124]에서 비틀즈가 했던 공연과 비교했다. 그날 무대에 오른 비틀즈의 존 레넌은 특별석에 자리한 왕실 인사를 포함한 관객들에게 다음처럼 말했다.

"마지막 곡을 연주할 텐데, 여기 있는 모든 분들이 도와주시길 바랍니다. 값싼 자리에 앉은 분들은 곡에 맞춰 박수를 쳐주세요. 그 외에는 몸에 걸치고

---

124 영국 왕실이 후원하는 자선 단체의 기금 마련을 위해 매년 열리는 공연. 1912년에 시작되었고 현재는 매년 텔레비전에서 방송하고 있다.

계신 보석을 짤랑짤랑 흔들어주십시오.”

버칠은 위선의 냄새를 풍기는 것에 무척 엄해서 “그랬던 레넌 또한 중년이 되자 ‘재산이 없다고 상상해봐요Imagine no possession.’[125]라고 노래하면서도 뉴욕의 고급 아파트에 있던 자택의 실내 온도는 자신과 오노 요코의 모피 코트에 가장 적합하도록 유지했다.”라고 물어뜯은 바 있다. 하지만 그러는 한편으로는 로열 버라이어티 퍼포먼스에서 했던 레넌의 발언이 “한 줄기 고결한 불빛 같았다.”라고 적었다.

작년에 열렸던 다이아몬드 주빌리 콘서트에서는 폴 매카트니를 비롯해서 모든 출연자가 특별석에 앉아 있는 왕실 구성원에게 고개를 숙였다. 이제는 ‘반항’을 연기할 뮤지션조차 없었다. 다들 행복하게 노래하고 춤추며 왕실의 존재를 찬양했다.

버칠에 따르면 오늘날 영국 대중음악계에서 ‘반항아들’이 자취를 감춘 이유는 현재 음원 순위 상위권을 차지한 뮤지션들의 출신만 봐도 알 수 있다고 한다. 영국에서는 아이 열 명 중 한 명이 수업료를 내야 하는 사립학교를 다니는데, 지금 음원 순위에 올라가 있는

---

125 비틀즈 해체 후 솔로 활동을 한 존 레넌의 대표곡 「이매진(Imagine)」의 가사 중 일부다.

뮤지션은 60퍼센트가 사립학교 출신이라고 한다. 버칠은 "20년 전에는 10퍼센트였다."라고 한탄했다.

실제로 음악계와 언론계는 오래전 '노동자 계급의 똑똑한 아이들'에게 빈민가에서 탈출할 수 있는 길을 제공해주었지만, 현대에 접어들어 중산층 및 상류층의 엘리트들과 기성 업계인의 자녀들이 그 업계를 점령했다고 한다. "엄마 아빠가 없었으면 칼럼니스트가 되었을 리 없는 지루한 2세대 작가들의 대두는 현대 사회의 불쾌하기 그지없는 범죄 중 하나다. 그런 2세대 작가들의 부모라는 작자들은 '하층 아이들은 열심히 공부해서 제대로 된 일자리를 찾아야 한다.' 따위의 글을 신문에 쓰고 있다."라고 버칠은 현재의 상황을 우려했다.

즉, 버칠의 말은 영국의 사회적 계급이 예전보다 훨씬 단단하게 굳어졌고 계급 간 유동성이 사라졌다는 것이다. 응애, 하고 태어난 시점의 환경과 계급에 따라 인간의 직업(혹은 기초생활보장을 받는 무직자)이 결정되며, 이 세상에 가난뱅이의 성공담 따위는 더 이상 없다는 말이다. 노동자 계급 출신으로 열일곱 살에 「NME」의 기자 모집에 합격하여 작가 경력을 시작한 버칠은 "세습의 법칙이 우리 생활의 온갖 부분으로 세력을 넓히고 있다."라고 적었다. 두말할 필요 없이

'세습의 법칙'의 정점에 있는 것은 왕실이며, 그런 왕실을 찬양하는 것은 세습의 법칙을 찬양하는 것이라고도 할 수 있다.

어째서 이토록 왕실에 대한 사랑을 드러내는 사람들이 늘어났을까? 그런 생각을 하면, 개인적으로는 토니 블레어라는 정치가의 존재를 떠올릴 수밖에 없다. 마거릿 대처 이후 보수당 정권이 막을 내리고 '영국을 바꿀 젊은 총리'로서 블레어가 힘차게 등장했을 때, 왕실은 위기에 처해 있었다. 찰스 왕세자와 카밀라 파커 볼스Camilla Rosemary Parker Bowles의 공공연한 불륜,[126] 그에 복수하려는 다이애나 왕세자비의 거듭된 맞바람, 그리고 이혼. 훗날 왕위에 앉을 왕세자의 가정은 파탄 났고, 항상 무표정인 엘리자베스 여왕은 차가운 시어머니라는 인식을 지우지 못했다.

그처럼 왕실의 인기가 바닥에 떨어졌을 때 화려하게 등장한 블레어는 다이애나 스펜서의 죽음을 교묘하게 이용해서 자신의 인기를 드높였다. 침묵을 지킨 엘리자베스 여왕과 대조적으로 재빨리 다이애나를 추도하는 연설을 하고 "민중의 공주people's princess"라는

---

126 훗날 찰스와 카밀라는 정식으로 결혼했고, 현재는 영국 국왕 찰스 3세와 카밀라 왕비다.

말로 사람들을 울린 블레어는 스스로 딱히 한 게 없음에도 국민에게서 "명총리의 명연설"이라는 박수갈채를 받았다. (참고로 "민중의 공주"라는 표현은 블레어가 생각해낸 것이 아니다. 그 말을 처음으로 자신의 칼럼에 사용한 사람은 바로 줄리 버칠이다. 블레어의 연설문을 작성한 앨러스터 캠벨은 버칠의 칼럼을 읽고 베꼈음을 솔직히 인정했다.)

다이애나 사후의 대응에서 엘리자베스 여왕은 블레어에게 완패했다. (이와 관련한 내용은 스티븐 프리어스Stephen Frears 감독의 영화 「더 퀸」에 상세히 묘사되어 있다.) 그렇게 블레어는 왕실을 대신하는 영국의 상징이 되었는데, 훗날 영국 국민은 그의 말발(정확히 말하면 선전 담당으로 블레어의 연설문을 쓴 앨러스터 캠벨의 글발)에 감쪽같이 속아서 이라크와 전쟁을 벌였고, 신나게 선동하는 정치 덕분에 터무니없는 재정 적자가 발생했다는 사실을 깨달았다. 그렇게 블레어의 인기는 바닥으로 추락했고, 극심한 정치 불신의 시대가 찾아왔다.

현재 총리인 데이비드 캐머런은 보수당이 정권을 잡기 전에 '지구를 위하는 친환경 정책'을 추진한 적이 있는데, 사이클복 차림에 헬멧을 쓰고 자전거 페달을 밟으며 국회에 출근했지만 그 뒤로 벤츠에 정장과 구두를 실어 날랐다는 사실이 들켜서 국민들에게 '천하의 멍청이'라는 놀림을 받았다. 하지만 멍청이라 놀렸던 국민들은 캐머런에게 표를 주어서 그를 총리 자리에 앉혔다. 이런 사실에서 알 수 있듯이 영국 국민은 더 이상 정치가라는 존재에게 아무런 꿈도 희망도 품지 않는다. 어느 놈을 골라도 코미디다, 하는 몹시 냉담한 분위기가 퍼져 있는데, 블레어에게 지나치게 기대했다가 격렬하게 배신당했던 과거의 후유증이라 할수 있을 것이다.

그렇기 때문에 선전이나 스핀 닥터 같은 추악한 농간까지 동원해가며 정상으로 올라가는 정치적 지도자보다 '세습의 법칙'에 따라 처음부터 그 자리에 있었던 왕실 사람들이 아름답다, 나라가 번영할 때도 쇠락할 때도 왕실 사람들은 시대를 뛰어넘어 국민과 함께해왔다, 하는 심경에 영국 사람들이 빠져 있는 것이라면, 그것은 몹시 건강하지 않은 경향이며 위험하다고도 할 수 있다.

왜냐하면 세습되는 무언가를 가치 있다고 떠받드는 행위는 전통을 사랑하는 것이 아니기 때문이다. 그것은 인간을 타고난 상태로 판단하고 옭아매어도 괜찮다고 긍정하는 것이나 다름없다.

"군주제를 지지하는 것—특정한 소수의 인간들

이 다른 사람들보다 존경받을 자격을 타고난다고 믿는 것—은 인종차별을 하는 것과 마찬가지로 그릇되고 이상한 일이다."

버칠은 이렇게 글에 썼다. 나는 이보다 선명하고 강렬하게 군주제를 반대하는 문장을 읽어본 적이 없다.

영국 왕실의 케이트가 아이를 낳은 날, 런던 해크니의 병원에서도 아기들이 여럿 태어났다.

로열 베이비 효과로 영국에서 베이비 붐이 일어났다, 하는 사람이 있지만 그런 사람들은 현상의 본질을 보지 못한 것이다. 현재 영국의 베이비 붐을 이끄는 것은 언더클래스의 여성들이다. 아무리 보수당이라 해도 어린 아이를 여럿 기르는 집에는 기초생활보장을 끊지 않는다는 사실을 아는 빈민가의 젊은 엄마들이 거의 매년 아이를 낳기 때문이다.

그렇지만 영국을 비롯한 전 세계는 로열 베이비 탄생에 열광하느라 해크니 베이비스의 존재는 까맣게 잊고 있다. 솔직히 말하면, 생각하기 싫겠지.

해크니 거리가 폭동의 붉은 화염으로 불탔던 것이 불과 2년 전인데 말이다.

(출처: 「에레킹」 11호, P바인 2013)

불량하고, 멍청하고, 감성적인

어째서 이토록 스톤 로지스가 좋은 걸까. 그런 생각을 해본다. 첫 번째 이유는, 그들의 1집이 발매된 1989년에 내가 런던에 있었기 때문인지도 모른다. 그해에는 모든 사람들이 로지스의 1집과 픽시스 Pixies[127]의 2집 『두리틀 Doolittle』을 들었다.

1989년은 불가사의한 해였다. 초여름이라 할 만한 계절이 전혀 없었고, 본격적인 여름이 시작되어야 하는데도 계속 추워서 가죽 재킷을 입고 클럽에 가곤 했다. 그랬는데 8월이 되자마자 갑자기 여름이 되었다. 그리고 그 여름은 9월, 10월까지 이어졌다.

그해에 세컨드 서머 오브 러브 Second Summer of Love[128]가 흥했던 것은 늦더위가 심했기 때문이다, 하는 이야기를 신문인가 어딘가에서 읽었는데, 사실 본격적으로 더운 여름이 시작될 무렵에는 이미 세컨드 서머 오브 러브가 끝나가고 있었다.

그해의 허무함은 왠지 스톤 로지스와 비슷하다.

무궁무진한 가능성을 지녔음에도 하늘거리며 떨어지는 꽃잎처럼 단명하고 사라진 밴드. 그런 점에서 스톤 로지스는 섹스 피스톨즈와도 비슷하다. 그들은 청춘의 밴드라고도 할 수 있을 것이다. 두 번 다시 돌아갈 수 없는 푸른 봄. 되찾을 수 없는 젊은 시절.

이처럼 실로 감성적인 회상을 할 수도 있지만, BBC의 다큐멘터리 시리즈 「블러드 온 더 턴테이블Blood On The Turntable」을 보았을 때, 두 밴드는 청춘 같은 감상적인 낱말이 아니라 '매니저 탓에 해체되었다'는 지극히 현실적인 공통점으로 이어져 있다는 것을 알게 되었다.

그 다큐멘터리는 악덕 매니저 때문에 단명한 전설적인 밴드들을 고찰하는 프로그램이었는데, 섹

---

127 1980년대 후반 왕성히 활동한 미국의 밴드.

128 1980년대 후반 영국에서 시작된 사회 현상. 영국 전역의 클럽과 빈 창고 등에 젊은이들이 모여 하우스 음악과 불법 약물을 탐닉했다. 당시 영국 언론에서는 쾌락주의적인 행태와 불법 약물 남용 등을 부정적으로 보도했다. 현상의 이름은 1960년대 후반 미국에서 만들어진 히피 공동체 '사랑의 여름(Summer of Love)'에서 따온 것이다.

스 피스톨즈와 말콤 맥라렌을 다룬 편은 당시에 꽤 화제가 되었다. 밴드 멤버들이 모두 인터뷰에 응한 데다가 방송 마지막에는 존 라이든과 말콤 맥라렌 (2004년에 촬영했기에 그도 아직 팔팔했다)의 한판 승부, 아니, 정확히는 주거니 받거니 하는 만담 같은 대화가 펼쳐져서(분명히 각자 따로 녹화했는데, 어쩜 그렇게 호흡이 잘 맞는지) 팬들 사이에서는 전설이 되었다. 나 역시 오래전 존 라이든 옹호 및 응원 사이 트 같은 걸 운영할 때 그에 관해 꽤 상세하게 글을 쓴 적이 있다.

그에 비해 스톤 로지스 편은 매니저는 뻔뻔하게 출연했건만 멤버 중에는 베이시스트 매니Mani만 출연 했고, 로지스의 재결성 이야기가 나오기 몇 년 전이라 그런지 남몰래 조용히 방송된 느낌이었다.

스톤 로지스를 스타로 만들었노라 자부하는 매 니저 가레스 에반스Gareth Evans는 전 미용사로(그런 것 치고는 패션 센스가 최악이라고 매니가 실컷 비웃었 다) 시골 마을에 있을 법한 사기꾼 계열 기업가였다. 예를 들어 오래전 내 고향 후쿠오카에서 '멘타이록ㅁ んたいロック'[129]이라는 정체불명의 록 음악이 떠올랐을 때, 그 유행에 편승해서 무언가 해보려는 어른들 중에는 소싯적 펀치 파마 パンチパーマ[130]를 했을 듯한 아저씨도 섞여 있었는데, 뭐, 간단히 말해서 가레스 에반스는 맨체스터의 펀치 파마 아저씨였다. 맨체스터의 음반사 팩토리 레코드 Factory Records[131]가 운영하던 클럽 하시엔다 The Haçienda가 성공하는 걸 지켜본 에반스는 나이트클럽은 돈이 된다고 생각하여 인터내셔널이라는 클럽을 열었다. 클럽이 어느 정도 자리를 잡자 에반스는 밴드 매니저가 되어 큰돈을 벌어보겠노라 마음먹고 스톤 로지스와 계약을 맺었다. 왜 하필 스톤 로지스였냐면, 그들이 이미 그럭저럭 손님을 불러들이면서도 팩토리 레코드의 입김이 닿지 않는 밴드였기 때문이라고 한다.

오아시스의 노엘 갤러거가 당시 팩토리 레코드 관계자들에 대해 "항상 시집을 읽고, 자막이 달린 영화를 보는, 무척 수상한 녀석들"이라고 방송에서 말

---

129 후쿠오카의 특산물인 명란의 일본어 '멘타이코(めんたいこ)'와 '록(ロック)'을 합쳐서 만든 단어다.

130 짧은 머리를 보글보글하게 파마한 헤어스타일. 1970년대 일본에서 젊은 남성들에게 큰 인기를 얻었고, 1980년대에는 주로 야쿠자 같은 폭력단 사이에서 유행했다.

131 맨체스터에서 설립되어 1980년대에 수많은 밴드를 발굴해낸 음반사.

하는 걸 듣고 웃은 적이 있는데, 스톤 로지스의 전 멤버 앤디 쿠젠스Andy Couzens에 따르면 팩토리 레코드의 창립자 중 한 명인 토니 윌슨Tony Wilson은 로지스를 이유 없이 무척 싫어했다고 한다. 훗날 기타리스트 존 스콰이어John Squire의 예술적 영향을 받아 세련되고 예술가다운 인상이 로지스에 덧붙었지만, 그들의 본질은 오아시스와 마찬가지로 어디까지나 동네 여기저기에서 눈에 띄는 망할 꼬맹이들의 밴드이며(그 점은 섹스 피스톨즈도 마찬가지다), 오늘날이라면 차브라 불리는 이들에게도 사랑받을 만큼 하층의 냄새를 물씬 풍기는 밴드였다.

그랬기 때문에 그들이 무심코 펀치 파마(딱히 에반스의 머리가 그렇게 보글보글했던 건 아니다)와 계약하고 만 것에도 어쩐지 고개가 끄덕여진다. 로지스의 두 번째 싱글 「샐리 시나몬Sally Cinnamon」을 밴드와 동떨어진 장르인 하드 록을 주로 다루는 음반사 FM 리볼버FM Revolver에서 발매해버린 것도 에반스고(이 일이 훗날 그 유명한 페인트 투척 사건[132]으로 이어진다), 당시 서맨사 폭스Samantha Fox와 빌리 오션Billy Ocean 등을 거느린 댄스 음악 중심의 레이블이었던 자이브 레코드Jive Records와 계약을 맺은 것도 에반스다. 그래도 자이브 레코드의 경우에는 스톤 로지스를 그룹 산

하에 새롭게 시작하는 실버톤 레코드Silvertone Records의 첫 번째 밴드로 내세웠고, 프로듀서 존 렉키John Leckie 와 만나서 그야말로 훌륭한 결과물인 첫 정규 앨범 『더 스톤 로지스The Stone Roses』를 남길 수 있었는데(그런 부분은 밴드의 운이 좋았다 할 수 있다), 그와 상관없이 음악성 따위는 전혀 개의치 않고 그저 돈이 될 만한 곳과 덜컥 계약해버리는 것은 펀치 파마 계통 매니저의 특성이라 할 수 있다.

음악과 패션에 자기 나름의 철학을 지니고 공연예술을 사랑한(실은 스스로 공연하고 싶어했던) 매니저가 자신의 손으로 조각 같이 만들려 한 밴드가 섹스 피스톨즈였는데, 거기에 조니 로튼이라는 예상외의 천재가 들어오면서 조각은 생물이 되어 움직이기 시작했고 조각가의 허용 범위를 벗어나 기대와 완전히 다

---

132 「샐리 시나몬」은 1987년 처음 발매되고 큰 성공을 거두지 못했지만, 스톤 로지스가 인기를 얻자 1989년 음반사에서 재발매를 했다. 스톤 로지스는 자신들의 음악성이 정립되기 전에 만든 그 곡의 재발매를 그리 마뜩지 않게 여겼는데, 음반사에서 조잡한 홍보용 영상까지 만들자 그에 격분해서 음반사 사무실로 난입해 페인트를 끼얹고 온갖 기물을 파손했다. 그 일로 밴드 멤버들은 벌금형 등을 받았다.

른 밴드가 되었다.

한편, 스톤 로지스의 경우에는 시골의 펀치 파마 아저씨에게 비틀즈의 운명이 깃들기라도 한 듯이 처음부터 결코 만나서는 안 되는 밴드와 매니저의 조합이었기에 그들의 문제는 허용 범위를 운운할 수 있는 수준이 아니었다. 해피 먼데이즈Happy Mondays[133]의 숀 라이더Shaun Ryder는 한 방송에서 "스톤 로지스는 그 매니저가 없었어도 세상에 나왔을 것이다. 오히려 그 매니저 때문에 밴드가 망가졌다."라고 말한 바 있다.

가레스 에반스가 '나중에 어떻게든 되겠지.' 하는 펀치 파마 아저씨가 할 법한 안이한 생각으로 마치 종신형 같은 계약을 실버톤 레코드와 맺는 바람에 훗날 밴드 멤버들은 계약을 해지하기 위해 재판장에서 진흙탕 싸움을 벌여 음반사에 승소해야 했다. 그 직후, 밴드 멤버들은 에반스를 해고했다. 해고 사유는 재판 중 에반스가 밴드의 이익을 가로챘다는 사실이(이 점은 말콤 맥라렌도 마찬가지다) 드러났기 때문이다. 자유로워진 스톤 로지스가 미국의 거대 음

---

133 1980년대에 전성기를 보낸 영국의 록 밴드. 마찬가지로 맨체스터에서 결성된 스톤 로지스와 비견되며 사적으로도 친하다.

반사인 게펀 레코드Geffen Records와 계약하며 200만 파운드가 넘는 계약금을 받자 이 에반스라는 작자는 밴드를 상대로 매니지먼트 계약을 위반했다며 소송을 제기해서 약삭빠르게 금액이 비공개된 합의금을 받아냈다.

에반스는 그때 챙긴 돈으로 신사업을 시작했는데, 새로운 밴드를 키우는 것도, 새로운 음반사를 세우는 것도 아니었다. 그런 게 아니라 맨체스터 교외에 골프장을 열었다고 하니, 그야말로 펀치 파마의 왕도를 걸었다 할 수 있다.

이렇게 적어놓고 보니 섹스 피스톨즈의 흥망성쇠에서 전광석화 같은 화려함이 느껴지는 것과 비교해 스톤 로지스의 경우에는 뭐랄까 쓸쓸하다고 할까, 하찮다고 할까, 견딜 수 없는 무언가가 느껴진다.

그렇지만 무엇보다 슬픈 것은 악덕 매니저를 내쫓은 후 밴드의 행보다. 거대 음반사와 계약을 맺고 거액을 받은 멤버들이 의욕을 잃고 그대로 공중분해가 되는 과정이 무척 슬픈데, 로지스를 보면 우리 동네를 어슬렁거리는 하층 계급의 불량소년들이 갑자기 큰돈을 손에 넣으면 어떻게 될지 생생히 그려볼 수 있다.

"전에는 모두 가까이 살아서 언제나 함께 있었어. 그런데 이제 누군가는 저쪽 교외에 저택을 사고, 또 다른 누군가는 도시 반대편에 커다란 집을 사서, 모두들 점점 멀어지고 뿔뿔이 흩어졌어. 밴드라는 건 함께 붙어 있지 않으면 안 되는 거야."

손 라이더가 이렇게 증언했는데, 매니도 게펀 레코드와 계약을 맺고 만든 로지스의 두 번째 앨범 『세컨드 커밍Second Coming』의 제작 과정에 대해 다음처럼 말했다.

"솔직히 말해서, (계약을 했으니까) 만들긴 만들어야지… 하는 느낌이었어."

시골 하층 사회의 꼬맹이들이 벼락부자에 이어서 얼간이가 되어가는 모습이 눈앞에 선명히 보이는 것만 같다.

일본에서는 맨체스터를 가리켜 오사카 같은 곳이라고 하는데, 맨체스터는 결코 그런 대도시가 아니다. (런던과 도쿄의 규모를 비교해도 알 수 있을 것이다.) 맨체스터는 그저 지방에 있는 시골 마을이다.

스톤 로지스를 생각하면 내 머릿속에는 굶주린 채 눈빛을 번뜩이는 야윈 젊은이들과 한때 좀 놀았고 지금은 일확천금을 꿈꾸는 아저씨들이 힘없이 교차하는 지방 빈민가의 풍경이 떠오른다. 특히 로지스의 간판이었던 이언 브라운Ian Brown이 폭력 사태, 싸움, 가정폭력 같은 일로 체포되었다고 보도될 때마다 나는 그가 빈민가 불량소년의 원조였다는 사실을 사무치게 깨닫기만 한다. 뭐라 하면 좋을까, 그들에게서는 내가 잘 아는 세계의 냄새가 난다.

비틀즈와 더 스미스의 영향을 크게 받았다는 노엘 갤러거는 로지스에도 빠졌던 모양인데, 다른 밴드들과는 조금 다른 방식으로 빠졌던 것 같다. 한 방송에서 노엘 갤러거가 다음처럼 말했기 때문이다.

"「샐리 시나몬」을 들었을 때, '이거다!'라고 생각했다. 아, 이건 나도 쓸 수 있겠다고."

그 뒤에 오아시스가 등장해서 차브들이 떠받드는 밴드가 되었다는 사실은 굳이 설명할 필요 없을 것이다.

일본의 기쿠치 나루요시菊地成孔라는 음악가가 신주쿠 가부키초의 일상을 이야기하면서 "불량하고, 멍청하고, 재미있다."라는 표현을 썼다고 하는데, 내가 사는 빈민가의 일상에 대해서도 그 표현을 그대로 쓸 수 있다. 하지만 그곳에서 발생한 록이라는 음악에 대해서는 '불량하고, 멍청하고, 감성적이다.'라고 표현하는 게 적확한 것 같다. 어딘가 일본의 엔카演歌[134] 같은 느낌이 드는 오아시스는 틀림없이 '불량하고, 멍청하고, 감성적인' 영웅이지만, 그 출발점에는 스톤 로지스가 있었다.

바로 그렇기 때문에 영국 영화계에서 가장 '불량하고, 멍청하고, 감성적'이라 할 수 있는 감독인 '디스 이즈 잉글랜드' 시리즈의 셰인 메도우스가 스톤 로지스의 다큐멘터리를 만든 것은 지극히 당연한 일이라 생각한다.[135]

"바로 내가 이 영화를 찍을 수 있는 '퍼킹' 유일한 인간이다. 내가 이 '퍼킹' 영화를 찍을 수 없다면, '퍼킹' 죽으려고 했다."

이렇게 말하는 메도우스의 인터뷰를 텔레비전에서 보았을 때, 아아, 정말이지 구제 불능인 멍청이네, 하고 가볍게 욕지기가 치밀었는데, 뇌와 육체는 이따금씩 다르게 반응해서 내 오른손은 어느새 주먹 따위를 꽉 쥐고 있었다.

---

134 20세기 초부터 만들어지기 시작해 일본적인 애수를 노래하는 대중가요.

135 셰인 메도우스가 감독한 스톤 로지스의 다큐멘터리 「스톤 로지스: 메이드 오브 스톤」에 대해서는 저자의 책 『빌어먹을 어른들의 세계』에서 자세히 소개한다.

이 주먹은 돌로 만들어졌다 made of stone.[136]

이처럼 더할 나위 없이 '불량하고, 멍청하고, 감성적인' 말을 주먹을 꽉 쥐고 중얼거리는 내가 그 누구보다 가장 '불량하고, 멍청하고, 감성적'이라는 사실에 절망하면서.

(단행본 출간에 맞춰 새로 씀)

---

[136] 「메이드 오브 스톤(Made of Stone)」은 스톤 로지스의 대표곡 중 하나다.

제이크 버그

　공영주택지. 그곳은 오래전 영국 록과 떼려야 뗄 수 없는 장소였다. "나는 핀즈베리 파크Finsbury Park137의 공영주택지 출신이다."라고 요즘도 말하는 존 라이든, 맨체스터의 공영주택지에 사는 젊은이의 비참한 일상을 서정적으로 노래한 모리시, 거기에 일종의 엔카 같은 요소를 가미해서 국민적인 찬가로 만들어낸 오아시스. 최근의 사례를 들어보면 런던 폭동과 관련지어 언급될 때가 많은 불량소년들이 주역인 SF영화 「어택 더 블록Attack the Block」의 무대도 런던의 공영주택지였다.

　이렇게 쓰면, 공영주택지란 틀림없이 빈곤해도 힙하고 쿨한 곳이겠지, 하고 착각하는 사람들이 있을 텐

---

137 한때 런던 북부에서 가장 위험하다고 일컬어졌던 곳으로 지금도 역과 멀리 떨어진 골목은 늦은 시간에 다니지 않기를 권장하고 있다.

데, 그처럼 쿨한 가난뱅이란 기적적인 확률로 등장할 뿐이며 실제로 살아보면 더할 나위 없이 우울한 곳이다. 그런 이야기를 내가 오랫동안 블로그에 써왔다는 사실을 굳이 또 언급하지는 않겠다만, 제이크 버그Jake Bugg[138]가 태어난 곳, 잉글랜드 동부 노팅엄Nottingham의 클리프턴Clifton이라는 지역은 영국에서 가장 큰 공영주택지 중 한 곳이다.

내가 처음 제이크 버그를 본 것은 작년(2011년) 가을. BBC2 「뉴스나이트Newsnight」의 금요 문화 소식 코너였다. 작가니 무언가 평론가니 하는 지식층 중년이 줄줄이 앉아 있는 스튜디오에 마치 우리 동네를 거닐 듯한 풍모의 소년이 혼자 어쿠스틱 기타를 들고 등장해서는 차분하고 냉담한 눈빛으로 노래하기 시작했다.

공영주택지의 밥 딜런이다. 그렇게 생각했다. 하지만 그와 동시에 다른 생각도 들었다. 저 굉장한 꼬맹이가 요즘 같은 시대에 팔릴까.

공영주택지라 하면 예전에야 피스톨즈와 갤러

---

138 2011년 데뷔한 영국의 싱어송라이터. 노동자 계급 출신으로 어린 나이답지 않게 예스러운 음악을 추구하며 인기를 얻었다.

거 형제 등이 언급되었지만, 현재는 '블랙' 또는 '브라운'이라 불리는 사람들의 음악이 상징하는 장소가 되었다. 물론 이국적인 향신료의 냄새가 가득한 런던의 공영주택지는 그걸로 충분하지만, 요즘도 지방에 가보면 공영주택지를 점령한 건 '화이트 트래시white trash' 139다. 그들의 모습이 록의 가사에 등장하지 않은 지도 오래되었다. 영국의 백인 록은 가방끈 긴 괴짜인 척하든지 구슬프게 훌쩍이는 중산층의 음악으로 전락해서 더 이상 하층민의 것이 아니게 되었다. 요즘 백인 록이 놓치는 틈새시장이 분명히 존재하긴 하는 것이다.

그렇지만 R&B가 쿨한 음악이 된 지 오래된 현재의 영국에서 아무리 그래도 밥 딜런과 도노반 Donovan140처럼 백인다운 복고풍 음악이 인기를 얻지는 못하겠지.

그런 나의 예상은 완전히 빗나가서 18세에 불과

---

139 하얀 쓰레기라는 뜻으로 영국에서 백인 저소득자와 무직자를 가리키는 멸칭이다.
140 스코틀랜드 출신의 싱어송라이터. 1960년대 중반 여러 히트곡을 발표하며 밥 딜런과 비견되었다.

한 제이크 버그의 데뷔 앨범은 영국의 머라이어 캐리라 불리는 리오나 루이스Leona Lewis를 제치고 영국 앨범 순위에서 1위에 올랐다. 노엘 갤러거, 스톤 로지스 등 소년의 음악성을 높이 평가한 어른들이 자신들의 순회공연에서 버그를 무대에 세운 것도 좋은 효과를 낳았을 것이다. 또한 개인적으로는 작년부터 BBC가 텔레비전과 라디오를 막론하고 눈에 띄게 버그를 밀어준다는 인상을 받았는데, 음악을 좋아하는 방송국 중년 간부들이 조직적으로 선전 활동을 벌인 것은 아닐까 추측하고 있다.

그렇지만 아무리 어른들이 열심히 계몽 활동을 벌인다 해도, 그것만으로 1위에 오를 수는 없다. 그뿐이 아닌 것이다. 록보다도 예스러운 소년의 음악에 금세기의 영국 록이 빠뜨린 세계가 있기 때문이다.

"과속방지턱 같은 거리에 갇혀 있어 / 이곳에서 단 한 가지 아름다운 것을 꼽으라면 탈출하겠다는 생각뿐 / 높은 공영주택이 머리 위에 우뚝 서 있어 / 사람들이 가지고 있는 것은 생활보장으로 받은 돈뿐 / 그런 걸로는 먹고살기도 어려워 / 문제투성이 이 거리에서는 문제만 눈에 들어와."[141]라고 공영주택지의 젊은 밥 딜런이 노래한다.

불황을 구실로 보수당 정권이 긴축정책을 강행한 이후 2년 전에는 대대적인 학생 시위가 일어났고, 작년에는 런던 폭동이 일어났다. 올해는 다이아몬드 주빌리와 올림픽 같은 행사 때문에 거리에 많은 경찰이 배치되어서 험악한 사건은 일어나지 않았지만, 그렇다고 해서 가난한 젊은이들의 분노까지 긴축된 것은 아니다.

올림픽 등으로 어수선했던 여름이 끝나고 보니 상황은 그 전보다 더욱 악화되었다. 그런 현실을 직시한 젊은이들이 폐업하는 가게가 점점 늘어나는 지방 도시의 번화가를 걸을 때, 거기에 흐르는 유행가로 어울리는 곡은 제이크 버그의 것밖에 없다.

무언가 변하고 있어, 변하고 있어, 변하고 있어
Something is changing, changing, changing [142]

버그는 어쿠스틱 기타를 튕기면서 냉담한 눈빛으로 담담하게 선동한다.

---

[141] 제이크 버그의 1집 수록곡 「트러블 타운(Trouble Town)」의 가사 중 일부다.

[142] 제이크 버그의 1집 수록곡 「투 핑거스(Two Fingers)」의 가사 중 일부다.

그 노래는 보수당 정권에서 억압당하는 빈민들의 몽상을 대변하는지도 모른다. 하지만 그런 소년의 앨범이 1위를 차지하는 이 나라의 음악계에서는 변화가 몽상에 그치지 않고 이미 현실로 일어나기 시작했다.

무언가 변하고 있어, 변하고 있어, 변하고 있어.
엄혹한 시대는, 재미있는 시대이기도 하다.

(출처: 웹진 「에레킹」 2012. 10. 26)

2장 _____ 음악과 정치

인디오의 과테말라

록이라는 음악은, 미국에서 백인의 노예로 일하던 흑인들이 밤마다 노래하고 춤추던 음악, 그리고 아일랜드 대기근[1]을 겪고 대거 미국에 건너와 역시나 백인 계급 중 최하층에서 노동하던 아일랜드인이 춤추고 노래하던 음악, 이 두 가지가 19세기 후반의 어느 날 우연히 만나 서로 섞이면서 만들어졌다는 가설이 있다.

즉, 그 가설을 따르면 록이란 핍박받던 흑인과 백인의 음악이 혼합되어 탄생한 하층의 하이브리드 뮤직이라 할 수 있다.

---

1 19세기 중반, 영국에 착취당하며 감자를 주식으로 삼던 아일랜드에 감자 역병이 퍼져서 먹을 것이 없어지는 바람에 수많은 아일랜드인이 죽거나 미국과 캐나다 등으로 이주했다. 당시 800만 명이 넘던 아일랜드 인구가 대기근을 겪으며 약 25퍼센트 줄어들었다.

이 가설에 남다르게 낭만을 느낀 사람이 섹스 피스톨즈의 매니저였던 고故 말콤 맥라렌이다. 그는 영국 언론과의 인터뷰에서 이 가설에 기초한 영화 기획을 뜨겁게 말한 적이 있다. (누가 봐도 맥라렌다운 기획인데 어째서인지 미국에서 서로 다른 인종의 음악이 만나는 계기를 만든 사람이 오스카 와일드였다고 한다.) 하지만 결국 그는 그 꿈을 이루지 못한 채 세상을 떠났다.

자신의 야망을 이야기하는 맥라렌의 인터뷰 기사를 읽으면서 내가 처음 떠올린 사람은 영국의 음악가도 미국의 음악가도 아니라 일본의 야마구치 후지오山口冨士夫[2]였다.

10대 때부터 알고 지낸 친구가 무라하치부村八分[3]에 참가한 적 있는 남성과 동거했기에 친구와 나는 그 연상의 남성을 따라 도쿄에서 몇 번인가 티어드롭스 スティアドロップス[4]의 공연을 보러 갔다. 내가 영국과 아일랜드와 일본을 오가는 젊은 아가씨였던 시절의 일인데, 야마구치 후지오라는 인물의 밴드는 런던의 마퀴 클럽Marquee Club[5]이나 트리니티 칼리지 더블린Trinity College Dublin[6]의 공연장에서 보았던 록 밴드와 비교해도 손색이 없다고 생각했다.

친구의 연인에게서 무라하치부 시절의 후지오를

비롯한 멤버들의 이야기를 들은 나는 일본의 록이란 곧 무라하치부라는 지론을 품고 살아왔다. 나는 후쿠오카 출신이라서 선하우스サンハウス도 들었고, 시바야마 도시유키柴山 俊之와 아유카와 마코토鮎川 誠7의 오늘날까지 활동하는 끈기와 후쿠오카 사람다운 연예인 기질을 알고 있음에도 말이다.

그렇지만 록이라는 음악에는 연예인이나 음악가로서 뛰어나다는 것과는 좀 다른 지점이 있다.

흑인의 피를 이어받은 일본인으로 극심한 차별을 당하며 보육원에서 자랐다고 하는, 세계대전 후 일본의 모순과 어두움을 온몸으로 겪으며 살아온 야마구치 후지오의 기타에는 정교한 주법과 음악의 완성도

2 일본의 록 음악가. 20세기 중반 일본 록의 개척자로 여러 밴드에서 활발히 활동했다.
3 야마구치 후지오 등이 주도하여 1969년 결성된 일본의 록 밴드. 일본 록의 초창기를 대표하는 밴드 중 하나다.
4 야마구치 후지오가 주도하여 1987년 결성한 밴드.
5 롤링 스톤스가 첫 공연을 한 곳으로 유명한 런던의 클럽. 1958년부터 2008년까지 영업했다.
6 아일랜드에서 가장 오래된 국립대학교로 유럽 전체에서도 손꼽히는 명문 학교다.
7 선하우스는 1970년 후쿠오카에서 결성된 록 밴드이며 시바야마 도시유키는 선하우스의 보컬, 아유카와 마코토는 기타리스트로 모두 후쿠오카 출신이다.

따위를 운운하는 것으로는 말할 수 없는 (아마도 요즘 사람들이 말하는 음악의 쿨함과는 전혀 상관없는) 인간의 정신이나 삶의 태도라고 할 만한 것의 울림이 깃들어 있다.

말콤 맥라렌이라는 희대의 낭만주의자가 그리 믿었듯이, 핍박받은 두 인종의 음악이 교합해서 태어난 것이 록이라면, 야마구치 후지오를 일본 록의 기원이라고 할 수도 있지 않을까.

✦

『거리의 이야기: 신세대 래퍼들의 증언』[8]이라는 책에서 오무스비OMSB와 마리아MARIA의 인터뷰를 읽다가 문득 떠올린 것도 야마구치 후지오였다. 그들 같은 사람들[9]의 이야기는 예나 지금이나 변함없이 존재한다고.

몇 년 전 후쿠오카로 귀성했을 때, 당시 세 살이었

---

8 巻紗葉(編著), 『街のものがたり: 新世代ラッパーたちの証言』, P-VINE 2013.
9 오무스비는 일본의 래퍼이자 작곡가, 마리아는 가수다. 야마구치 후지오까지 세 사람 모두 혼혈로 외모가 전형적인 일본인과 다르다.

던 아들이 버스에서 울음을 터뜨린 적이 있다. "사람들이 자꾸 봐서 무서워."라고 했다. 그 뚫어져라 보는 시선은 일본 사람들의 독특한 특징이라 생각한다. 영국에서는 눈이 마주치면 싱긋 미소 짓거나 뭐가 됐든 무언가 말을 한다. 상대방에게 시비를 거는 것이 아닌 이상 말없이 누군가를 똑바로 바라보는 행위는 하지 않는다.

"왜 사람들이 나를 보는 거야?"

그렇게 물어본 아들에게 나는 말했다.

"네가 다른 사람들과 달라서야."

"응?"

"그, 영국의 버스에서도 누군가가 강아지를 데리고 타면 다들 개를 보잖아. 그거랑 같아."

내 답을 들은 아들이 "난 강아지가 아냐."라면서 더 우렁차게 울기 시작해서 아차, 하고 반성했는데, 그래도 간단히 말하면 그때 아들은 일본인 승객들에게 강아지 같은 존재였다. 그 나라에는 일본인에서 벗어난 존재를 이상하게 떠받드는 분위기가 있는 동시에 정말로 나와 가까운 곳에 일본인에서 벗어난 존재가 있으면 뚫어져라 바라보고 배척하는 경향이 있다.

어린 야마구치 후지오가 일본에서 차별을 당했

을 때, 영국에서는 "흑인 사절No Blacks, 개 사절No Dogs, 아일랜드인 사절No Irish"(북부에서는 "흑인 사절, 집시 사절No Gypsies, 아일랜드인 사절"이었다고 한다)이라는 말이 버젓이 쓰였다.

사실 영국에서 흑인과 아일랜드인을 가장 심하게 차별한 사람은 노동자 계급이었다. 세계대전 후의 일본에서도 가난한 사람들이 삐뚤어진 기분 풀이의 먹 잇감으로 하층에 있는 '일본인처럼 생기지 않은 사람'을 노렸으리라는 것은 쉽사리 상상할 수 있다.

엄혹한 시대에 약자들이 하나로 뭉친다, 하는 것은 생각 이상으로 환상의 세계에서나 일어나는 일이다. 엄혹한 시대일수록 살기 팍팍한 사람은 자기보다 약한 이에게 지독한 짓을 한다. 하지만 그처럼 인간의 본성이 노골적으로 드러나는 시대는, 핍박당하는 사람들의 분노와 애절함이 창작과 표현 등으로 분출되는 시대이기도 하다.

내 조국의 경우에는 그 후에 '모든 국민이 그럭 저럭 먹고산다.'라는 표어[10] 아래 정부와 국민이 공모

---

[10] 1970~80년대의 설문 조사에 따르면 일본 국민의 대다수는 스스로를 중산층이라고 여겼다. 그래서 당시 일본 인구 1억 명이 모두 중산층이라는 의미의 '1억총중류(一億総中流)'라는 말이 생겨났다.

하여 하층 계급의 존재를 은폐하는 시대가 찾아왔다. 핍박당하는 사람이라는 개념 자체가 몹시 촌스럽고 시대착오적이며, "뭐야, 요즘 세상에 그런 게 어디 있어."라고 비웃음을 받는 시대가 된 것이다.

영국의 경우에는 대처 정권 때까지 하층의 울부짖음이 록의 주된 주제였지만, 토니 블레어가 등장하면서 일본의 '우리 모두 부자' 시대와 비슷하게 활기 넘치는 사회 분위기를 중시하는 정치의 시대가 시작되었고, 역시나 핍박받는 사람은 코미디의 소재가 되고 말았다.

그렇지만 보수당이 정권을 되찾으면서 영국에는 다시 대처 때 못지않은 엄혹한 시대가 찾아왔고, 작년에는 제이크 버그 같은 사람이 앨범 순위 정상에 오르는 현상도 일어났다. 몇 년 전이었다면 여유롭게 스타가 되었을 톰 오델을 "빌어먹을 최면제 같은 대중가요의 재탕"이라고 악평하며 헐뜯는 것이 현재 영국의 분위기인데, 일본은 어떨까.

그런 생각을 하는데, 일본 록의 기원 야마구치 후지오가 세상을 떠났다.

✦

후지오가 죽었다는 소식을 들은 날, 내가 일하는 보육원의 뒷마당에서 티어드롭스의 음악을 틀었다.

내 직장에는 음악을 좋아하는 보육사가 몇 명 있어서 뒷마당에서 아이들이 놀 때 보육시설답지 않은 음악을 틀고는 하는데, 아이들은 티어드롭스의 음악으로도 신나게 춤추었다. (참고로 아이들은 다른 일본 밴드도 무척 좋아한다.)

티어드롭스의 미니 앨범 『갑자기 선샤인いきなりサンシャイン』을 듣던 네 살 아이가 기타를 든 척하고 마구 기타 줄을 튕기는 흉내를 냈을 때는 아아, 이 음악을 들으면 만국 공통으로 후지오가 되는구나, 하고 나도 모르게 눈시울이 뜨거워졌는데, 영어가 모국어인 아이들에게는 그 곡이 가장 발음하기 쉬운지, 아니면 대중적인 곡이라 외우기 쉬운지, 얼마 지나지 않아 아이들이 조금씩 노래하기 시작했다.

과테말라의 인디오 인디오의 과테말라[11]

하얀 피부와 까만 피부, 갈색 피부, 노란 피부, 여

러 색들이 섞여서 무슨 색인지 딱 잘라 말하기 어려운 피부. 그런 피부를 한 아이들이 야마구치 후지오와 함께 노래했다.

　　과테말라의 인디오 인디오의 과테말라

　　후지오가 이 광경을 보면 뭐라고 할까, 하는 생각이 들었다.
　　영국의 여름날 하늘이 웬일로 새파랗게 쾌청했다.
　　그날은 8월 15일. 세계대전이 끝난 종전기념일이었다. 인도가 영국에서 독립한 날이기도 하다고 아이를 데리러 온 보호자가 가르쳐주었다.

(출처: 웹진 「에레킹」 2013. 8. 22)

11　티어드롭스의 「과테말라의 인디오(グァテマラのインディオ)」 가사 중 일부다.

자본주의와 종소리

어째서 새해가 밝을 때면 나는 좌익이 되는 것일까.
작년(2012년) 정월에는 일본에서 홍백가합전紅
白歌合戰[12]을 보며 일본의 노동자 계급에 관해 생각했
다.[13] 그리고 올해는 켄 로치 감독의 다큐멘터리 영화
「1945년의 시대정신The Spirit of '45」을 DVD로 보았는데,
그 작품은 켄 로치가 작년 11월에 창당한 새로운 좌
파 정당 좌파통합Left Unity의 노골적인 선전 영상이다.
일부 매체에서는 혹평을 받았지만, 그래도 그 다큐멘
터리를 보면 영국은 한때 틀림없이 사회주의 국가였
다는 것을 알 수 있다.

---

12 NHK에서 매년 12월 31일 한 해 동안 큰 인기를 모은 가수들을 모아
홍팀, 백팀으로 나누어 경쟁하는 형식으로 방송하는 프로그램. 1951년부
터 시작되어 지금까지 높은 시청률을 기록하며 큰 화제를 모으고 있다.
13 이와 관련해서는 『빌어먹을 어른들의 세계』 중 「노동자 계급의 노래」
에 자세히 쓰여 있다.

다큐멘터리의 제목에서 강조하는 1945년에는 2차 세계대전이 끝났다.

그해에는 일본이 항복을 선언하고 맥아더가 가나가와현에 상륙하기도 했다.

한편, 승전국인 영국에서는 나라를 승리로 이끈 윈스턴 처칠Winston Churchill의 보수당이 어째서인지 선거에서 대패하고 노동당 정권이 탄생한 해다.

보수당이 정권을 잡았던 1930년대에는 빈부 격차가 극단적으로 커졌다고 한다. 한 노인은 "가난한 집 아이들이 많이 죽었다."라고 증언했는데, 나라의 도처에 빈민가가 출현하고 가난한 사람들이 감옥 안에 갇힌 듯한 신세가 되어 버림받는 양상은 현대 영국과도 흡사하다. 전쟁이 터지고 가장 먼저 전쟁터로 보내진 것은 바로 빈민가의 사람들이었는데, 그들은 전장에서 생각했다. '파시즘을 상대로도 이렇게 잘 싸우는데, 전쟁이 끝나면 우리의 생활이 더 나아지도록 다 함께 힘을 합쳐 싸울 수 있지 않을까?'

전쟁이 끝나고 귀국한 병사들은 공습으로 파괴된 거리와 전쟁 전보다도 황폐해진 빈민가를 보며 절실하게 생각했다고 한다. '이대로는 안 돼. 이 나라가 대외적으로 강국 같은 게 되지 않아도 상관없어. 한 사람 한 사람의 생활을 다시 일으켜야 해.'

그것은 '인민의 힘people's power'이라고 표현할 수밖에 없는, 하층에서 치솟는 원동력이었다고 한다.

승전국의 명총리(처칠은 영국에서 '역사상 최고의 총리'를 설문 조사하면 반드시 1위를 차지한다)가 전쟁에서 승리한 해에 선거에서 참패한 것이다. 당시에 순수한 사회주의 정당이었던 노동당이 "요람에서 무덤까지"라고 상징되는 복지 국가 건설을 내세우며 기업을 국영화하여 사람들에게 일자리를 제공하겠노라 약속하고 어린아이와 노인이 굶어 죽지 않는 사회를 만들겠다고 공약하며 싸웠기 때문에 처칠이 패배했다. 노동당에는 처칠 같은 스타 총리는 존재하지 않았다. 그들은 정말로 자신들의 이념만 가지고 싸웠다.

영국의 공영주택지는 오늘날 폭력과 범죄의 대명사가 되었지만, 원래는 1945년에 정권을 잡은 노동당이 빈자를 위해 건설한 주택지였다. 어느 빈민가 출신의 노인은 죽을 때까지 지갑 속에 "당신에게 공영주택을 제공합니다."라고 쓰인 지방자치단체의 우편물을 부적 대신 넣고 다녔다고 한다. 욕실과 화장실이 있는 청결한 집에서 살 수 있다는 소식은 그들에게 평생 부적으로 삼고 싶을 만큼 소중한 복음이었던 것이다.

1930년대에는 무직자였던 사람들도 철도, 탄광,

제철소 등이 국영화되면서 일자리를 찾았고 전쟁터에서 싸웠던 기세를 이어서 열심히 일했다.

"노동자 계급 사람들은 탐욕스럽지 않아요. 각자 일자리를 갖고, 청결한 집에 살면서, 1년에 두 번 정도 여행을 다닐 수 있으면 '그 이상' 바라는 건 없어요."

「1945년의 시대정신」에서 한 북부 여성이 그렇게 말했다.

자본주의가 '그 이상'을 바라는 사람들로 돌아가는 사회라면, 사회주의는 '그 이하'로 떨어진 사람들을 끌어올리면서 돌아가는 사회다.

2012년 런던 올림픽 폐막식의 연출을 맡은 대니 보일Danny Boyle[14]은 NHS(영국의 국가 의료 제도)를 주제 중 하나로 삼았다.

NHS야말로 1945년 탄생한 노동당 정권이 이룬 가장 큰 개혁의 산물이다. '부유층도 빈민도 평등하게 치료받을 수 있는 의료 제도'라는 이념을 노동당이 실현해낸 것이다.

[14] 영국의 영화감독. 여러 장르를 넘나들며 감각적인 화면을 연출하는 것이 특징이다.

오늘날의 NHS에는 수많은 문제가 있다. 나는 그 동안 블로그에 엑스레이 사진을 찍으려고 두 달씩 기다려야 했다는 등의 자잘한 불만을 수없이 써왔는데, 내 배우자의 암 역시 NHS의 주치의[15]가 오랫동안 증상을 대충 가볍게 여긴 바람에 말기가 될 때까지 발견하지 못했다.

그렇지만 말이다. 배우자가 여전히 살아 있는 것은 분명히 암을 무료로 치료해준 NHS 덕분이다. 또한 우리가 "아이가 생기지 않는다."라고 상담하자 NHS는 무료로 체외수정을 할 수 있게 해주었다. 우리 같은 가난뱅이 가정에 NHS가 없었다면 배우자는 죽고, 아이는 태어나지 않고, 나는 지금 홀몸이었을 것이다.

영국의 의료가 발달한 것도 NHS의 부산물이라고들 한다. 그 전까지는 환자의 지불 능력을 고려하여 치료법을 제시하고 판매하는, 이른바 의료 상인이었던 의사들이 NHS 도입 후 비용에 관해서는 전혀 신경쓰지 않고 '이 환자를 어떻게 치료할 것인가.' 하는 점

15 NHS 주치의(GP)의 역할은 환자와 만나 대화하며 어느 진료과의 치료가 필요한지 판단한 다음 해당 진료과의 의사에게 소개장을 써주는 것이다. 환자는 주치의가 써준 소개장이 있어야 치료를 받을 수 있다.

에만 몰두하는 의료인이 되어 의료 기술을 비약적으로 발전시켰다는 것이다.

"이 나라는 설령 왕실이 사라진다 해도 NHS만은 결코 잃어서는 안 된다."

「1945년의 시대정신」에 등장한 한 서민이 그렇게 말했다.

일본의 중계방송에서는 거의 언급하지 않았다는 모양인데, 런던 올림픽 폐막식에서 대니 보일이 그토록 긴 시간을 NHS에 할애한 것은 많은 영국인들이 "개막식에서는 그 NHS 부분이 최고였어."라고 말했기 때문이기도 하다. 그만큼 NHS는 영국 민중의 힘을 상징한다.

그렇지만 민중의 힘도 시간이 흐르며 영국병British disease16에 걸렸다. 1970년대 말에 등장한 마거릿 대처가 '1945년의 시대정신'을 모조리 분쇄하면서 영국은 자본주의를 향해 일직선으로 나아가기 시작했고, 오늘날까지도 멈추지 않고 있다. 이제는 마지막 보루

---

16 보수주의자들이 1970년대 영국의 경기 침체를 비하하며 쓴 말. 과도한 복지가 사람들의 노동 의욕을 빼앗고 재정에 큰 부담을 지웠다며 경기 침체의 원인으로 꼽히기도 했다.

였던 NHS까지도 잘게 나뉘어 민영화되는 시대가 되었다.

영국 노동자 계급 사람들이 계급에 강한 소속감을 지니고 있는 것도 따지고 보면 '1945년의 시대정신'에 그 뿌리가 있는 듯싶다. 하층에서 솟아난 힘으로 처칠까지 쓰러뜨리고 서민이 스스로 자신들의 생활을 끌어올린 시대가 정말로 영국에 있었기 때문이다. 실제로 '노동자 계급이 가장 쿨했던 시기'라 일컬어지는 1960년대에는 그때까지 상류층이 독차지했던 언론계와 예술계 등에 하층 아이들이 진출할 수 있었는데, 그 역시 1945년에 노동당이 시작한 개혁 덕분이었다. 노동자 계급 아이들도 대학교에 갈 수 있게 되었던 것이다. 그 전에는 불가능한 일이었다.

그렇지만 오늘날 영국은 그런 일이 불가능했던 시절로 되돌아가고 있다.

"자본주의는 나쁜 의미의 아나키즘이다."라고 좌익 사람들은 종종 말한다.

정부가 계획을 세우지 않고 개개인의 경쟁에 모든 걸 맡기면 우수한 사람만 살아남고 뒤처진 사람은 자연도태가 된다. 이처럼 무계획적이고 인정사정없는 사상은 틀림없이 아나키한 것이며, 나아가 궁극의 무정부주의라고 할 수도 있다.

그러니 영국 하층의 풍경에서 내가 아나키함을 느끼는 것도 자연스러운 일이다. '브로큰 브리튼'이란 자본주의가 영락한 결과였던 것이다. '아나키즘 인 더 UK'는 사실 '캐피털리즘 capitalism, 자본주의 인 더 UK'였다는 말인가. 그런 생각을 하면서 「1945년의 시대정신」을 보았다. (본편과 인터뷰를 합치면 여덟 시간 반에 이르는 대장편이다.)

"사회주의가 처음 나타난 건 언제일까요?"

영화에서 켄 로치가 던진 질문에 학자가 답했다.

"기독교는 궁극적으로 사회주의라 할 수 있다. 그러니 기독교가 탄생한 시대에 이미 사회주의가 있었던 셈이다."

그러고 보니 "부자가 천국에 들어가기란 낙타가 바늘구멍을 통과하는 것보다 어렵다."라고 했던 예수는 느닷없이 시장에서 파괴 행동을 벌인 적도 있으니 틀림없이 자본주의를 싫어했을 것이다.

그렇지만 기독교만이 아니다. '점점 탐욕스러워지는 것을 삶의 목표로 삼아라.'거나 '승리만이 인간의 존재 의의다.'라는 교리를 퍼뜨리는 살벌한 종교는 거의 없을 테니, 본래 종교란 반反자본주의인 셈이다.

사회주의와 종교에는 정부든 신이든 구령을 담당하는 사람이 있고, 그는 '다 함께 나눠 가집시다.'라거나 '가진 사람은 못 가진 사람을 도웁시다.'라고 소리친다. 나는 어린이집에서 일하고 있는데, 어른이 유아에게 가장 처음 가르쳐야 하는 것은 바로 배설과 '나눠 갖기'다. 영국의 보육시설에 가보면, 보육사가 5분마다 "다 같이 써야 해!You must share!"라고 외치는 소리를 들을 것이다. 즉, 인간이란 본질적으로 서로 나눠 갖기를 정말 싫어하며, 독점하고자 하는 본능을 타고나는 것이다. 그런 점을 고려하면 자본주의는 인간의 본능에 가장 충실한 사상이다. 본능에 따라 살아가는 인간들의 사회가 "다 함께 써야 해!"라고 외치는 보육사가 사라진 보육시설처럼 아나키해지는 것은 당연한 일이다.

✦

제이크 버그의 앨범평을 쓸 때, 쓰려다가 그만둔 것이 있다.

버그의 노랫말에 어째서인지 교회가 등장한다는 것이다.

요즘 영국의 빈민가에는 교회 따위 존재하지 않는다. 신자(=기부)가 모이지 않으면 운영할 수 없기에 빈민가에서는 한참 전에 교회도 철수했다. 게다가 교회가 노랫말의 모티프로 쓰이는 현대 영국의 대중가요라니, 나는 들어본 적도 없다.

복고풍 가사가 쓰고 싶었나 보네. 처음에는 그렇게 생각했지만, 그의 곡 「브로큰Broken」에 등장하는 "교회의 종소리가 울리는 계곡 아래쪽"이라는 가사는 대체 무엇을 의미할까?

자본주의가 영락한 결과인 망가진 거리에 울려 퍼지는 멀리서 들려오는 종소리.

제이크 버그는 인간성이라는 종소리를 갈망하는 인간의 마음을 자기도 모르게 대변한 것이 아닐까.

(출처: 웹진 「에레킹」 2014. 1. 14)

음란한 부자들의 시대

　일본 프로축구팀 응원단이 경기장에 "오직 일본
인만Japanese only"이라고 쓰인 플래카드를 걸어서 문제
가 되었다고 한다.

　2002년 월드컵 때 일본에 갔던 영국인에게 그 이
야기를 들려주자 "그때도 일본의 식당 중에 'Japanese
only'라고 쓰인 종이를 붙인 곳이 있었어."라고 했다.
그 'Japanese only'도 당시 영국에서 살짝 화제가 됐었
다. 일본인의 배외주의가 극심하다고 성낸 사람도 있
었다. 하지만 실은 일본의 식당들에 영어를 할 줄 아
는 직원이 적고, 해외에서 발행된 신용카드나 직불카
드를 사용할 수 없는 곳도 많아서 계산할 때 실랑이
라도 벌어지면 골치 아프니 사장들이 미리 'Japanese
only'라고 내건 것이다. 그런 일본 측의 사정을 설명해
주니 변방의 기이한 나라 이야기로 마무리되었다.

　그렇지만 이번의 "오직 일본인만"은 좀 다르다.

J리그가 시작될 때부터 알고 있는 아줌마로서 한 마디 보태자면, "오직 일본인만"으로 이루어졌다면 그리그는 한참 전에 문을 닫았을 것이다. 브라질의 지쿠Zico, 독일의 피에르 리트바르스키Pierre Littbarski, 지금도 "일본에서 빈둥거리며 큰돈을 벌었다."라고 놀림받는 영국의 게리 리네커Gary Lineker 등 유명한 외국인 선수들이 뛰었기 때문에 관객이 들어차 사업으로 운영될 수 있었다. 그랬던 리그에 어느새 "오직 일본인만"이라고 쓰인 플래카드가 걸리다니, 감회가 남다르긴 하다.

"브라이턴의 유도 교실에 '오직 영국인만English only'이라고 쓴 팻말이 걸려 있는 셈이네."

축구 종주국 잉글랜드의 한 남성이 그렇게 말하며 웃었다.

사실 어느 나라든 외부인이 들어오면 배외적 반응이 나오는 건 당연한 일이다. 그런데 요즘 영국에서는 배외排外주의가 아닌 배내排內주의 문제가 갈수록 심각해지고 있다.

✦

옆집 아들이 실업급여가 끊겨서 어쩔 수 없이 사

회로 복귀하여 몹시 비인도적인 회사에 취직했다는 것은 앞서도 이야기했다.

"너네 회사는 인권을 어디에 팔아먹은 거야?"

옆집 아들이 회사 이야기를 할 때마다 배우자는 그렇게 말하는데, '일할 수 있는 걸 감사히 여기라'는 지금 같은 시대에 물에 빠져 허우적대는 젊은이가 붙잡는 것은 인권이라는 이름의 지푸라기가 아니다.

"그래도 인권으로 먹고살 수는 없잖아."

어두운 눈빛으로 한숨을 내쉬는 옆집 아들이 신경 쓰이는 말을 했다.

"나, UKIP 지지로 돌아설까 봐."

UKIP, 즉 영국독립당이란 보기만 해도 신물 나는 우익 정당이다. 그런데 그 정당의 지지율이 꺼림칙하게 오르는 바람에 보수당 정권이 갈수록 현저하게 보수로 치우치고 있다는 말도 나오고 있다. '반反이주민' 정책을 내거는 UKIP에 공감한다는 옆집 아들의 말은 그를 10대 시절부터 알고 지낸 이웃 이주민으로서 흘려들을 수 없었다.

옆집 아들이 최근 폴란드인 동료들에게 불만이 있다는 것은 알고 있었다. 그와 내 배우자가 몸담고 있는 덤프트럭 운수업계에도 최근 몇 년 동안 외국인 노동자가 눈에 띄게 대두하고 있다. 공영주택지에서 자란 옆집 아들이 UKIP 지지로 돌아서는 것은 딱히 별난 일이 아니다. 하지만 그는 나와 술을 마시면서 종이접기를 하거나 일본 과자의 맛에 관해 열띠게 토론하면서 그래도 외국인과 외국 문화에 열려 있을 터였다.

"외국인 동료가 늘어나면 그중에는 성질나게 하는 놈도 있을 테니까 PCpolitical correctness, 정치적 올바름한 말만 할 수는 없겠지만."

내 말에 옆집 아들이 말했다.

"그보다는 고용주가 영국인을 자르고 외국인을 쓰는 게 열받아."

이야기를 들어보니 평소부터 상사에게 "이건 법률 위반 아닙니까?" 같은 말을 하던 영국인 청년이 업무상의 사소한 실수를 구실로 해고당했고, 그 대신 폴란드인 노동자들(모두 일가친척 같다고 한다)이 데려온 운전사가 고용되었다고 한다.

"그놈들은 가족에 친구까지 우르르 몰려와서는 불법이든 터무니없는 시급이든 군소리 없이 일만 해. 그러니까 고용주한테는 가장 편리하겠지. 그놈들이야 잠깐 집을 빌려서 다 함께 새우잠을 자다가 돈이 모이면 고국으로 돌아가니까 상관없겠지만, 영국인은 그놈들과 같은 시급으로는 이 나라에서 먹고살 수

261

없어."

과로로 눈에 띄게 야위어서 겉늙어버린 옆집 아들
이 말했다.

그의 말대로 영화 「디스 이즈 잉글랜드」의 배경인
1980년대의 이주민과 돈을 벌기 위해 건너오는 현대
의 이주민은 서로 성질이 다르다. EU 덕분에 자유롭게
국경을 넘나들 수 있게 된 요즘 이주민에게는 옛날처
럼 '이 나라에 자리 잡겠어.' 하는 결의가 없다. 아무리
쥐꼬리만 한 시급이라도 자국에서 버는 것보다 그럭
저럭 괜찮다면 얼마나 과로를 하든 돈을 모아 고국에
돌아갈 뿐이다. 오늘날 이주민 중 대부분은 '영국에서
살겠다.'라고 생각하기는커녕 '이렇게 물가가 비싸고
치안이 나쁜 나라에 뿌리를 내리다니 절대로 싫어.'라
고 생각하기도 하는데, 이런 구도는 마치 느긋한 시골
동네에 살며 도시로 통근하는 사람들과도 비슷하다.

대처가 영국의 제조업을 박살 내기 전, 영국 각
지의 공장은 노동자 계급 사람들의 일터였다. 그러다
1990년대에 그곳을 대신하여 노동자 계급의 새로운
직장이 된 곳은 콜센터였다. 하지만 그 콜센터도 요즘
은 인도 등 인건비가 싼 나라로 옮겨가고 있다. (얼마
전 컴퓨터가 고장 나서 제조사에 전화를 걸었더니 정

말로 이집트에서 받았다.) 그에 더해 국내에 남은 일자리까지 외국인들이 점령한 탓에 영국의 노동자 계급 사람들에게는 일자리가 사라지고 있다.

"영국 젊은이들은 하층의 일자리를 기피한다."라는 것은 오래전 이야기로 실업급여와 기초생활보장이 끊기는 시대가 되며 그들은 사회로 복귀를 꾀하고 있다. 안 그러면 먹고살 수 없으니까. 그처럼 궁지에 몰린 빈민들과 외국인 노동자들이 하층의 일자리를 두고 경쟁하면서 시급은 점점 깎이고 대우는 나빠질 뿐인데, 그런 것이 '개인의 경쟁에 모두 맡긴다'는 자본주의의 양상이라면, 그 경쟁에서 승리하는 사람은 '잠자코 고용주에게 유린당할 수 있는 사람'일 것이다. 시장 경쟁의 원칙이란 '비용은 낮추고 이윤은 높이는 것'일 텐데, 인건비라는 비용은 유기물이다. 그 비용에는 노동을 제공하는 인간의 목숨과 생활이 걸려 있다.

영국의 인건비를 내리누르는 외국인 노동자와 임금이 내려가 빈곤해지는 영국인 노동자.

UKIP의 지지율이 높아지는 것은 그럴 만한 일이지만, 문제의 본질은 하층에서 저임금 일자리를 둘러싸고 경쟁하는 외국인과 영국인의 충돌이 아니라 비인도적일 만큼 인건비를 억누르며 경쟁에서 이기려 하는 상층의 자본주의 정신일 것이다.

영어에는 'obscenely rich'라는 표현이 있다.

'obscenely'를 사전대로 '터무니없는'이라고 번역하면 '터무니없는 부자'라는 뜻이라 딱히 생각할 게 없는 표현이지만, 'obscene'은 본래 '음란'을 뜻한다. 일본어에는 '음란한 부자'라는 표현이 없기에 어디에서 비롯된 표현일까 궁금해졌다.

'사회주의의 발단은 기독교 탄생까지 거슬러 올라간다'는 학자의 말을 앞서도 소개했는데, 실제로 신약성서의 시대와 현대 사회에는 닮은 점이 있다. 빈자와 병자, 장애인을 내버리고 '신의 노여움을 산 자들'로 죽어도 모른 척한 신약성서의 사회, 그리고 패배자를 내버리고 '자기 책임'이라는 자본주의의 신앙에 따라 죽게 놔두는 현대. 세상은 2000년이 지났어도 여전히 야만적이다.

'이래서는 안 돼.'라고 반기를 내건 완고한 사회주의자가 예수인데(실제로 성서를 읽어보면 예수는 언제나 분노로 뚜껑이 열려 있다), 그가 남긴 수많은 말들이 서양 사상의 뿌리에 있다는 걸 고려하면 '외설스러운 부자'라는 표현의 출처도 그 근처에 있지 않을까 싶다.

영국에서는 사회가 자본주의로 지나치게 치우치면 반드시 반대편으로 돌아가려 하는 움직임이 등장하는데, 그 역시 이 나라가 '외설스러운 부자'라는 표현을 현대에 이르기까지 계속해서 사용해온 문화를 지니고 있기 때문일지도 모르겠다.

해피 먼데이즈의 멤버 베즈Bez가 내년 총선에 출마하겠다고 공표했다.

노동당 후보로 출마하는 베즈는 부의 재분배를 공약으로 내걸었다. 그가 출마하는 솔퍼드Salford는 영국에서 가장 빈곤율이 높은 맨체스터에서도 특히 가난한 아이들이 많은 지역이다.

최근 들어 이런 이야기가 유달리 자주 귀에 들어온다.

무언가 전조가 희미하게 나타나기 시작한 것인지도 모른다.

✦

자, 그렇다면 일본은?

(출처: 웹진 「에레킹」 2014. 3. 27)

이주민 포르노

4월 초에는 일본에 있었다.

중국 쪽에서 날아오는 미세먼지의 영향으로 여기가 안개 낀 영국인가 착각할 만큼 희뿌연 후쿠오카 거리는 몹시 으스스했다. 공기 중에서 춤추는 미세한 물질들 탓에 멀리 있는 산이 전혀 보이지 않았다. 분명히 맑은 날인데도 하늘이 파랗지 않았다. 잿빛 하늘의 나라에서 살아가는 인간의 눈에도 기분 나쁜 광경이었다. 그런 광경에 면역이 없는 인간이라면 잠시도 버티지 못했을 것이다. 멈추지 않는 기침에 편두통이 겹쳐 몸 상태가 좋지 않아 빨리 영국에 돌아가고 싶었는데, 그런 건 이번이 처음이었다.

동네에 있는 튀김집에서 한잔하다가 반중反中 사상에 물든 아저씨와 이야기를 나누었는데, 그 사람은 역사, 도덕, 매너 등을 언급하며 이러쿵저러쿵했지만, 요즘 같아서는 그런 걸로 끝없이 트집을 잡기보다 '중국은 미세먼지를 날려 보내서 싫다.'라고 하는 게 훨씬 절실하게 와닿았을 것이다.

"아니, 하지만 일본도 고도 경제 성장기에는 이것 저것 날려 보냈는데."

내 말에 술 취한 아저씨가 반박했다.

"달라. 일본은 풍향이 반대라서 전부 태평양으로 날아갔어."

"그렇다면 일본은 그냥 운이 좋았던 거네요."

그러자 아저씨가 갑자기 정색하며 말했다.

"멍청아, 운이 좋은 건 중국이지."

✦

「베네핏 스트리트Benefit Street」가 기록적으로 높은 시청률을 기록했기에 채널4가 그에서 파생된 「이미그 런트 스트리트Immigrants Street」라는 프로그램을 기획하고 있다 한다.

올해 방송된 「베네핏 스트리트」는 잉글랜드 중부 버밍엄Birmingham의 무직자가 많은 거리에서 살아가는 주민들을 촬영한 다큐멘터리였는데, 파생 프로그램은 남부 사우샘프턴Southampton의 이주민이 많은 거리에서 촬영할 계획이라고 한다. 하지만 '빈곤 포르노'라고 불리기도 했던 「베네핏 스트리트」에 대한 세간의 지나친 반응을 우려한 버밍엄의 정치가와 지역사회 지도자가 벌써 반대 운동을 시작한 모양이다.

「베네핏 스트리트」의 제작사가 이주민에 초점을 맞춘 프로그램을 떠올린 이유는 「베네핏 스트리트」에서 다룬 이주민의 일화가 화제였기 때문이라고 한다. 동네의 거의 모든 주민이 기초생활보장을 수급하는 환경에서 기초생활보장을 받을 자격이 없는 루마니아인 이주민 가족이 궁핍하지만 어떻게든 일해서 먹고살려고 하는 모습은 그 다큐멘터리 출연자 중 유일하게 동정적인 여론을 이끌어냈다.

그렇지만 그런 이주민에 대한 묘사도 "루마니아인 가족이 좌파들을 울리고 있다."라고 쓴 보수계 타블로이드 신문을 비롯해 매스컴의 커다란 반발을 샀다. 실제로 나도 동네 펍에서 "영국인은 게으르고 외국인만 열심히 일하는 것처럼 보이는 프로그램이야."라고 성을 내는 기초생활보장 수급자 아줌마를 목격한 적이 있다.

사실 이 나라의 이주민 중에도 적지 않은 이들이 기초생활보장을 받고 있다. 이 나라에 오면 NHS가 무료로 아이를 낳게 해주고 아이가 여럿 있는 가정이 빈곤하면 정부가 주택을 제공하며 보살펴준다는 사실이

널리 알려져 있기에 그 극진한 복지를 믿고 입국하는 이주민이 전혀 없다고는 할 수 없다.

「베네핏 스트리트」의 제작사는 그 프로그램 방송에 관해 "지금까지 텔레비전에 나온 적 없었던 세계를 카메라에 담았다는 점에서 중요한 영상"이라고 주장했는데, 아무리 그런 다큐멘터리라 해도 '망가진 이주민'의 세계만은 보여주지 않았다. 「베네핏 스트리트」에서 살아가는 외국인은 어디까지나 가난하지만 부지런한 일꾼이어야 했던 것이다. 정부의 돈으로 먹고살면서 얇은 최신형 텔레비전을 보며 술을 마시는 영국인조차도 방송을 시청한 영국인들의 분노를 불러일으켰다. 그게 만약 외국인이었다면, 틀림없이 피가 흐르는 소동이 일어났을 것이다.

그렇지만 언더클래스 이주민의 생활에도 정부의 긴축정책은 깊고 어두운 그림자를 드리우고 있다. 밑바닥 어린이집은 올봄부터 방문 보육 서비스를 시작했는데, 그곳에서 일하는 이란인 친구는 언더클래스 이주민 가정 여러 곳을 다니면서 "이 일을 하면서 이렇게 우울해지는 건 처음이야."라고 했다. 전부터 언더클래스 이주민의 궁핍함은 명백한 사실이었지만, 막상 그들의 집을 방문해 그 절망적인 실상을 목격하면 기분이 어두워진다는 것이었다.

"그건 개발도상국의 주거 환경도 아니야. 어른만 산다면 그나마 낫지만, 어린애까지 있으면 보기도 힘들어."

「베네핏 스트리트」에서는 빈민가에 사는 외국인의 대부분이 언더클래스 영국인과 대조적인 존재로 묘사되었다. "아프리카에서는 일하지 않으면 죽는 수밖에 없어. 이 나라 사람들은 이상해."라면서 폐품 수거 일을 하는 아프리카계 카리브인 이주민과 하루에 여덟 시간 일하면 40파운드를 준다는 말을 믿고 농장에 취직했지만 열일곱 시간을 일해도 10파운드밖에 받지 못하고 가스도 전기도 끊긴 집에서 살아가는 루마니아인 가족. 같은 동네에 사는 이주민들을 업신여기면서 대낮부터 길바닥에 모여 맥주를 마시거나 유명 브랜드 점포에 도둑질을 하러 가는 영국인 기초생활보장 수급자의 모습.

확실히 이 나라에 오고 얼마 지나지 않은 이주민은 당연하다는 듯이 정부의 돈으로 먹고사는 언더클래스의 모습을 이상하게 볼 것이고, '저건 아냐.'라는 반감도 품을 것이다. 하지만 그런 이주민들도 오랫동안 살면서 변하는 경우가 있다. 가난한 동네에서는 기초생활보장을 받는 게 딱히 특별한 일이 아니라 옆집도 뒷집도 맞은편 집도 모두 똑같구나, 그게 일반적이

구나, 하고 생각이 변해서 이상하게 보던 무렵의 반감을 잃고 언더클래스가 되는 사람도 있는 것이다.

"정부한테 돈을 받아 먹고살던 외국인들이 갑자기 '일해.'라는 말을 들어봤자 지금까지 밖에서 일한 적이 없으니 영어도 못 하고 진짜 다들 어쩔 줄을 모르고 있어. 스트레스 때문에 모유가 안 나와서 아기는 경기하듯이 울고, 큰 애들은 추운 날에도 거의 속옷 차림으로 다니고. 정말로 이 나라의 일부는 경제제재를 받고 있는 이란보다도 심각한 거 같아."

이란인 친구가 한숨을 내쉬었다.

"정치에 가장 놀아나는 건 최하층 국민이지만, 영국에는 하층 국민 아래에 기초생활보장을 수급하는 이주민이 있어. 그들은 정보망의 바깥에 있어서 푸드 뱅크food bank[17]가 어디 있는지, 어떻게 신청하면 되는지도 전혀 몰라. 아이를 먹여야 하니까 자기는 하루에 한 끼만 먹는다고 하면서 그냥 가만히 집에 있기만 해."

친구의 이야기에 등장한 이주민 언더클래스의 실태도 「이미그런트 스트리트」에서 보여줄까. 그런다면 이번에는 '빈곤 포르노'가 아니라 '이주민 포르노'라

---

[17] 굶주림을 면하기에 충분한 식량을 구입하기 힘든 사람들을 위해 무료로 먹을거리를 나눠주는 시설. 영국에서는 2010년대에 급증했다.

고 불리게 될까.

"이 나라는 이제 'You get what you deserve.'(자업자득)라고 결론지을 수 없는 사회가 되었어."

이란인 친구가 말했다.

"자업자득이라는 말에 멈춰 있으면, 거기서 앞으로 나아가지 않으면, 아무것도 달라지지 않아."

친구가 입에 담은 'You get what you deserve.'라는 말을 듣고, 나는 대처를 떠올렸다. 그 말이 바로 대처의 철학이라고 생각했기 때문이다.

개인이 자신의 능력과 노력에 따라 합당한 보수를 손에 넣는다. 능력이 없는 사람과 노력하지 않는 사람은 그에 합당한 빈곤으로 빠진다. 'deserve'(합당한 것을 손에 넣다)라는 원칙에 비인도적일 만큼 철저한 세계가 대처가 추구한 자본주의였다.

그렇지만 한 가지 모순이 있었으니, 대처가 경제 체제의 전환을 이루기 위해 대량의 실업자(사회복지로 먹고사는 국민)를 만들어냈다는 사실이다. 노동하지 않기에 아무런 수입이 없어야 합당하건만 나라에서 생활비를 주어 먹고사는, 자업자득의 원칙을 완전히 위배하는 인간들의 계층을 대처가 탄생시킨 것이다.

돌이켜보면 그 계층이 생겨난 것은 대처가 국가

개혁을 기획하는 단계에서부터 그런 사람들을 잘라 버렸기 때문일 것이다. 언더클래스는 자본주의의 희생자가 아니다. 그들은 처음부터 자본주의에 참가하지도 못했던 계층인 것이다.

그렇게 생각하면 이 나라의 언더클래스 이주민은 자본주의라는 틀에서 벗어난 데다 외국인이기도 하다는, 사회에서 이중으로 배제된 자리에 스스로를 몰아넣었다고 할 수도 있다.

영국의 복지 제도란 받아먹기 쉬울 뿐 아니라 무섭기도 했던 것이다.

"적어도 현재 한 사람 한 사람의 생활을 들여다보면, 운이 좋았다고 할 만한 사람은 없을 거야."

친구가 말했다.

✦

그날, 카페의 창밖에서는 형광 노랑 상의를 입은 경찰관들이 서성거렸다.

브라이턴 시가지 중심부에서 매년 성 조지Saint George의 날마다 열리는 극우 시위가 있었기 때문이다.[18]

"우리 같은 이주민은 되도록 어슬렁거리지 않는

게 좋은 날이네."

이란인 친구는 커피를 마시면서 그렇게 말하고 웃었다.

시위대에서 뒤처졌는지, 아니면 뒤늦게 참가하려는 것인지, 상반신을 헐벗고 커다란 성 조지 깃발을 허리에 두른 스킨헤드가 도로를 건너가는 것이 보였다. 혈기 왕성하기도 하지. 오늘 기온은 섭씨 11도인데 말이다.

그를 뒤쫓듯이 새카만 모자를 뒤집어쓴 안티 파시스트 청년들이 비 그친 보도를 서둘러 걸어갔다.

브라이턴의 하늘은 미세먼지 자욱한 후쿠오카의 하늘과 같은 색이었다.

(출처: 웹진 「에레킹」 2014. 5. 1)

---

18 오늘날 성 조지 깃발은 잉글랜드를 우선하며 스코틀랜드, 웨일스, 북아일랜드 등은 차별하는 보수주의자들의 상징 중 하나이기에 성 조지의 날에 극우 시위가 열리는 것이다.

우익과 모리시와 좌익

"나, UKIP 지지로 돌아설까 봐."

옆집 아들이 이런 말을 흘린 것은 몇 달 전이었다.

자유롭고 세련된 게이 동네에는 무지개 깃발[19]이 펄럭이지만 빈민가의 집들에는 성 조지 깃발이 걸려 있으며, 그것은 마치 이제 '나는 잉글랜드인이다.'라는 것밖에 자긍심이 없는 화이트 트래시라 불리는 사람들의 마지막 보루 같다, 하는 글[20]을 쓴 것은 지지난해인 2012년이었다.

즉, 훨씬 전부터 전조는 있었다는 말이다.

그것은 지난 5월 23일의 유럽의회 선거(지방선거와 함께 치른 지역도 있다. 브라이턴은 유럽의회 선거만 치렀다)가 다가오자 단숨에 명백하게 드러났다. 빈

---

19 성소수자를 상징하는 깃발이다.
20 『빌어먹을 어른들의 세계』 중 「두 깃발 사이에서」 참조.

민가의 집들 창문에 'UKIP 지지 스티커'가 붙기 시작한 것이다. 애초에 빈민가에는 선거를 앞두고 정당 스티커 같은 걸 붙이는 사람이 없었다. 중산층 동네에 가면 녹색당과 노동당 스티커가, 현관 앞에 꽃바구니를 장식한 집에는 보수당 스티커가 붙어 있는 것이 여느 때의 선거를 앞둔 풍경이었다.

게다가 말이다. 기품 없는 빈민가에서는 창문에 스티커를 붙이는 정도로는 만족하지 못하니까 "UKIP"라고 쓴 거대한 낙서가 건물 외벽과 담벼락에 출현했고, 일반 주택의 창문에 국기까지 게양되기 시작했다. 뭐지? 월드컵이 5월에 열렸나? 그렇게 생각했을 정도다.

결정타는 "유럽의회 선거에서 UKIP에 투표할 거야."라고 한 배우자였다.

이상한, 참으로 기괴한 여름이 시작되었다.

◆

"정계에 일어난 지진."

이번 지방선거와 유럽의회 선거를 언론은 그렇게 표현했다. 반反유럽연합, 반이주민을 부르짖는 우익 정당 UKIP가 설마설마했던 대약진을 이뤄낸 것이다.

"영국은 4대 정당 시대로 돌입했다."라고 표현한 신문까지 있다.

제3정당인 자유민주당(음악가 브라이언 이노^{Brian} ^{Eno}가 지지했던 당인데, 보수당과 연립 정권을 꾸리자마자 병풍 신세가 되었다)이 괴멸이라 해도 무방하게 의석수가 줄어들고 UKIP가 그 자리를 대신하듯 표를 쓸어 모았다. 배외주의를 내세우는 우익 정당이 '거대 정당' 중 하나가 될 듯이 기세등등하다니, 영국도 퍽 초현실적인 상황에 빠진 셈이다.

그런데 왜 이제 와서 배외주의가 부활한 것일까? 영국인은 오랜 시간 동안 '뭐, 할 수 없지.'라며 외국인을 받아들인 것이 아니었나? 그 때문에 일본인인 나도 아이들에게 그림책 같은 걸 읽어주며 "선생님의 L 발음 이상해." 같은 지적을 받아도 "괜찮아, 선생님은 외국인이니까, 헤헤헤." "후후후." "하하하." 하고 모두와 함께 밝게 웃으며 살아갈 수 있는 사회를 만들어낸 것 아닌가?

"1980년대에 배외주의가 달아올랐을 때하고는 이주민의 수가 차원이 달라."

배우자는 그렇게 말했다.

"유럽연합 내에서 넘어오는 노동자가 너무 많아. 이대로 가면 하층의 젊은 애들은 정말로 일을 하고 싶어도 못 하게 될 거야. 대처는 지방의 제조업을 박살 내서 실업자를 대량 생산했지만, 그래도 실업급여나 기초생활보장은 쉽게 주었어. 하지만 지금은 주던 기초생활보장도 전부 끊어버리는 시대야. 그렇게 밥그릇을 빼앗으면서 점점 더 이주민을 받아들이는 건 하층민한테 죽으라는 말이나 마찬가지야."

배우자의 주장은 빈민가 인간들의 의견을 대변한 것이었다. 토니 블레어 이후, 노동당은 더 이상 노동자를 대변하는 당이 아니게 되었기 때문에 노동자들이 UKIP 지지로 돌아서고 있다. 오랫동안 좌파였지만 느닷없이 극우로 건너뛰는 사람이 내 주변에도 꽤 많다.

실은 최근 모리시에 관한 글을 좀 쓰고 있는데,[21] 그 역시 "이주민이 늘어날수록 영국의 정체성이 옅어진다."라는 발언이 「NME」에 실리는 바람에 실랑이가 벌어졌던 적이 있다. 개인적으로는 그 말이 현실적인 영국인의 감상이라 보기에 정말로 그가 그렇게 말했을 것이라 생각한다. 모리시는 군주제와 자본주의를 맹렬히 반대하는 사람이라 철 지난 공산당 할배

21 이 책의 저자는 모리시에 관한 책『지금 모리시를 듣는 것(いまモリッシーを聴くということ)』(P-VINE 2017)을 쓰기도 했다.

가 할 법한 딱딱한 좌익 발언도 하지만, 그러는 한편으로는 「더 내셔널 프론트 디스코The National Front Disco」로 대표되는 곡들도 썼다. 가사 중 "잉글랜드인을 위한 잉글랜드England for the English"라는 구절이 있는 그 곡이 극우 정당인 국민전선당National Front으로 치닫는 청년을 객관적으로 노래한 것이라 해도, 슬픔 가득한 곡조에서는 모리시가 그런 청년에게 느끼는 일종의 연민이 엿보인다.

이처럼 좌파에서 우파로 갑자기 건너뛰는 모리시의 모습은 그야말로 하층 사람들의 현실과도 같다. 그렇기 때문에 얼핏 보면 유약한 대학생 아이돌 같은 모리시를 하층 사회에서도 열렬하게 지지하는 듯싶다. 실은 모리시도 "자칫하면 UKIP에 투표할 뻔했다."라고 발언한 적이 있고(지금은 어떤지 알 수 없지만), UKIP의 대표인 나이절 패라지Nigel Farage를 "좋아한다"고 말한 적도 있다.

나는 그 패라지라는 인물을 사기꾼이라고 생각하며 결국에는 그저 혼란만 일으키고 끝날 것이라고 보는데, 그 혼란에 영국의 하층민이 기꺼이 올라탄 것은 오랫동안 이 나라의 정치가 하층민을 완전히 무시해왔기 때문이다. 영국 사람들의 우경화는 정치에 대한 복수라 해도 무방하다.

이번 선거로 유럽의회에서는 놀랍게도 UKIP가 영국의 제1당이 되었다. 게다가 이번에 UKIP에 표를 준 사람들 중 86퍼센트가 내년 총선에서도 UKIP에 투표하겠다는 모양이다. 정치가 하층민의 비명은 아무리 시간이 지나도 내버려두고, 계속 세간의 현실과 동떨어진 엘리트를 위하기만 하니, 국민이 충동적으로 검지와 중지를 세워 보이는 것이다.[22] 영국은 설령 일시적인 현상이라 해도 몹시 바람직하지 않은 방향으로 나아갈지 모른다.

✦

그런데 개인적으로 가장 놀라운 일은 UKIP 문제에 관해 사람들과 대화하다 "한참 전부터 이 나라에서 살아온 이주민으로서 최근 건너온 이주민들에 대해 어떻게 생각해?" 하는 질문을 받는 것이다. 아무래도 영국 사람들은 최근에 EU 내에서 흘러 들어온 이주민들과 그 전부터 존재했던 이주민들을 서로 다른 존재로 구분하는 듯했다.

---

22 영국에서 검지와 중지를 세워 보이는 것은 '엿 먹어라.'라는 뜻의 욕이다.

"나도 그들 중 한 사람이지."

내가 그렇게 답하면 그 이상 아무것도 물어보지 않지만, 혹시 '그러게, 그놈들 열받아.' 같은 말을 하며 불만을 늘어놓길 기대한 걸까 싶기도 하다. 이주민인 내가 어째서 같은 이주민에게 열받아야 한다는 말인가.

그래서 UKIP 당원 중 이주민이 많다는 사실에 놀랐는데, 한 유색인종 당원이 "EU 내에서 오는 이주민을 제한하는 UKIP의 정책은 EU 바깥 지역에서 오는 이주민에게 더욱 많은 입국 기회를 주어서 결국에는 더욱 공정한 이민 제한으로 이어진다."라고 주장하는 영상을 보았을 때는 어이가 없어서 크게 웃고 말았다.

그렇게 말한 젊은 아가씨는 방글라데시계 이주민 2세 같았다. 하지만 그의 부모를 그 'EU 바깥 지역'에서 건너온 사람들로 이 나라가 받아들인 덕에 그들이 일할 기회를 얻고 살아갈 수 있었던 것 아닌가. 먼저 왔다는 이유로 나중에 온 사람에게 '오지 마.'라고 하는 것은 장난감을 함께 갖고 놀 줄 모르는 유아나 마찬가지다. 게다가 '나와 같은 지역에서 오는 이주민은 괜찮지만, 그 외의 이주민은 안 돼.'라는 사고방식이 인종차별이 아니라면 달리 부를 말이 있을까.

UKIP가 그처럼 새로운 이주민을 바라보는 오래

된 이주민의 의식도 이용하여 그들을 끌어들이려 한다고 생각하면 무척 무서운데, 반대로 생각해보면 UKIP란 겨우 그 정도인 것이다. 잠깐만 생각해봐도 기만투성이인 이념은 사람의 마음을 장기적으로 빼앗지 못하는 법이다.

기껏해야 단기적인 복수에 쓰이는 정도다.

✦

"'공정한' 이민 제한, 또는 '인종차별이 아닌' 이민 제한 따위는 존재하지 않는다. 우리는 이민 제한에 반대한다. 우리는 우리의 출신, 우리 혹은 부모가 태어난 나라, 피부색, 사용하는 언어 등으로 인간의 존재를 비합법화하는 모든 법률에 반대한다."

켄 로치의 정당 좌파통합의 정책은 이렇게 간단히 쓰여 있다. 이민을 절대 제한하지 마라. 요즘 같은 시대에 이런 정책은 아나키를 넘어서 정신이 나간 것이라 할 수도 있다.

그렇지만 이 정책의 후반부는 이주민으로서 18년을 살아온 내 마음을 울리는 구석이 있다.

정치라는 것에는 본래 그처럼 '마음을 울리는 구석'이 핵심에 있어야 하지 않나.

‘마음을 울리는 구석’을 오래된 말로 ‘사상’이라
고 해도 상관없고, 아니면 ‘사회, 그리고 인간은 그러
는 편이 쿨하다.’ 같은 개인적인 미의식이라 해도 상관
없다.

　최근의 좌파가 틀려먹은 것은 ‘약자가 불쌍해.’
처럼 인간성만 강조하기 때문이다, 하는 정설이 있다.
하지만 나는 그것이 전혀 정설이라고 생각하지 않는
다. 오히려 그 반대다. 정책의 근본에 있는 흔들리지
않는 것, 타협할 여지 따위 없는 미의식을 누구도 이
야기하지 않기 때문에 정치가 사람을 움직일 수 없게
된 것이다.

　영국뿐 아니라 유럽 전체가 우경화하는 것은 유
권자들이 그처럼 타협하지 않을 무언가를 우익에서
엿봤다고 생각하기 때문인지도 모른다.

(출처: 웹진 「에레킹」 2014. 6. 2)

야유와 가정폭력과 존 레넌

얼마 전, 통근 버스에서 신문을 보는데 조국의 뉴스가 실려 있었다. 도쿄도 의회에서 여성 의원에게 성차별적인 야유가 날아들었으며, 그 일이 일본에서 큰 화제가 되었다고 쓰여 있었다. 「가디언」에 실린 그 기사는 일본이 남녀 평등 지수 순위에서 항상 하위에 자리한다는 점을 지적하고는 젠더 문제에서 후진국이라고 쓰여 있었다. 뭐, 흔하디흔한 '동양은 뒤처졌다'는 관점으로 쓰인 비판적 내용이었다.

이런 기사가 나오면 '여성이 강한 영국에서는 결코 있을 수 없는 일'이라든지 '믿을 수 없는 일'이라는 감상을 영국에 사는 일본인 여러분이 열심히 입을 모아 말하겠지, 하고 생각했다. 나도 10년 전이라면 그랬을 것이다.

하지만 지금은 다르다.

BBC3 채널에서 방영된 「머더드 바이 마이 보이프 렌드 Murdered By My Boyfriend」라는 드라마가 살짝 화제가 되었다. '남자친구에게 살해당했다'는 제목을 달고 있 는 그 드라마는 파트너인 청년에게 오랫동안 폭행당 하다 결국에는 숨진 젊은 여성의 실화를 드라마로 만 든 것이다.

열일곱 살에 동년배 청년을 만났고 얼마 지나지 않아 임신하여 아이를 낳은 소녀가 파트너에게서 가 정폭력을 계속 당하다 결국 4년 후에 맞아 죽었다, 하 는 줄거리인데 이런 건 영국의 특정 계급에서는 '믿을 수 없는 일'이 아니다. 영국 내무부가 2011년에 발표 한 자료에 따르면 영국에서 가정폭력 피해를 가장 많 이 입은 사람은 16~24세 여성이었다고 한다. BBC 드 라마가 참고한 사건에서 여성을 죽인 청년은 기초생 활보장을 수급하면서 불법적으로 혈통견을 사육하고 분양하여 돈을 버는 빈민가의 남자였다.

예를 들어, 브라이턴의 병원이나 아동센터(아동 과 부모를 위해 지자체가 운영하는 지원시설) 등의 화 장실에 가보면 벽면에 국가가 운영하는 가정폭력 상 담전화를 안내하는 A4 크기의 포스터가 붙어 있다.

"당신은 가정폭력 피해자입니까? 학대당하는 여성을 알고 계십니까?"

이런 문구와 함께 어린아이의 손을 잡고 있는 젊은 여성의 뒷모습을 찍은 사진이 인쇄되어 있다. 그야말로 「머더드 바이 마이 보이프렌드」의 줄거리 같은 포스터인데, 그런 사진이 쓰인 것은 역시 가정폭력 피해자 중 어린 자녀가 있는 젊은 여성이 많기 때문일 것이다.

나는 지금까지 영국에 어린 싱글 맘이 많다는 사실을 블로그(및 졸저)에 여러 차례 썼다. 일본에서는 '생기면 수술'이 10대 여자아이의 임신에 대한 일반적인 대처법이었다고 기억하는데, 영국의 경우에는 어째서인지 임신하면 낳고 본다. 다만, 나는 중산층 이상의 생활양식은 모르기 때문에 노동자 계급만 그런 건지도 모른다. 적어도 내가 아는 세계에서 10대 여자아이들은 임신 중지보다 출산을 선택한다.

그럴 수 있는 것은 앞선 노동당 정권이 싱글 맘을 위한 복지 제도를 잘 세워놓았기 때문이다. 까놓고 말해서 무직자에게 자녀가 있으면 나라가 바로 집을 마련해주고 기초생활보장도 주는 시대가 오래 이어졌기에 하층 사회의 여성에게는 취직과 진학 대신 아이를 낳아서 기초생활보장 수급자가 된다는 생활양식이 엄연히 선택지로 존재한다.

일하는 여성들이 아이를 낳지 않고 경력을 쌓는 동안, 10대에 임신한 싱글 맘들이 기초생활보장을 받으면서 계속해서 자녀를 낳는 모습을 보면, 이 나라에서는 계급에 따라 여성의 분업이 확실하게 이뤄지는 것 같기도 하다. 중산층 여성은 밖에서 일하고, 하층 여성들은 기초생활보장을 받으며 자녀를 낳고 또 낳는다. 실제로 싱글 맘에 대한 후한 대우는 사회의 노령화에 제동을 걸기 위한 국가 전략이었나 하는 생각까지 든다. 2011년, 영국에서는 1972년 이후 가장 많은 신생아가 태어나서 과거 40년을 통틀어 가장 뜨거운 베이비붐이 일어났다고 떠들썩했는데, 유럽을 통틀어 그런 뉴스가 있던 곳은 이 나라뿐일 것이다.

영국 여자는 강하다. 그런 인식이 마거릿 대처로 대표되는 상층의 일하는 여성들에게서 비롯되었다는 것은 틀림없는 사실이다. 확실히 그 계급의 여성들은 시대착오적인 성희롱 발언을 내뱉는 남성이 있다면 성한 곳이 없을 만큼 때려눕힐 것이다. 오늘날 영국의 상류층 남성들이 분별없이 말하지 않는 것은 그 여성들이 어깨 패드로 무장하고 싸워온 역사가 있기 때문이다.

그렇지만 같은 영국이라도 하층은 사정이 전혀

다르다.

하층 사회에는 집에서 '개 같은 년' '암캐' '화냥
년'으로 불리며 주먹으로 맞고 발로 차이는 여자들도
있다. 내가 밑바닥 어린이집에서 일했던 시절에는 얼
굴에 큰 흉터가 있는 언더클래스 여성을 몇 명이나 보
았다. 뒷마당에서 연인에게 발길질을 당하는 여성을
본 적도 있다. 그 여성들의 자녀들은 모친이 맞는 걸
보면서 성장한다. 아이들에게 좋지 않다는 걸 알면서
도, 하루빨리 이런 생활을 청산해야 한다고 생각하면
서도, 그 여성들은 언제나 얼굴에 상처가 나 있다. 그
여성들의 아이들은 성장해서 자신의 어머니를 때린 남
자들과 같은 짓을 자신의 여자에게 한다. 그처럼 메마
른 현실의 반복.

도대체, 이곳이 정말로 여자가 강한 나라라는 말
인가.

◆

예전에 젊은 보육사가 얼굴에 시퍼런 멍이 든 채
출근한 적이 있다. 눈 아래에 넓게 멍이 들어 있었다.
그는 잠이 덜 깬 채 계단을 내려오다 미끄러져 난간에
얼굴을 부딪쳤다고 했다. 그는 스무 살 싱글 맘으로

동년배 연인와 동거하고 있었다.

얼핏 봐도 흠칫 놀라게 되는 멍이었기 때문에 사무실에서 그를 불렀다. 보호자들의 반응을 우려한 관리자가 당황한 모양이었다.

10분 정도 지나서 젊은 보육사가 성내며 사무실에서 나왔다.

"한동안 집에 있으래. 멍이 심해서 아이들이 무서워할지도 모른다고, 오늘은 돌아가래."

"…당연히 유급 자택 대기지?"

"아니, 내 유급 휴가를 써서 쉬라고 했어."

"그러면 위법이잖아."

"응, 그래서 퇴근 안 해. 일할 거야."

그는 그렇게 말하고는 놀이방에서 장난감을 정리하기 시작했다.

그날, 아이를 맡기러 온 중산층 엄마들이 그의 멍을 보고 지은 표정을 잊을 수가 없다. 명백하게 모든 사람이 가정폭력 때문에 생긴 멍이라고 생각했고, 깜짝 놀랐다가 동정하는 표정을 짓는 사람이 있는가 하면, '이런 인간한테 아이를 맡겨도 괜찮을까.' 하는 불안을 표정에 드러내는 사람, 나아가 노골적으로 혐오감을 드러내는 사람도 있었다.

의사나 사립학교 교사로 일하는 고학력 여성들이

'얼굴에 시퍼런 멍이 든 여자가 내 아이를 건드리지 않았으면 해.' 하는 듯한 반응은 어떤 의미로 도쿄도 의회에서 날아든 야유만큼이나 적나라하고 야비했다.

✦

　존 레넌이 "가장 싫어하는 비틀즈의 곡"이라고 한 노래가 있다.

　"다른 남자와 함께 있는 걸 볼 바에는 / 차라리 네가 죽는 걸 볼래 / 조심해야 할 거야 / 내가 정신 줄을 놓을 테니까"

　이런 가사의 「런 포 유어 라이프Run For Your Life」는 지금도 영국에서 가정폭력을 연상케 하는 노래로 꼽힌다. 레넌은 이 곡의 가사를 쓸 때 엘비스 프레슬리의 「베이비 레츠 플레이 하우스Baby Let's Play House」에서 영감을 받았다고 했다.

　그렇지만 레넌은 만년에 "쓴 것을 가장 후회하는 곡"이라고 발언하기도 했다.

　눈감기 수년 전, 레넌은 첫 아내를 때렸었다는 것을 넌지시 인정했다. 잡지 「플레이보이」와 한 인터뷰에서 다음처럼 말한 것이다.

　"나는 내 여자에게 잔혹했던 적이 있다. 육체적인

의미로, 모든 여성에게. 나는 때리는 인간이었다. 나를 표현할 수 없으면 주먹을 휘둘렀다. 남자와는 싸우고, 여자는 때렸다."

영국에는 '강한 여자와 신사'라는 구도와 전혀 다른 세계가 존재한다.

그 세계는 상류층의 세계가 앞으로 나아갈수록 뒤로 처진다. 격차가 벌어질수록 나아간 세계와 뒤처진 세계의 차이도 커진다.

경찰의 발표에 따르면, 2013년 4분기에 가정폭력 건수가 15.5퍼센트 증가했다고 한다.

(출처: 웹진 「에레킹」 2014. 6. 30)

여자의 일생과 홍차 한 잔

퇴근길에 버스 정류장에 서 있는데 낯익은 중
년 여성이 휠체어에 앉아 있었다. 휠체어를 미는 사람
은 대체 언제 적 소녀야, 하는 생각이 드는 차림을 한
10대.

발레리나가 입는 튀튀를 가위로 엉성하게 잘라서
스커트 대신 입었고, 상반신에 입은 티셔츠에는 자기
가 직접 그린 듯한 니나 하겐Nina Hagen23의 초상화가 있
었다. 이야, 이 아줌마도 열여섯 살 때는 동아시아 끄
트머리에 있는 나라에서 완전히 똑같은 차림으로 다
녔단다, 하고 훈훈하게 미소 지으며 그 두 사람을 보
는데 그쪽도 나를 가만히 바라보았다.

"자선시설의 어린이집에서 저를 돌봐준 적이 있
지요?"라고 니나(하겐의 티셔츠를 입은 아이)가 말
했다.

"아, 역시. 진짜 많이 컸구나. 네 티셔츠 너무 맘

에 든다!"라고 내가 말하자 휠체어에 앉아 있는 여성이 "오오오오오." 하고 느리게 저음으로 웃었다.

얼굴 절반은 제대로 웃지 못했다. 마비된 모양이었다.

"엄마는 몸 상태가 나빠요."라고 니나가 말했다.

나는 그제야 그들이 누구인지 기억해냈다.

✦

트레이시 손Tracy Thorn[24]이 잡지에 비브 앨버틴의 자서전 서평을 썼다. 비브 앨버틴은 여자 펑크의 선구적 밴드인 슬리츠의 기타를 맡았던 사람이다.

1976년, 당시 스물한 살이었던 앨버틴은 할머니의 유산으로 받은 200파운드로 기타를 샀다. "디온 워릭Dionne Warwick[25]의 음반을 씹어 먹을 듯한 기타 소리

---

23 독일의 가수, 작사가. '독일 펑크의 대모'로 불리며 1970년대부터 지금까지 활동하고 있다.

24 영국의 싱어송라이터, 작가. 여러 밴드에서 보컬로 활동했고 칼럼니스트로 여러 책을 쓰기도 했다.

25 미국의 가수, 배우. 빌보드 차트 기준으로 가장 많은 인기곡을 낸 사람 중 한 명이다.

를 내고 싶었"다고 한다. 비브 앨버틴은 믹 존스Mick Jones[26]의 연인이자 시드 비셔스의 친구였다. 그는 자신의 기타를 들고 보컬 에어리 업, 베이시스트 테사 폴리트, 드러머 팜올리브Palmolive의 슬리츠에 합류했다.

그 자서전은 『옷, 옷, 옷. 음악, 음악, 음악. 남자, 남자, 남자』[27]인데, 제목은 앨버틴의 모친이 당시 딸을 표현한 말이었다고 한다. 제목만 보면 런던 펑크의 청춘 회고록 같다. 확실히 전반은 그렇다. 하지만 후반에는 완전히 다른 세계가 펼쳐진다. 슬리츠 해체 후 비브 앨버틴의 삶은 현실이라는 이름의 무거운 납덩이를 발목에 달고 천천히 가라앉는 것만 같다. 임신 중지, 유산, 체외수정, 자궁경부암. 이렇게 진행되는 후반부에서는 여자의 검붉은 피 냄새가 난다. 에어로빅 강사와 영화 제작자가 되기도 하지만, 경력은 나아지지 않고 남자들은 그를 실망시키기만 한다. "대부분의 자서전은(그리고 대부분의 인생은) 전반부가 재미있다."라는 트레이시 손의 평이 맞다.

---

26 영국의 싱어송라이터, 제작자. 클래시의 기타리스트로 명성을 얻었다.
27 *Clothes, Clothes, Clothes. Music, Music, Music. Boys, Boys, Boys*, Faber and Faber 2014.

휠체어에 타고 있는 사람은 K였다.

밑바닥 생활자 지원시설에 다니던 언더클래스 아나키스트 중 한 사람. 고학력 아가씨였지만 탈선해서 연인의 아이를 연달아 낳는 사이에 원래 계급으로 돌아갈 수 없게 된 부류의 싱글 맘이었다. 자녀는 네 명인가 다섯 명이었다. 다들 보통이라면 학교에 다닐 나이였다. 보통이라고 한 이유는 K도 아나키스트였기에 정부의 앞잡이인 학교 따위 믿지 않고 아이들을 집에서 가르쳤기 때문이다.

하지만 집에서 교육이 제대로 이뤄지지 않는다는 이유로 사회복지과에서 그 가정에 개입했다. 니나(하겐의 티셔츠를 입은 아이)는 당시 열 살 전후였던 것으로 기억한다. 동생들의 손을 잡고 밑바닥 어린이집에 오던 아이였다. 그 아이들은 모두 엄마와 헤어져 위탁가정에 맡겨지는 방향으로 논의가 진행되었다.

그렇지만 K는 궁지에서 멋지게 대역전에 성공했다.

세련된 중산층 부모들이 자녀를 보내는 것으로 유명한 사립 슈타이너학교의 교장에게 자신의 상황을 직접 설명하고 "제가 보수 없이 교직원 보조로 일할 테니까 아이들이 수업료를 내지 않고 학교에 다니게 해주세요."라고 호소해서 바람을 이룬 것이다.

아나키스트 엄마들 중에는 남몰래 슈타이너학교를 동경하는 사람이 많다. 이른바 '대안교육'이라 불리는 슈타이너 교육steiner education[28]은 예술을 중시하는 점과 친환경적인 점에서 아나키스트 엄마들의 취향과 잘 어울린다. "돈이 있으면 슈타이너에 아이를 보낼 거야."라고 말했던 아나키스트를 나는 여럿 알고 있다.

집에서 제대로 가르치지 못한다는 이유로 아이들을 뺏길 위기에 처한 K는 아이들을 학교에 보내야 했다. 그래서 자신이 아이들을 보낼 수 있는 유일한 학교에 배수의 진을 치고 들어간 것이다.

"가방끈 길어서 좋겠네." "연줄이 있겠지." 등 자녀가 있는 다른 아나키스트들의 부러움 어린 시선을 무시하면서 K는 아이들과 함께 슈타이너학교에 다니기 시작했다. 사회복지사도 아이들이 학교에 다니기 시작하자 더 이상 시비를 걸 수 없었다. K 가족의 사연은 밑바닥 생활자 지원시설 관계자 사이에서 가장 성공

---

[28] 오스트리아의 학자 루돌프 슈타이너가 제창한 교육 사상. 처음 적용된 학교의 이름을 따서 발도르프 교육이라 불리기도 한다.

적인 이야기였다. 영국은 웬만해서는 불가능한 일이 실현되는 나라라고 나 역시 감탄했던 것이 기억난다.

그랬던 K를 4년 만에 보았는데 휠체어에 앉아 있었다.

얼굴뿐 아니라 몸 절반이 마비된 듯했다. 뇌졸중의 후유증으로 보이기도 했다.

니나(하겐의 티셔츠를 입은 아이)가 땀 때문에 볼에 달라붙은 어머니의 앞머리를 쓸어올리자 K는 얼굴을 긴장했다가 살짝 찌푸렸다.

그 표정은 불쾌한 것 같기도, 고마워하는 것 같기도, 아무래도 상관없다는 것 같기도 했다.

✦

비브 앨버틴은 자궁경부암에 걸렸고, 에어리 업도 유방암이라는 여자의 암에 걸렸다. 하지만 앞서 말했듯 라스타파리안이었던 에어리 업은 모든 치료를 거부하고 48세에 눈을 감았다.

한편, 암 치료 끝에 살아남은 비브 앨버틴은 다시 한 번 기타를 치기 시작했다. "과거의 영광을 망치는 짓은 그만둬."라며 말린 남편과 헤어지고 중산층

주부라는 의자에서 일어나 57세에 첫 솔로 앨범을 발표했다.

"비브는 생존자다."라고 트레이시 손은 평했다.

그렇지만 생존이 무조건 운 좋은 일은 아니다.

살아남으면, 또 살아가야 하기 때문이다.

1970년대의 펑크 소녀들은 길바닥에서 걸핏하면 우익의 습격을 당했다고 한다. 실제로 에어리 업은 창부 같은 차림새라며 길에서 몇 번이나 찔렸다.

그 시대는 위험해도 즐거웠다고 한다. 충돌은 미친 듯한 열정을 낳는다. 하지만 그런 열정은 오래가지 않는 법이다. 그러면 쓸쓸하다고 계속 충돌을 찾아 헤매며 주먹을 치켜드는 사람도 있다. 하지만 시대의 흐름에 따라서 담담한 일상으로 물드는 사람도 있다.

"자서전을 읽고 비브를 상찬할 마음이 들지는 않았다. 함께 앉아 홍차를 마시고 싶었다."

트레이시 손은 비브 앨버틴의 자서전에 그런 감상을 썼다.

생존은 투쟁이나 팡파르를 의미하지 않는다. 한 잔의 홍차인 것이다.

버스가 오자, 니나(하겐의 티셔츠를 입은 아이)는 익숙한 손놀림으로 버스 승강구에서 휠체어용 경사로를 내렸다.

K는 나를 보면서 "갓라."라고 했다. 그렇게 들렸다.

의미 불명이었지만 K의 부름에 응해서 '또 봐. 신의 축복이 함께하길.'이라고 인사하려다 왠지 모르게 "또 봐."까지만 말했다.

그리고 나도 다른 버스에 올라타서 좌석에 앉았는데, 불현듯 "갓라."는 "굿 럭 Good luck, 행운을 빌어."이 아니었을까, 하는 생각이 들었다.

"행운을 빌어."

"신의 축복이 함께하길."

평범하게 인사말을 끝까지 말할걸 그랬다고 생각했다.

생존이 무조건 운 좋은 일은 아니다.

그렇기 때문에 작별 인사로 행운을 빌어주는지도 모른다.

(출처: 웹진 「에레킹」 2014. 8. 4)

샴페인과 분뇨: 슬리퍼드 모즈에게

"어째서 뮤지션이 아니라 코미디언이 혁명에 관해 이야기하게 된 것일까?"

이런 헤드라인의 기사가 「가디언」에 실렸다.

'혁명revolution'이라는 말을 올해 영국의 유행어로 만든 사람은 코미디언 러셀 브랜드다.

그 기사의 주지는 다음과 같다.

'긴축재정으로 서민의 분노가 꼭대기에 다다른 지금, 그 목소리를 대변하는 뮤지션이 없다. 전통적으로 그 역할을 맡아온 것은 음악계의 상징적 존재였는데, 오늘날에는 코미디언이 그런 존재가 되었다. 어째서일까?'

으음? 하고 생각했다.

음악계에도 긴축재정에 반기를 드는 사람들이 있기 때문이다.

복지가 삭감되면 사람들에게서 악취가 풍겨
/ 냄새 나
—「맥플러리McFlurry」 중에서

2014년 영국의 인기 순위에 자리한 뮤지션 중 80퍼센트 이상이 사립학교를 나온 부유층 자녀라고 한다(1980년대에는 겨우 10퍼센트였다고). 대학교와 전문학교에 진학하는 (매일매일 노동에 시달리지 않고, 음악을 만들 여유가 있는) 하층 젊은이의 수는 지금보다 예전에 훨씬 많았다. 대학교 학비는 무료였고, 장학금도 충분했다. 한편 스스로 학교를 그만둔 젊은이들은 방치된 건물에 무단 거주하며 펑크가 되거나 여러 나라를 방랑하는 히피가 되어서 음악으로 반역을 꾀했다. 목가적인 시대였다.

그렇지만 신자유주의가 영국 하층 사회의 풍경을 송두리째 바꾸었다. 정부는 '영국 록의 고향'이라 일컬어지는 공영주택지를 투자자들에게 팔아서 '고향'의 면적을 줄였고, 노동자 계급 젊은이들은 '출세 또는 자퇴'라는 선택지를 지니지 못한 언더클래스 인민이 되었다.

오늘날 영국의 뮤지션은 죄다 어린 시절부터 음

악 교실과 연극학교 등을 다닌 젊은이들이다. 즉, 부모가 자식에게 투자할 자본이 없으면 스타가 될 수 없는 시대가 된 것이다. (오늘날의 축구계도 마찬가지라고 한다.)

그와 더불어 대졸이 필수에 인턴부터 일을 시작하는 음반사의 신인 발굴 부서 역시 일하지 않아도 부모가 먹고살게 해주는 젊은이들의 직장이 되었다. 다시 말해, 현대 대중음악을 제공하는 사람들은 일부 특권 계급이며, 대중음악은 더 이상 대중의 것이 아니게 되었다는 말이다.

어이, 어이, 있어봐 / 빌어먹을 화이트칼라의
따라 부르기냐
—「동키Donkey」 중에서

「가디언」은 신자유주의가 인간의 심리에 미친 영향을 분석했다.

오전 9시부터 오후 5시까지 일하던 시대에는 일상을 지루해했던 인간도 개인주의의 시대가 되지 항상 불안에 떨게 되었다. 신자유주의가 만들어낸 불안과 두려움의 문화는 사회 전체를 냉소적으로 만들고 말았다. 냉소주의란 불안을 감추기 위한 방어 기제다.

무언가를 진지하게 주장했다가 창피를 당하거나 패배하는 것이 무서우니까 사람은 삐딱한 태도를 취한다. 그런 냉소주의가 기본 태도인 사회에서는 뮤지션보다 코미디언이 유리하다. 정치적 메시지라도 '농담이겠지.'라고 여길 수 있다면 사람들이 안심하고 받아들인다는 것이다. (음악계에서도 약 40년 전에는 섹스 피스톨즈라는 밴드가 그런 역할을 잘했다만.)

역사는 반복된다 / BBC2**29**처럼
—「더 코기 The Corgi」 중에서

얼마 전의 일이다. 뉴스에서 대학교 학비 인상을 반대하는 시위대의 영상을 보는데, 러셀 브랜드의 사진과 책을 들고 행진하는 학생이 꽤 많았다.

"투표라는 건 '이 정당보다 저 정당이 아주 조금 덜 사악하다'는 이유로 하는 게 아니잖아. 정당들은 우리를 얕보고 있어. 투표를 태업해라. 투자가들의 게임 때문에 터무니없이 오른 집세도 대학교 학비도 전부 내지 마. 체제를 마비시켜. 혁명을 일으키는 거다."

---

29 지은이 주: BBC2는 황금 시간대에도 재방송을 하는 채널로 유명하다.

303

이런 러셀 브랜드의 발언을 존 라이든은 다음처럼 평했다.

"선거권은 우리한테 주어진 유일한 힘이야. 그걸 포기하라니 진짜 멍청하네. 게다가 밑바닥에 사는 평범한 인간은 집세를 체납했다가는 바로 강변에 종이 상자로 집을 짓고 살아야 해. 그런데 그거지? 그 강변을 창문으로 내려다볼 수 있는 고급 아파트에 사는 인간이 그런 소리를 하는 거지?"

러셀 브랜드는 보수계 신문인 「데일리 메일Daily Mail」 등으로부터도 '샴페인 사회주의자'라고 두들겨 맞고 있다.

정부가 뉴 에라New Era라는 런던 시내의 공영단지를 미국의 투자 펀드에 팔아치웠고, 주민들은 4배나 뛰어오른 집세를 감당하지 못해 쫓겨날 위기에 처했다. 주민들의 항의 운동에 참가한 러셀 브랜드에게 어느 리포터가 다음처럼 질문했다.

"그런데 당신이 사는 곳은 집세가 얼마인가요?"

냉소주의가 뒤틀리면 이처럼 얼빠진 소리를 하는 인간이 튀어나온다.

기득권과 싸울 자격이 오로지 하층민에게만 있다

면, 아마 역사상의 모든 혁명이 일어나지 않았을 것이다. 체 게바라는 의학부를 졸업한 부유층이었다. 노동자에게만 반역할 자격이 있다면, 펑크 역시 단순히 별난 차림을 한 양아치들의 일탈로 끝났을 것이다.

영국의 대중음악이 혁명을 노래하지 않게 된 것은 발신하는 쪽에 하층의 인간이 없어졌기 때문이 아니다.

샴페인 계급의 사람들이 고층 아파트의 창문으로 강변의 종이상자 집을 내려다보지 않게 되었기 때문이다.

오줌 냄새가 너무 심해서
질 좋은 베이컨 같다
케빈[30]은 발이 가는 대로 지리는 대로
오줌역 아래에서
돌바닥 위에서 2파인트로 승천
긍정적일 수 있을 리가 있나
파이널 카운트다운 내 빌어먹을 여정
폴란드인[31]의 술집 앞에서 정신 차리니
양말 속에 똥이 가득
"그들은 신경 안 써." 멍청이가 다리를 보고
말하지

사랑의 채찍을 휘둘러라 똥 같은 새끼
노버트 콜론[32]처럼 모아서
거대한 변소 크라켄[33]처럼 똥 냄새를 분사
—「타이드 업 인 노츠Tied Up in Nottz」[34] 중에서

어린애 같은 배설 개그라고 생각할지 모르지만, 영국에서는 하층 사람들의 지나친 음주가 심각한 사회문제다. 이 가사가 묘사하는 광경은 주말 밤 빈민가에서 흔하게 볼 수 있다.

똥오줌, 침, 토사물, 정액, 혈액. 갖가지 액체에 범벅이 된 채 쓰러져 있는 젊은이들. 얼어붙을 듯한 밤에도 티셔츠 한 장. 미니스커트를 입은 여자아이들은 타이츠가 찢어져 엉덩이가 다 보인다.

30 지은이 주: 케빈 베이컨을 가리키는 것으로 추정된다.

31 지은이 주: EU 내에서 건너오는 이주노동자의 급증이 사회문제로 대두되며 우익 정당이 세력을 넓히는 현재 영국에서 인종차별을 가장 심하게 당하는 것은 폴란드인이라고 한다.

32 지은이 주: 노버트 콜론(Nobert Colon)이 누구인지는 알려지지 않았다. 하지만 콜론(colon)이 큰창자를 가리키는 것은 명백하다.

33 노르웨이 바다에 나타난다고 하는 전설 속의 거대한 괴물로 오징어를 닮았다.

34 노츠(Nottz)는 노팅엄을 가리키는 속어.

인간이 아닌 존재가 될 때까지, 마치 죽고 싶어하는 것처럼 그들은 마신다.

'샴페인 사회주의'에 대비해서 이쪽은 '분뇨 사실주의'라고 불러야 할까.

냉소주의자는 '샴페인 사회주의'를 당당하게 비판하는데, 그렇다면 '분뇨 사실주의'는 받아들일 생각이 있을까. 언더클래스라는 변소 크라켄이 내뿜는 똥냄새를 얼굴에 뒤집어쓸 각오가 과연 있을까.

냉소주의자들은 좌파 사상을 가난뱅이의 전매특허로 만들어왔다. 샴페인과 분뇨는 서로 분리해두는 것이 평화롭고 안심할 수 있기 때문이다. 왜냐하면 냉소주의자란 실은 사회가 변치 않기를 바라는 사람들이기 때문이며, 현상 유지를 바라는 사람들이기 때문이다.

슬리퍼드 모즈Sleaford Mods[35]는 과거 7년 동안 완전히 똑같은 것을 노래해왔다고 한다.

---

35 2007년 결성한 영국의 포스트펑크 듀오. 긴축재정 시대의 영국과 노동자 계급에 관한 노래를 발표하며 비평가의 극찬을 받았다. 앞선 인용문은 모두 슬리퍼드 모즈의 노래 가사 중 일부다.

그랬던 그들이 2014년에 갑자기 큰 인기를 끈 것은 시대가 그들의 노래를 따라잡았기 때문이 아니다. 그들의 곡을 길어올려 시대가 따라잡았다는 등의 말을 퍼뜨리며 열심히 밀어준 샴페인 계급의 음악평론가와 언론인이 있었기 때문이다. (그들은 사실 청년층이 그런 노래를 부르길 기다렸을지도 모른다. 하지만 젊은이가 지나친 음주로 완전히 붕괴하고 말았으니 분별력 있는 아저씨가 부를 수밖에 없지 않은가. 슬리퍼드 모즈의 제이슨 윌리엄슨Jason Williamson은 얼마 전까지 시청 공무원이었다. 생긴 건 무섭지만.)

거듭해서 말하지만, 1970년대의 영국 펑크는 상층의 엘리트와 하층의 양아치가 혼연일체가 되면서 강렬한 불꽃을 일으킨 매우 희귀한 문화운동이었다.

그리고 지금, 귀를 기울여보면 샴페인과 분노가 또다시 같은 메시지를 발신하고 있다.

혁며어어어어어어엉REVOLUUUUUUUTION!
—「동키」 중에서

(출처: 웹진 「에레깅」 2014. 12. 11)

내가 이주민이다

퍽 어수선하게 새해를 맞이했다.

작년(2014년) 말부터 배우자의 누이들과 교대로 아일랜드에 있는 시어머니를 돌보았는데, 정월에는 내 차례였기 때문에 시어머니와 함께 새해를 맞이했지만, 내가 돌아오고 며칠 후에 시어머니가 눈을 감았다. 그래서 다시 아일랜드로 돌아가야 했다.

시어머니는 아일랜드의 작은 시골 마을에서 살았다. 남편이 죽을 때까지는 런던에서 살았지만, 남편이 세상을 떠나자 곧장 아일랜드로 돌아갔다. "까만 피부와 갈색 피부의 강도"가 많은 런던이 정말 싫었다는데, 그런 사람이었기에 배우자가 동양인인 나와 결혼할 때도 부정적인 반응을 보였다. 시어머니와 시아버지가 런던으로 건너온 것은 1950년대로 영국에서 "흑인 사절, 개 사절, 아일랜드인 사절" 같은 말이 쓰이던 시대였다. 아일랜드인 노동자 가정도 차별을 당했지만, 시어머니는 유색인종을 자기들보다 아래에 있는 사람으로 여겼다. 아일랜드의 초록 대지를 사랑한 시어머니는 런던의 소란과 지하철과 좁은 골목길을 무서워했고 백인 외에는 모두 범죄자라고 단정했다고 한다.

그렇지만 얄궂게도 시어머니가 눈감을 때까지 지켜봐준 의사는 인도인이었고, 간호사는 필리핀인이었으며, 집에서는 일본인에게 돌봄을 받았다.

뭐, 세계란 그런 방향으로 나아가는 것이다.

✦

아일랜드의 가톨릭교회에서 치르는 장례식에는 전날 관을 교회로 옮기는 의식이 있다.

역시 아일랜드의 시골이라고 할까, 마을 주민이 전부 온 게 아닌가 싶을 만큼 교회에 많은 사람들이 모였다. 유족은 맨 앞줄에 앉는 관습이 있다고 해서 나는 그저 며느리니까 둘째 줄에 앉겠다고 했지만 시누이들이 나를 붙잡고는 첫째 줄에 앉혔다. 짧은 의식이 끝나자 동네 사람들이 줄을 서서 유족에게로 다가왔다. 오래전 스페인 영화에서 비슷한 장면을 본 적이 있는데, 의식에 모인 사람들이 유족들과 악수를 나누는 게 관습인 듯했다.

"고인의 명복을 빕니다."

입을 모아 말하는 마을 사람들이 한 명씩 시아주버니, 시누이, 배우자, 시누이 순서로 악수를 나누면서 내 쪽으로 다가왔다. 뒤돌아서 행렬을 보니 어림잡아도 100명은 훨씬 넘었다.

"고인의 명복을 빕니다."

"와주셔서 감사합니다."

나도 그들과 악수하면서 몇 번째인가 마을 주민을 맞이했을 때였다.

슥, 하고 상대방의 손이 나를 지나치고는 옆에 서 있는 시누이의 손을 잡았다. 상대방은 내 얼굴을 보지도 않았다. 그러는 것을 본 다음 사람도 그렇게 했다. 마치 내가 갑자기 그들 눈에 보이지 않는 투명인간이된 것 같았다.

오오, 하고 생각했다. 그처럼 노골적인 경험은 오랜만이었기 때문이다.

돌이켜보면, 결혼 직후 배우자의 본가에 갔을 때도 나는 투명인간이었다.

"인종차별이라는 점만 보면 아일랜드는 잉글랜드보다 50년은 뒤처졌어."

그렇게 말한 사람은 아들과 같은 학교에 다니는

아일랜드인 아이의 엄마인데, 나는 이러니저러니 해도 진보적이고 아나키한 브라이턴에서 살다 보니 시골에 이처럼 질서 정연한 백인 인종차별주의자들이 존재함을 잊고 있었다. 그들은 혐오 발언 따위는 전혀 입에 담지 않지만, 차라리 '여기서 나가.'라든지 '이방인은 꺼져.' 같은 말을 하는 게 인간으로서 존재를 인정한다는 점에서 어떤 의미로는 존중이 있다. 묵살默殺. 글자 그대로 입 다물고默 존재를 죽이는殺 행위는 대립이라는 무대에도 오르지 못하게 만드는 것이다.

어떤 표정으로 이런 행동을 하고 있을까. 한 사람 한 사람 얼굴을 자세히 관찰하면서 모든 주민들에게 손을 내밀었다. 눈썹도 꿈쩍하지 않고 완전히 무시하는 사람이 있는가 하면, 나를 언뜻 보고 부자연스럽게 고개를 돌리는 사람, 내 시선이 짜증 나는지 얼굴을 찌푸리는 사람도 있었다. 악수를 나눈 사람이 더 많았지만, 하지 않은 사람도 놀라울 만큼 많았다.

겉보기에도 백인이 아니라 싫었을까. 아니면 동양인이 가톨릭교도일 리가 없는데 우리 교회의 맨 앞에 피부 노란 여자가 앉아 뭘 하는 깃이냐, 하는 종교적 혐오였을까. 정확히는 모르지만, 실로 훌륭한 악수 거부였다. '신앙보다 사랑이 중요하다'고 했던 인물을 교조로 모시는 교회에서 일어난 일이라는 점을 고려하면, 어떤 의미로는 「샤를리 에브도Charlie Hebdo」의 풍자 만평[36]보다도 풍자적인 일이었다.

✦

불현듯 위쪽을 보니 제단의 십자가에 매달린 그리스도의 머리 위에 "INRI"라는 글자가 보였다. INRI란 'Iēsus Nazarēnus, Rēx Iūdaeōrum'을 줄인 말로 '유대인의 왕'이라는 뜻이다.

당시 이스라엘에는 사형에 처해진 죄인을 매다는 십자가의 위쪽에 사형수의 죄상을 적는 관습이 있었다. 하지만 그리스도는 죄를 짓지 않았고, 권력자들이 위험하게 여기는 교단을 이끌며 '유대인의 왕'이라고 신자들에게 추앙받는다는 이유로 죽임을 당한 것이라 'INRI'가 죄상으로 적혔다. 그 글자에는 비웃음을 일으키는 효과도 있어서 보잘것없는 헝겊으로 음부만 가린 채 강도, 살인범과 함께 처형당하는 저 가난뱅이

---

36 「샤를리 에브도」는 풍자적인 만평으로 유명한 프랑스의 주간지다. 이 글이 쓰인 2015년 1월, 이슬람 문화를 풍자하던 「샤를리 에브도」에 이슬람 극단주의자들이 습격해 직원과 경찰 10여 명이 숨지는 테러 사건이 일어났다.

같은 남자가 무슨 왕이냐, 하고 그리스도를 본 사람들이 비웃었다. 즉, 십자가에 쓰인 'INRI'는 풍자적 문구였다고 할 수 있다.

유럽인이 언론의 자유를 명목으로 종교를 조롱하고 시비 거는 것은 유럽 문화의 모태인 기독교가 반₸영웅을 교조로 삼고 있는 종교이기 때문이라고 나는 진심으로 생각한다. 멸시당하고, 무시당하고, 풍자의 대상이 되어 처형된 비참한 남자는 그가 가장 낮은 곳에 있었기 때문에 비로소 신이 되었다. 뭐라 해도 그런 역설적인 면이 기독교에는 있다. 그렇기 때문에 그들에게는 금기라는 의식이 희박한 것이다. 그리스도 역시 희롱당했으니 무엇이든 풍자의 대상이 될 수 있다. 하지만 그러는 것이 다른 문화권·종교권에 속한 사람에게도 통하지는 않는다. 이를테면 신이란 임금님처럼 금박 은박을 두른 존재라고 여기거나 신은 절대적 성역이어야 한다고 믿는 문화권의 사람들에게 '반영웅을 숭상하는 문화'를 받아들이라는 건 무리한 주문이다.

나는 반영웅도 풍자도 무척 좋아하고(무슨 인과였는지 과거에 가톨릭 세례를 받았기 때문인지도 모르지만), 가장 좋아하는 영화로 몬티 파이튼의 코미디 영화 「라이프 오브 브라이언」을 꼽는 인간이라서 종교는 놀림을 받아도 괜찮다고 생각하고, 종교에는 그런 숙명이 있다고도 생각한다(그래서 종교를 믿을 수 있는 사람도 있기 때문이다). 하지만 그와 동시에 다른 종교와 배경을 지닌 사람들이 서로 다른 사고방식을 지닌 건 당연하다고도 생각한다. 최근의 풍조를 보면 아일랜드인이든 잉글랜드인이든 "무슬림은 유머를 이해하지 못한다." 같은 말을 하는 사람이 많은데, 이주민의 유머 감각까지 교정할 셈인가 하는 의심이 든다.

적어도 내가 아는 한 무슬림 이주민 대부분은 '우리 대 저놈들'이라는 대립 구도 속에서 살아가지 않으며, 무탈한 일상을 보내기 위해 스스로 타인에게 다가간다.

✦

일본에서 장례를 치르며 하는 밤샘에 해당하는 '웨이크wake'는 교회에서 악수를 마친 뒤 근처의 펍으로 자리를 옮겨 이뤄졌다. 아일랜드인의 '웨이크'는 악기를 연주하며 노래하고 춤추는 파티였던 걸로 기억하는데, 고령화가 진행되는 시골에서는 무척 조용히 밤을 지새웠다. 악수를 거부한 사람들은 멀리서 샌드

위치를 한입 가득 물고 와자지껄하게 떠들고 있었다.

"카레 가게 사장이 파키스탄인 무슬림인데."

한 고령의 여성이 입을 열었다. 그는 약 20년 전부터 나와 아는 사이라서 교회에서 내 손을 잡고 포옹해주었다.

"그 사장이 '이슬람교에도 예수가 등장해요.'라면서 '이사'라는 예언자의 그림을 가게에 장식했어. '이 사람은 마리아.'라면서 그 예언자의 어머니 그림도 옆에 걸었고."

"…네."

"많은 아일랜드인이 '저건 그리스도가 아냐.'라고 해."

"잉글랜드의 교회에도 그런 사람들이 있어요."

"설령 그리스도가 아니라고 해도, 자기와 가족을 외국인 혐오에서 지키기 위해 그런 그림을 자기 가게에 거는 사람을 보고 그리스도가 '그건 내가 아니다.'라고 말할까?"

"…."

"나는 말하지 않을 거라 생각해. 그걸 잊으빈 유럽은 큰일을 겪을 거야."

탁자 위에는 대량의 샌드위치와 수프, 스콘, 홍

차, 기네스가 나란히 놓여 있었다. 젊었을 적에는 이런 아일랜드가 몹시 좋아서 여기서 살기를 꿈꾸었다.

그렇지만 지금은 그렇게 생각하지 않는다. 무언가 부족하다. 서로 다른 피부색과 상식과 이념이 뒤섞여서 묵살이 아니라 혐오 발언이 난무하는 브라이턴의 떠들썩함이 그리웠다.

갑자기 우리 동네 카레집의 치킨 티카 비리야니가 참을 수 없이 먹고 싶었다. 역시 기네스에는 샌드위치보다 카레가 어울린다.

(출처: 웹진 「에레킹」 2015. 1. 26)

좌파 유명인 총선

작년에 『더 레프트: UK 좌파 유명인 열전』[37]이라는 책을 썼다.

지난 5월 7일의 영국 총선 전후에 그 책에서 다룬 유명인들도 활발히 움직였기에 이 글을 졸저의 후속편 삼아 정리해보고 싶다

우선, 맨체스터의 솔퍼드에서 국회의원 후보로 출마한 전前 해피 먼데이즈의 베즈. 그는 현실당The Reality Party이라는 정당을 세워서 올해 1월 선거위원회에 등록하려 했지만, 예전에 같은 이름의 정당이 존재했던 것이 밝혀져서 선거위원회가 유권자에게 혼란을 일으킬 수 있으니 개명하라는 명령을 내렸고 당명을

---

37 『ザ・レフト: UK左翼セレブ列伝』 P-VINE 2014.

'우리가 현실당이다 We Are The Reality Party'라고 변경했다.

처음부터 난관에 부딪친 출항이었지만, 후보자가 세 명뿐인 작은 정당치고는 주목을 받아서 BBC 뉴스의 작은 정당 특집에 초청을 받아 베즈가 당대표 인터뷰도 했다. 일본의 코미디에서 야쿠자 역이 입을 듯한 화려한 줄무늬 정장 차림으로 등장한 베즈는 긴장했는지 약에 취했는지 안절부절못하는 눈빛으로 "수압파쇄법(화학물질을 포함한 고압수를 사용한 셰일가스·오일 채굴법. 환경오염을 우려하는 견해가 있다)에 반대한다면 마라카스 maracas **38**를 흔들어라." "모든 사람에게 변혁을, 그것도 지금 당장."이라는 당의 선거 슬로건에 대해 이야기했다. 눈빛은 위태롭지, 옷차림은 코미디언 같지, 완전히 구경거리 취급을 당했지만 베즈는 인터뷰에서 자신이 정당을 만들고 출마한 것은 맨체스터에서 녹색당의 힘이 약하기 때문이라고 밝혔다.

녹색당의 고장이라 하면 내가 사는 브라이턴인데, 각 선거구에서 승리한 정당을 색색으로 나타낸 지도를 보면 런던은 빨강(=노동당)이지만, 그보다 남쪽

---

38 라틴 아메리카의 음악에서 쓰는 리듬 악기. 말린 열매 속에 말린 씨앗을 넣은 악기로 흔들어서 소리를 낸다.

지역은 그야말로 파랑(=보수당) 일색이며, 가장 남쪽의 브라이턴 앤드 호브만 빨강과 초록(=녹색당)이다. 그래서 "브라이턴 앤드 호브는 남부의 스코틀랜드. 독립해야 마땅하다."라는 사람도 있는데, 참고로 녹색당 국회의원인 캐럴라인 루커스Caroline Lucas는 앞서 언급한 밑바닥 생활자 지원시설의 고문을 맡았던 사람이다. 녹색당은 '친환경적이고 세련된 중산층의 정당'이라고 불렸던 시절과 달리 최근에는 긴축재정 반대와 빈곤 타파를 강하게 밀고 있다.

북부의 노동조합이 강한 지역은 여전히 노동당의 세력권이라서 베즈가 출마한 솔퍼드에서도 약 2만 1000표를 받은 노동당 후보가 당선됐다(베즈는 약 700표로 낙선. 전체 후보 8명 중 6위). 낙선했지만 베즈는 블레어 이후 눈에 띄게 보수당과 가까운 정책 노선을 취하는 노동당에 불만이 있었기에 SNP(스코틀랜드국민당), 웨일스당과 좌파 연합을 맺고 반긴축, 반핵을 주장하는 녹색당에 강한 공감을 표명했다.

선거일 밤, 베즈는 지역 언론에 다음처럼 말했다.

"이건 시작에 불과하다. 올해는 이기지 못했지만, 우리가 중요하게 여기는 문제에 대한 사람들의 인식을 끌어올렸다고 생각한다. 그와 동시에 나는 사람들이 좀더 녹색당에 투표하길 바란다. 그들의 정책은 우리와 무척 비슷하다."

타 정당에 투표하길 호소하는 당대표라니 꽤나 신선했는데, 녹색당에 베즈를 받아들일 용기만 있다면 다음에는 그가 초록색 마라카스를 흔들 가능성도 있지 않을까.

베즈의 정당과 마찬가지로 켄 로치의 좌파통합도 이번에는 전패했다. 후보가 10명 출마했지만, 가장 많은 표를 받은 선거구인 베스널 그린 앤드 보우Bethnal Green & Bow에서도 949표에 불과했다니 꽤나 혹독한 결과다. 좌파통합은 저명한 후보를 한 명도 내지 않았고 켄 로치를 전면에 세우며 언론을 이용하는 전략도 취하지 않은 채 수수한 풀뿌리 선거 운동만 펼쳤기 때문에 대중에 그 존재가 잘 알려지지 않았다. 젊은 스쿼터squatter[39]와 후디즈hoodies[40], 그리고 딱딱한 사회주의자풍의 중노년이 모두 당원이라 때때로 의견 충돌도 있었던 모양이지만 그래도 거리에서 지지자를 구한다는 방침만은 의견이 일치했다고 한다.

---

39 남의 땅과 건물을 불법 점유해서 살아가는 사람을 가리킨다.
40 영국 하층 사회의 거친 10, 20대를 가리키는 말로 그들이 주로 후드티를 입는 것에서 비롯했다.

베즈와 대조적으로 켄 로치는 SNP, 녹색당, 웨일스당이 손잡은 국내의 좌파 연합은 미적지근하다고 생각하는지 그리스의 급진좌파연합과 스페인의 급진좌파 정당인 포데모스 Podemos에 공감을 드러내며 '국경을 뛰어넘은 반긴축 연합 대 대기업에 지배당하는 유럽'을 구상하고 있다.

"긴축의 종언은 새로운 경제의 탄생을 의미한다. 급진좌파연합과 포데모스는 그런 것을 원하고 있다. 그런 일이 전 유럽에서 일어나야 한다. 대기업 지배에 대항하는 세력을 만들어야 한다."

"산업을 계획하고, 생산을 계획하면, 전 국민 채용을 실현할 수 있다. 모든 아이들에게 사회에 공헌할 권리가 주어져야 한다. 안정된 생활을 손에 넣고, 가족을 만들 계획을 세울 수 있고, 인생을 계획할 수 있는 권리를 아이들 한 사람 한 사람에게 주어야 한다."

공약을 발표하는 기자회견에서 그렇게 말한 로치는 SNP, 녹색당, 웨일스당이 손잡은 좌파 연합에 대해 다음처럼 평했다.

"긴축을 반대하는 연대는 좋은 일이다. 하지만 그 당들은 사회민주주의 정당이다. 그들은 서민에게 유리하도록 시장을 제어할 수 있다고 믿고 있다. 나는 그렇게 생각하지 않는다."

EU 탈퇴, 스코틀랜드 독립 문제 등 국가주의의 기세가 강해지는 영국에서 켄 로치의 유럽주의는 시대를 거스르는 예스러운 것으로 느껴지지만, 반대로 '지금'을 말하지 않기 때문에 그는 '미래'를 보고 있는 것인지도 모른다.

이번 선거에서 크게 주목을 받은 사람은 혁명을 부르짖은 선동가 러셀 브랜드다. 그는 선거일 직전에 노동당 대표인 에드 밀리밴드 Ed Miliband를 집으로 초대해 공개 인터뷰를 진행했고, 현재 노동당에 부족한 것을 솔직하게 조언했다. 그 사실을 안 보수당의 캐머런 총리가 "러셀 브랜드는 웃기는 사람에 불과하다."라고 발언하고 보수계 신문이 "코미디언에게까지 기대야 하는 피에로를 총리로 만들어서는 안 된다."라고 밀리밴드를 헐뜯자 러셀 브랜드는 격분하여 '현대 정치에 대한 최대의 반항은 투표하지 않는 것'이라는 기존의 태도를 극적으로 바꿔 선거 사흘 전에 "긴급 사태 발생: 혁명을 위해 투표하자"라는 제목의 영상을 900만 명에 달하는 트위터 팔로워에게 보냈다. 그는 영상에서 다음처럼 호소했다.

"만약 당신이 스코틀랜드에서 산다면 무엇을 해야 하는지 이미 잘 알 것이다. 만약 당신이 브라이턴에

산다면 녹색당에 투표해달라. 하지만 그 외 사람들은 노동당에 투표해주길 바란다. 왜냐하면 밀리밴드는 아직 우리의 말을 들으려 하기 때문이다. 가장 위험한 건 타인의 말에 귀 기울이지 않는 총리다."

그렇지만 보수당이 의석의 과반수를 차지하여 승리를 확정한 직후, 충격을 받은 러셀 브랜드는 앞으로 정치에서 손을 떼겠다고 선언하며 우파 언론이 자신과 밀리밴드의 인터뷰를 이용하여 큰 소란을 일으킨 것이 노동당에 부정적인 이미지를 더했다고 인정하고 "이런 빌어먹을 선거 결과가 나온 책임의 일부는 내게도 있다."라고 반성했다. 하지만 금세 다시 기운을 내서 캐머런 총리의 승리 연설을 날카롭게 비판하는 영상을 공개하며 "이제 새로운 정치의 시대가 시작된다. 사람들이 정치에서 벗어나 스스로 대안적인 체제를 창조하는 시대가 온다."라고 말했다.

이번 선거에서는 스코틀랜드와 SNP의 약진이 큰 주목을 받았는데, 그런 상황에 휘말린 '해리 포터' 시리즈의 작가 조앤 K. 롤링Joan K. Rowling을 마지막으로 다루겠다. 스코틀랜드는 좌익적 사상과 불타는 듯한 국가주의가 양립하는 지역인데, 후자 쪽에는 꽤 야비한 구석도 있다. 스코틀랜드에 사는 롤링은 작년의 스코틀랜드 독립 투표에서 반대파로 나섰는데, 그 탓에 일부 SNP 지지자로부터 "배신자." "스코틀랜드에서 기초생활보장을 받으며 해리 포터를 쓴 주제에 그 은혜를 잊었냐."라고 비난을 받았다는 이야기를 졸저 『더 레프트』에 쓴 바 있다.

그리고 이번 선거에서 SNP가 노동당의 의석을 빼앗으며 대승을 거두자 감미로운 승리에 취한 일부 SNP 지지자들이 또다시 롤링을 괴롭히기 시작했다.

"친애하는 J. K. 롤링 님, 우리나라는 국민 95퍼센트가 SNP 지지자가 되었는데, 아직 무사하십니까?" "노동당을 지지하는 망할 쌍년은 꺼져라." "노동당 새끼들이랑 같이 뒤져. 스코틀랜드에서 네놈들 좌익의 시대는 끝났다. 특히, 너 말이야, J. K. 추녀." 등 더러운 트윗이 수없이 올라왔는데, 그중에서도 재미있는 것은 마지막에 인용한 것으로 SNP 지지자 중에는 자신들을 우익이라 여기는 사람도 있다는 걸 단적으로 보여주는 글이다. 확실히 말해 그가 사는 곳은 이제 누가 우파이고 좌파인지 알 수 없는 상황 아닌가. 정확히 말하면, SNP는 우파도 좌파도 모두 아우르기 때문에 비약적으로 지지율을 높일 수 있었다. 양쪽 모두 감당할 수 있으니 무적인 것이다.

자신을 쌍년이라 부르거나 외모를 놀리는 애국

자들의 트윗을 롤링은 다음처럼 제압했다.

"인터넷은 여성혐오적인 학대의 기회만 제공하는 공간이 아닙니다. 남성 성기를 확대하는 기구도 남몰래 살 수 있답니다."

롤링의 반격은 잉글랜드에서 통쾌하다는 평가를 받았고 언론에서도 비중 있게 다루었다. 한편, 스코틀랜드의 신문 홈페이지를 보니 롤링을 비판한 사람들이 그의 팬들에게 인터넷에서 집중 공격을 받고 있다는 소식을 크게 보도하고 있었다.

이 나라에서는 최근 '연대'라는 말이 자주 들린다. 하지만 아무래도 요즘 민중에게 연대란 오로지 국가주의라는 틀 안에만 존재하는 듯하다. 애국주의가 연대의 자리로 슬쩍 옮겨갔다고 할까.

그렇다면 그것은 동성애자와 탄광 노동자가 단결한 영화 「런던 프라이드」[41]의 연대와 서로 성질이 다를 것이다. 그리고 새로운 새벽이 밝을 듯했던 선거 전의 분위기가 실은 완전한 착각이었던 것도 그와 무관하지는 않을 듯싶다.

(출처: 웹진 「에레킹」 2015. 5. 19)

---

41 2014년 영국에서 개봉한 영화. 대처 정권 시절 탄광 노동자의 파업을 지지한 성소수자 운동가들의 실화에 기초해 만들어졌다.

음악과 정치

"투표는 상상력이 없는 인간이 하는 것. 그것은 우리와 다른 세대를 위한 것이며, 그런 걸로는 아무것도 이룰 수 없다."

더 호러스The Horros[42]의 보컬 패리스 배드완Faris Badwan이 총선을 앞두고 한 말이다.

영국에는 예전부터 보수당 정권을 무너뜨릴 기회가 생기면 얼터너티브 록이라 불리는 장르의 뮤지션들이 들고일어나는 전통이 있었다. 하지만 올해 5월의 선거에서는 영 파더스Young Fathers, 슬리퍼드 모즈, 엔터 시카리Enter Schikari, 디 에너미The Enemy 등 일부 밴드를 제외하면 이른바 얼터너티브 혹은 인디라고 불리는

---

42 2005년 영국에서 결성한 얼터너티브 록 밴드. 2000년대 중반부터 현재까지 활발히 활동했다.

장르의 스타들이 모두 입을 닫고 있었다. 일본에는 제대로 전해지지 않았겠지만, 영국에서는 '우파와 좌파가 역사에 남을 접전을 벌일 것'이라고 떠들썩했다. 이토록 달아올랐으니 「NME」도 뭔가 하지 않을까 싶었지만 평상시와 다르지 않았다. 아무래도 이제 영국 록은 정치에 손대지 않는 것이 확정된 모양이다.

오늘날 영국은 1980년대와 비슷하다고들 한다. 빌리 브래그Billy Bragg[43]와 폴 웰러와 더 스미스 등이 결성한 정치 단체 레드 웨지Red Wedge가 1987년 총선을 앞두고 청년들에게 "보수당 정권의 엄혹한 시대를 끝내려면 투표해라."라고 주장했던 시대와 세상이 비슷하다는 것이다. 그때와 같은 정당이 정권을 잡고 있으니, 뭐, 당연히 비슷할 만하다.

"영국의 얼터너티브 록은 다시금 정치적이 되어야 한다."

이런 글을 중년 뮤지션과 칼럼니스트들이 요즘 들어 활발히 여러 매체에 쓰고 있다.

그렇지만 뭐랄까, 개인적으로는 이런 글을 읽는

---

43 영국의 싱어송라이터, 정치 활동가. 진보적 성향을 지니고 대부분 노래에 정치적 메시지를 담았다.

것도 이제는 허무해졌다.

　젊은 뮤지션들은 자주 "정치에 관해서 이야기할 만큼 잘 알지 않기에 의견을 말할 수 없다."라고 말한다. 그건 그것대로 매우 정직하고, 진지한 답이다. 그것도 괜찮지, 하는 생각이 든다.

✦

　사정이 있어서 나는 밑바닥 어린이집(현재 내 속에서는 긴축 어린이집으로 개명했다)에 복귀했다. 그곳은 4년 반 전에도 충분히 밑바닥이었지만, 현재는 밑바닥을 뚫고 더욱 아래로 내려가 0도 이하의 세계가 펼쳐지고 있다. 더 이상 나쁠 수 없다고 여겼음에도 생각 이상으로 나빠질 여지가 있었던 것이다. (그건 현재 그리스의 상황을 봐도 알 수 있다.)**44**

　소비기한이 지난 식료품 배급을 받기 위해 줄 서는 사람들의 수는 상상을 초월한다. 그런데 그 이상으로 배급할 먹을거리가 없다. 재활용 아동복도 압도

44　2010년대에 계속해서 심해지던 그리스의 경제 위기는 이 글이 쓰인 2015년 들어 최고조에 달했고 결국 EU가 제시한 긴축안을 받아들일지 말지 국민투표로 결정하기에 이르렀다.

적으로 부족하다. 지원시설 현관의 처마 아래에서 자
는 사람들에게는 돌아갈 집이 없다. 이것도 저것도 전
부 '없는' 것이다. 이래서야 1980년대는커녕 찰스 디
킨스의 시대와 다를 바 없다.

긴축 어린이집 관계자와 그리스 사람들은 결코
"투표는 상상력이 없는 인간이 하는 것."이라 말하지
않을 것이다.

말하는 바가 너무나 현실과 괴리되어 있어 마치
특권층이 하는 말로 들린다. 그런데 그런 말을 현재
영국의 얼터너티브 록이 하고 있다. 실제로 얼터너티
브 록은 복장이나 태도 같은 양식을 중시하는 점에서
오페라와 발레 같은 상류층의 오락과 똑같아졌다.

글래스턴베리 페스티벌Glastonbury Festival[45]은 이번
세기 들어 미들클래스턴베리Middleclasstonbury[46]라고 불리
고 있다. 그 축제가 글래스턴베리 CND[47] 페스티벌이
라 불렸다는 사실을 아는 사람이 얼마나 있을까.

45 영국 서머싯주의 농장에서 열리는 종합적인 현대 예술 페스티벌. 유럽
에서 가장 큰 뮤직 페스티벌이지만, 그 외에 연극, 서커스, 코미디 등 여러
장르의 공연도 열린다.
46 중산층을 뜻하는 미들클래스와 글래스턴베리를 합친 말로 입장료가
비싸서 노동자 계급은 갈 수 없는 것을 빈정거리는 별칭이다.

우리 부부는 글래스턴베리가 아니라 훨씬 지역적인 공연에 다녀왔다. 브라이턴 앤드 호브의 크리켓 경기장에서 스카Ska[48] 밴드 매드니스Madness[49]가 주최한 페스티벌이었다. 젊은 시절의 자신을 떠올린 중노년이 추억을 불러일으키는 옷차림으로 공연장에 모여들었는데, 마치 주요 등장인물이 5, 60대가 된 '디스 이즈 잉글랜드' 시리즈의 촬영장 같았다.

배우자의 동료들도 오래전 투톤Two-tone[50]과 스킨헤드를 뒤섞은 듯한 멋쟁이 아저씨들로 탈바꿈해서 왔기에 다 같이 펍에 갔다. 나이와 함께 몸이 무거워졌음에도 숙련된 춤 솜씨를 가볍게 선보인 아저씨들은

---

47 CND는 'Campaign for Nuclear Disarmament(핵군축 캠페인)'를 줄인 말로 1957년에 창설된 영국의 반핵 단체다. CND는 1980년대부터 지금까지 글래스턴베리 페스티벌과 밀접한 관계를 맺고 있다.

48 미국 재즈의 영향을 받아 자메이카에서 만들어진 음악 장르. 1960년대에 이주민 등을 통해 영국에도 전해졌고 당시 젊은이들에게 큰 인기를 끌었다.

49 1976년 결성된 영국의 스카 밴드. 1970년대 후반부터 1980년대 중반까지 가장 많은 인기를 얻은 밴드 중 하나다.

50 전통적인 자메이카 스카에서 영향을 받아 영국에서 만들어진 대중음악 장르로 1970년대 말과 1980년대 초에 큰 인기를 모았다.

펍의 소파에 앉아 음악에 대해 이야기하기 시작했다.

"나는 스페셜스The Specials 51를 좋아했는데, 작년에 서그스Suggs 52의 자서전을 읽으니까 와닿는 게 있더라고."

"최근 곡이 좋다니까."

"이제는 완전히 아저씨 노래가 되어서 눈물이 나."

"캠던의 망할 꼬맹이들이었으니까, 그놈들."

"우리의 시대는, 그래도 대중음악은 최고였어."

그들이 그런 대화를 하기에 마음먹고 물어보았다.

"다들 영국 록은 정치적이어야 한다고 생각해?"

다들 '뭐?'라고 되묻는 듯한 표정을 지었고, 배우자가 설명해주었다.

"이 녀석 때때로 인터넷에 일본어로 음악에 대한 글을 쓰거든."

"그게, 70년대랑 특히 80년대의 영국 록은 정치와 떼려야 뗄 수 없는 관계였는데, 이제는 많이 멀어지지 않았나 싶어서."

"록을 하는 게 전부 위쪽 계급 인간들이라 그래."

---

51 1977년 결성된 영국의 스카 밴드. 1980년대 초반에 큰 인기를 얻었다.
52 영국의 싱어송라이터. 서그스는 예명으로 1970년대에 매드니스의 보컬로 유명해졌다.

뻔하지 않느냐는 말투로 스킨헤드 아저씨가 말했다.

"그렇지. 록이란 건 'Rock the boat.'평지풍파를 일으키다.라는 말도 있듯이 원래 사회를 뒤흔드는 음악이었어. 그런데 위쪽 인간들은 딱히 풍파를 원하지 않잖아. 섣불리 풍파를 일으켰다 자기가 휘말릴 수도 있고."

서그스 같은 정장 차림에 선글라스를 써서 빈틈없이 패션을 완성한 아저씨도 그렇게 말했다.

"그러면 영국 록은 다시 정치적인 것이 되어야 한다고 생각해요?"

나는 물어보았다.

반가운 연지색 봄버 재킷에 프레드페리의 폴로셔츠를 입고 머리에는 검정색 포크파이 해트Pork pie hat 53를 쓴 아저씨가 오렌지주스가 담긴 유리잔을 꽉 쥐며(술은 의사의 명령으로 끊었다고 한다. 내 동지다) 내 얼굴을 보고 단언했다.

"응."

"왜?"

"대중음악이란, 사회를 반영해야 하니까."

---

53 높이가 낮고 둥근 챙이 위쪽으로 살짝 말린 모자. 1970년대 영국에서 투톤과 함께 유행했다.

◆

　그와 관련해 스카 페스티벌에서 느낀 것이 있는
데, 스카를 좋아하는 중노년들이 (아무래도 이제는
착 붙는 바지를 못 입기에 하반신에 펑퍼짐한 배기 바
지를 입은 사람이 많았다만) 무척이나 쿨했다는 것이
다. 그러고 보면 젊은 시절의 그들 같은 '○○족'도 오
랫동안 영국에 출현하지 않았다.

　어느 날 저물녘, 아들의 손을 잡고 동네를 걷는데
키 큰 청년이 반대편 보도에서 엄청난 속도로 우리를
향해 걸어왔다. 구깃구깃한 파카를 입고 후드를 뒤집
어썼는데, 그 안은 왠지 맨몸이라 흠칫 놀랐다. 하의
역시 하도 입어서 색깔이 썩은 듯이 변색되고 발목 고
무줄이 끊겨서 밑단이 펄럭이는 스웨트 팬츠였으며,
신발은 맨발에 샌들이었다.
　엄청 볼품없는 것과 엄청 멋들어진 것은 사실 같
은 법이다. 그런 불가사의한 역설을 그가 직접 몸으로
보여주는 것 같았다.
　상대가 전속력으로 걸어오는 데다 눈빛이 이 세
상 것이 아니라 신변의 위험을 느낀 나는 절로 아이의
손을 꽉 잡았는데, 청년은 마치 돌풍처럼 우리를 지나

쳤고, 아들은 긴장이 풀린 듯이 말했다.

"오줌 쌀 만큼 무서웠어. 그래도 저 사람 진짜 쿨하다!"

문득, 조니 로튼과 갤러거 형제를 처음 본 영국 젊은이들도 이런 느낌을 받았을까 생각했다.

오언 존스Owen Jones는 『차브』[54]라는 베스트셀러에서 영국 정치가 얼마나 조직적으로 언더클래스라는 계급을 사회의 악역으로 내몰았는지 논했다.

영국의 기득권층은 언론을 이용해 차브를 '영국의 도덕성을 훼손하고 침몰시키는 악마'라고 널리 퍼뜨리는 작전을 펼쳤는데, 그 작전에는 '차브를 더없이 촌스러운 것으로 만든다'는 전략도 포함되어 있었다. 사악해도 쿨하면 사람의 마음을 잡아당기지만, 사악한 데다 촌스럽기까지 하면 누구의 동정도 공감도 받을 수 없으니 위정자 입장에서는 그보다 잘라 버리기 편할 수가 없다.

그리하여 '차브'는 새로운 '○○족'이 될 자격, 즉 '쿨하다'는 특성을 박탈당하고, 후드를 뒤집어써서 얼

---

54 이세영·안병률 옮김, 북인더갭 2014, 절판.

굴을 가린 채 도둑질이나 폭력 행위를 일삼는 범죄자 집단 '후디즈'로 자리매김하게 되었다. 그 뒤로 영국에 어떤 '○○족'도 등장하지 않는다는 것을 고려하면, 영국의 대중문화 침체는 정치에 큰 책임이 있다.

얼터너티브 록이 순수하게 예술성과 음악성만을 추구하며 반역이니 정치니 하는 쓸데없는 요소를 버린 것은 음악 예술의 한 형태로서 다행한 일이라고 하는 사람도 있다. 그렇지만 영국에 존 라이든도 즐겨 쓰는 'arty-farty아티파티'(걸핏하면 예술이 어쩌고저쩌고하며 젠체하는 무능력한 놈―브래디 미카코 옮김)라는 말이 있듯이, 이 나라에는 예술이 전부가 아니잖냐 하는 기백이 전통적으로 있었을 것이다. 그리고 (전 세계를 절찬 석권 중인) 왕실이니 애프터눈 티니 하는 것들과 다른, 이 나라의 또 다른 문화와 매력은 전부 그 기백에서 파생되었을 것이다.

그런데 그것을 기득권층의 정치가 조직적으로 억누르는 현 상태가 과연 얼마나 이어질까.

음악은 정치를 버렸을지 모르지만, 정치는 빈틈없이 음악을 포위하고 있다.

(출처: 웹진 「에레킹」 2015. 7. 1)

유럽 콜링[55]

내가 글을 연재하는 매체의 독자가 현재(2015년) 그리스의 위기에 얼마나 관심이 있을지는 알 수 없지만, 이 문제는 금융·경제 관계자들만 이야기하게 두기에는 아까운 사안이다. 개인적으로 요즘에는 그리스의 급진좌파연합, 스페인의 포데모스, 스코틀랜드의 SNP 등 유럽 정치를 떠들썩하게 하는 반긴축파를 보는 게 음악보다 훨씬 로큰롤답고 재미있다. 영국 총선전에 켄 로치가 "이것은 영국만의 문제가 아니다. 유럽 전체에서 반긴축파 대 신자유주의의 싸움이 벌어질 것이다."라고 말했는데, 그 싸움이 정말로 시작되었다는 느낌이 든다.

뭐, 그런 상황을 나와 가까운 일로 느끼게 된 이

---

55 클래시를 대표하는 음반인 『런던 콜링(London Calling)』에서 따온 제목이다.

유는 긴축 어린이집(구舊 밑바닥 어린이집)에 다시 드
나들면서 긴축재정에 대해 이래저래 생각하게 되었기
때문이기도 하다.

그런데 5년 전이었다면 이럴 때 실컷 이야기를 나
눌 수 있었을 '그쪽 계열 사람'들(이른바 아나키스트)
의 모습이 전혀 눈에 띄지 않고 있다. 그들은 대체 어
디로 사라졌을까.

✦

보수당 정권이 추진하는 긴축정책 때문에 대중
음악가와 배우 같은 직업은 일부 좋은 환경을 타고난
계급의 전유물이 되었고, 예술은 사회 밑바닥과 동떨
어진 것이 되었다. 그런 이야기를 나도 글로 써왔고,
잼 시티Jam City[56]도 일본의 음악 잡지와 인터뷰에서 비
슷한 이야기를 했다.

그리고 이번 기회에 빈민은 엄두도 낼 수 없게 된
직업을 하나 더 추가하고 싶다.

아나키스트다.

---

[56] 영국의 전자음악 제작자, DJ. 음악에 반자본주의적 메시지를 담고
있다.

아나키스트가 직업이냐고 묻는다면 답하기 어려운 구석이 있긴 한데, 어쨌든 실업급여와 기초생활보장을 수급하면서 자신의 정치적 신조를 위해 매일같이 자원봉사와 정치 활동에 매진하던 사람들의 모습이 보이지 않는다. 브라이턴 명물이라 하면 아나키스트라고 했는데(정확하게는 "브라이턴 명물이라 하면 브라이턴 록Brighton rock[57]과 아나키스트"), 그들의 절대적인 수가 거리에서 줄어들었다. 밑바닥 생활자 지원시설에 출입하던 아나키스트 계열 무직자 중에는 중산층 이상의 부유한 집안에서 자라 사립학교를 나온 고학력자임에도 자신의 주의 주장에 따라 스스로 하층 사회에 내려온 사람이 많았다. 하지만 어쨌든 아나키스트이기에 본가와는 거리가 멀어졌고 아예 의절한 상태인 사람도 많아서 아무리 성장 환경이 좋았어도 그들은 가난했다. 그랬던 사람들도 긴축재정으로 실업급여와 기초생활보장이 줄어들거나 끊기자 취직하거나 빚더미에 앉아 행방불명되었고, 나아가 정치적 표현으로 드레드 헤어를 연출하는 게 아니라 천연 드레드 헤어가 되어 길바닥에서 생활하는 사람까지 있다.

---

57 브라이턴이 원산지로 유명한 막대 사탕을 가리킨다.

"멍청한 짓 그만두고 일이나 하라고 생각했는데, 실제로 거리에서 보이지 않으니까 쓸쓸하네."

덤프트럭 운전사인 내 배우자가 말했다.

"사실 잘 생각해보면 위험한 일 아냐? 이러쿵저러쿵해도 그 녀석들은 권력에 반대 의견을 내는 존재였잖아. 세상에서 반론이 사라졌다는 뜻이네."

그 주장의 옳고 그름은 제쳐두고, 세상에 반론이 활기차게 존재한다는 것은 민주주의가 살아 있다는 뜻이다. 반대 의견이 힘을 잃고 눈에 띄지 않는 사회의 민주주의란 숨넘어가기 직전이나 마찬가지다.

그리스만 해도 국민투표로 인민이 '이제 긴축은 좀 그만해주세요.'라고 했는데 아직도 계속되는 이유는 무엇일까?[58] 그것은 경제를 다시 일으키기 위해서가 아니다. 세계의 거의 모든 저명 경제학자들이 '그리스의 경우에는 긴축해도 빚이 안 줄어든다. 불황도 안 끝난다.'라고 단언했다. 그 긴축은 더 이상 재정·경제와는 상관없는 것이다. 유럽을 좌지우지하는 EU라는

---

58 2000년대 후반의 세계금융위기 이후 심각한 경제 위기에 빠진 그리스는 2015년 EU가 제안한 뼈를 깎는 듯한 긴축재정과 구제금융을 받아들일지 묻는 국민투표를 실시했다. 투표 결과 압도적으로 긴축재정을 반대하는 표가 많았지만, 애초에 국민투표를 반대하던 EU는 투표 결과를 무시했다.

조직의 지도자들이 생각하기에, 그 사회에 반론이 활기차게 존재하면 성가시기 때문이다. 우리에게 거스르는 놈은 긴축에, 긴축에, 또 긴축을 해서 꿈도 희망도 빼앗고 고분고분하게 만들겠다. 그와 같은 '훈육'의 정치가 긴축인 것이다.

학자들이 입을 모아 '그건 잘못됐어.'라고 말해도, 인민이 '그런 거 절대로 싫어.'라고 말해도, 위정자가 억지로 자신의 계획과 의제를 밀어붙인다.

동서양을 막론하고, 불도저 정치가 유행이다.

◆

가령 어린이집에 타인의 말을 듣지 않고 전부 자기 맘대로 하는 아이가 있다면, 그 아이가 선생님과 다른 아이들을 얕본다는 뜻이다. 스페인의 경우에는 선생님이 아이들에게 "다 함께 노력하면 ○○가 마음대로 할 수 없어."라고 알기 쉽게 이야기해서 포데모스라는 반대 세력을 결성했다. 선생님이란 정치학자 파블로 이글레시아스Pablo Iglesias이며, ○○는 긴축정책과 글로벌 자본주의다.

또한 스코틀랜드에서는 어린이집 아이들 중 기운

찬 여자아이가 나서서 "○○의 방식은 불공평하고 이상해."라고 공언하며 ○○를 따르지 않고 사이좋은 친구들과 함께 교실 구석에 반＃독립 상태의 조직을 결성했는데, ○○파에 속한 아이들 중에도 "저기가 재미있어 보여. 나도 저기 갈래."라는 아이가 나타나며 교실 전체에 영향을 미치기 시작했다. 여기서 기운찬 여자아이란 SNP의 지도자 니컬라 스터전Nicola Sturgeon이며, ○○는 긴축정책과 영국 정부다.

그리스의 어린이집에서는 급진좌파연합이라는 조직이 강력한 힘을 지닌 EU에 정면 도전을 했지만, 엉망이 되도록 얻어맞고 주의 주장도 버리길 강요당하며 빈사 상태에 빠져 있다. 하지만 노벨상이라는 대단한 상을 받은 외국 어린이집의 선생님이 그리스의 아이들을 도와주러 온 모양이다. 그리스에 온 선생님이란 경제학자 조지프 스티글리츠Joseph Stiglitz다. 폴 크루그먼Paul Krugman과 토마 피케티Thomas Piketty는 교실 밖에서 EU를 비판하고 있다.

✦

총선 이후 공석이었던 노동당 대표에 제러미 코

빈Jeremy Corbyn이라는 66세의 '노동당 내 좌파'가 출마하자 당 안팎에서 사람들이 배꼽을 잡고 웃었다. 아예 보수당에서는 그가 대표가 되면 두 번 다시 노동당에 정권을 뺏길 리 없다고 신을 내며 "다음 선거에서도 이기기 위해 일시적으로 노동당에 입당해서 모두 코빈에게 투표하자."라는 캠페인이 벌어질 정도라고 한다.

최근 영국에서는 '총리는 40대'라는 것이 상식이라 일본과 비교하면 일선에서 활동하는 정치가들이 훨씬 젊다. 66세는 지나치게 영감님이라 실수로라도 당대표 같은 자리에 앉을 수 없는 나이다. 심지어 이 영감님은 완고하기 그지없는 좌파다. 1983년 국회의원이 된 후 그는 반핵, 반전, 팔레스타인 문제, 빈부 격차, 반긴축 등 온갖 좌파 시위에 항상 모습을 드러냈다. 이른바 '그쪽 계열 사람'인 것이다. (그는 연예계 활동도 했기 때문에 졸저 『더 레프트』에서도 빼먹지 않고 다루었다.)

"멍청이 아냐? 그런 마르크스주의 할배가 노동당 대표가 될 리 없잖아, 깔깔깔."

세간의 반응이 이런데, 언론도 '그처럼 가난한 극좌 인사(그는 경비를 가장 적게 쓰는 국회의원 중 한 사람이다)가 당대표 후보라니 노동당도 정말 내리막

인 모양'이라는 관점에서 재미있고 이상한 일이라고 떠들썩하게 기사를 썼다.

그렇지만 「가디언」의 젊은 자객 오언 존스만은 달랐다.

"제러미 코빈이 당대표에 출마했다. 이제야 좀 흥미롭지 않은가."

존스는 그렇게 흥분한 듯이 글을 썼다. (그리고 그 역시 "정신 나갔냐."라고 비웃음을 당했다.)

5월의 총선 결과만 보면, 노동당이 대패한 이유는 정책이 보수당과 다를 바 없었기 때문이다. 그래서 좌익적이고 대안적인 정책을 내세운 스코틀랜드의 SNP가 크게 약진할 수 있었다. 냉정히 생각해보면 어떻게 해야 노동당이 재기할 수 있을지 알 법도 한데, 노동당은 여전히 제2의 토니 블레어나 찾고 있다. 샴페인을 펑펑 터뜨리던 블레어 시대의 승리를 잊지 못하고, '두 번 다시 시대착오적인 사회주의 정당으로 돌아가지 않겠다.'라고 주문을 외는 것이다.

그렇지만.

그 이면에서 제러미 코빈의 지지율이 조용히 무섭게 올라가고 있다. 노동조합과 젊은 세대의 지지를 받으면서 비공식적인 당내 조사에서는 코빈의 지지율이

유력한 당대표 후보였던 앤디 버넘Andy Burnham을 따돌리고 1위에 올랐다는 보도까지 나왔다. 누구보다 이현상에 놀라는 사람은 코빈 본인일 것이다. 켄 로치가 좌익이 부재한 사회에 포석이 되기 위해 좌파통합을 세웠듯이, 코빈 역시 좌익이 부재한 노동당에 포석을 놓기 위해 대표로 출마한 것이다. 주연이 될 생각은, 이길 생각은 전혀 없었을 것이다.

노동당 간부들은 '코빈이 대표가 되면 노동당은 끝장나고 만다.'라며 허둥지둥하고, 보수계 신문 「데일리 메일」의 독자 의견 코너에는 "그런데 잘 생각해보면 좌익이 노동당의 지도자가 되는 게 뭐가 이상할까?"라고 근원적인 의문이 실리기도 했다. (우파가 좌파를 냉정하게 잘 바라보는 것은 종종 있는 일이다.)

이야, 그런데 이 느낌은 마치 존 라이든이 영국의 B급 유명인 생존 예능에 출연하여 분노와 비웃음을 받으면서도 지지율을 쑥쑥 높여 우승 후보가 되었던 때 같다.[59]

이 넘치는 생기는 보통 일이 아니다. 코빈은 런

---

59 『꽃을 위한 미래는 없다』 중 「존 라이든: 펑크는 죽지 않았다」에 관련 내용이 담겨 있다.

던 북부에서 선출된 국회의원인데, 이 일은 '런던 콜
링'⁶⁰이 아니다. '유럽 콜링'이다.

✦

다음은 졸저 『더 레프트』에 썼던 글인데, 되풀이
하고 싶어졌다.

모두가 깜짝 놀랄 만큼 날카로운 것을 창조
해낼 수 있는 열쇠가, 모두가 낡아빠졌다 도
외시하는 것 속에 숨어 있는 경우가 있다. 그
것은 음악의 세계에서는 상식이다. 정치의
세계에서도 그런 일이 일어나는 시대에 접어
들었다면, 우리는 흥미진진한 시대를 살아가
고 있는지도 모르겠다.

(출처: 웹진 「에레킹」 2015. 7. 21)

---

60 '런던에서 알립니다.'라는 의미로 2차 세계대전 중 BBC가 점령국에 방
송하면서 자주 사용한 문구다.

빵과 장미와 당대표 선거

그건 어느 쾌청한 여름날의 일이었다.

우울증 기질이 있어 그리 밝은 사람은 아닌 내 배우자가 상큼한 미소를 지으며 런던에서 돌아왔다. 암 검사를 받으러 병원에 다녀온 남자가 뭐가 그리 기뻐서 얼굴이 저리 밝은가 의아했는데, 그가 말했다.

"요즘 런던 분위기가 좋네."

"분위기가 좋다고? 어디가?"

"어디가 아니라 전체적으로."

그렇게 말한 배우자는 싱글싱글 웃었다.

"뭐랄까, 옛날 런던 같아. 내가 자랐던 무렵의, 오래전 노동자 계급 공동체라고 할까, 그런 기운이 있더라고."

계속해서 알기 어려운 추상적인 말만 해서 구체적으로 어떤 현상이 발생했기에 그 '기운'이라는 게 느껴졌는지 질문해보니, 다음과 같은 사정이었다.

자신이 가야 하는 병원이 어디 있는지 몰랐던 배우자는 일단 빅토리아역 앞의 버스 정류장으로 갔다. 어렴풋이 이쪽으로 가는 버스겠지 생각하면서 한 버스 정류장에 서 있던 아주머니에게 "○○병원에 가고 싶은데요."라고 말을 걸자 "아아, 거기는 여기서 타야 해. ○번 버스를 타고 열한 번째, 아니, 있어봐, 열두 번째 정류장이었나, 암튼 왼쪽에 커다란 주유소랑 창고가 보일 텐데, 그걸 조금 지나친 다음에 버스에서 내려서 도로를 건너면 담배 가게가 나오고, 거기 모퉁이를 오른쪽으로 돌아서 100미터 정도 걸어가면…." 하고 몹시 자세히 설명해주다가 "아아, 그런데 나는 그 버스를 타도 집에 갈 수 있으니까 함께 타서 당신이 내려야 하는 정류장을 알려줄게."라고 했다는 모양이다. 아주머니의 말에 배우자가 "이야, 요즘 세상에 이렇게 지역적인 지식이 있는 분을 런던에서 만나다니 신선하네요. 요즘은 사회적 단절이 심해져서 마음 편히 남한테 말을 걸 수도 없는데."라고 감탄하자 아주머니는 다음처럼 말했다고 한다.

"아니, 런던은 변할 거야. 오래전 같은 공동체 정신이 돌아올 거야."

그렇게 가슴을 펴고 말한 아주머니는 급작스레 배우자에게 질문을 던졌다.

"제러미 코빈이라고 알아?"

"그럼요. 인기가 엄청나죠."

"그는 30년이나 런던 이즐링턴Islington의 국회의원을 지낸 사람이야. 런던이라 하면 다들 '웨스트민스터 정치'[61] 같은 말을 쓰는데, 코빈처럼 런던의 길거리를 대표하는 정치가도 있어."

버스에 올라탄 다음에도 아주머니는 배우자 옆에 앉아 코빈의 이야기를 계속했다.

"저는 제러미 코빈의 말이 전적으로 옳다고 생각하지만, 그거랑 정당 정치는 별개니까요…."

배우자가 그렇게 말하자 뒷자리에 앉아 있던 학생인 듯한 젊은 흑인 여성이 끼어들었다.

"저, 실은 제러미를 지지하기 위해 노동당에 입당했어요."

그 말에 옆쪽의 접이식 좌석에 앉아 있던 백발 할아버지도 "고Go, 제러미."라고 조용히 말하며 엄지손가락을 치켜세웠다고 한다.

"혹시 이 차는 코빈 팬클럽이 대절한 버스인가요?"

---

61 웨스트민스터는 국회의사당 등 주요 시설이 모여 있는 영국 정치의 중심지다.

배우자의 너스레에 승객들이 일제히 웃음을 터뜨렸다고. 그처럼 매우 평화로운 광경이 펼쳐졌는데, 병원 근처의 정류장에서 내릴 때도 아주머니가 무척 친절하고 자세하게 병원까지 가는 길을 가르쳐주었고, 병원에 도착한 뒤에도 기분 탓인지 접수 담당자도 간호사도 모두 싹싹하고 친절해서 런던이 반짝반짝 빛나는 것 같았다고 했다.

"날씨가 좋아서 그랬던 거 아냐?" (실제로 영국 사람들은 날씨가 맑으면 성격도 밝아진다.)

나는 그렇게 흘려들으려 했지만, 배우자는 런던에서 그처럼 긍정적인 분위기를 느낀 건 수십 년 만이라고 역설했다.

그 대화를 나눈 다음 날 나는 일본으로 떠났는데, 2주 만에 돌아와서 보니 노동당 대표 선거를 다룬 스카이 뉴스의 여론조사에서 제러미 코빈의 지지율이 80.7퍼센트라는 말도 안 되는 수치가 되어 있었다.

올해(2015년) 총선을 치르며 영국의 여론조사는 믿을 수 없다는 사실이 적나라하게 드러났지만, 이 정도 지지율에도 코빈이 노동당 대표가 되지 않는다면 뒤에서 토니 블레어 일당이 무언가 수를 썼기 때문일 것이다.[62]

그런데 단 한 명의 정치가가 길거리의 분위기까지 바꿔버리다니, 이게 대체 무슨 일일까?

나 역시 일본어로 된 인터넷 세상에서는 꽤 일찍부터 코빈을 밀어온 사람인데, 솔직히 말하면 그 전제에는 '어차피 그가 이길 리 없다.'라는 생각이 있었다.

그런 마음은 그가 출마했을 때부터 전력으로 지원해온 좌파 칼럼니스트 오언 존스도 밝힌 바 있는데, 그는 코빈이 "3위로 마칠 거라 생각했다."라고 썼다. 심지어 코빈의 출마 사실을 알고 자신의 첫 반응은 "걱정"이었다고 했다. 누가 봐도 정치가답지 않은 코빈이 '반기득권층'의 상징이 되어 사람들에게 이용만 당하지 않을까 염려했다는 것이다.

오언과 코빈은 십년지기다. 소위 '좌파라면 갈 법한 시위와 집회'에서 종종 마주쳤기 때문이다. 졸저 『더 레프트』에도 썼는데, 최근 몇 년 동안 영국에서는 "풀뿌리 좌파 운동을 하나로 묶어 시민의 정치로"라는 말이 계속 나왔다. 하지만 존스는 '우리는 아직 그럴 준비가 되지 않았다'고 생각했다고 한다. 그랬는데

---

62 제러미 코빈은 이라크 전쟁 등을 반대하며 토니 블레어와 다른 정치 노선을 걸어왔기에 블레어는 코빈이 당대표가 되어서는 안 된다고 주장했다.

코빈의 당대표 출마를 계기로 불과 몇 주 사이에 그런 일이 실현되고 있다. 그 일은 좌파에게 '즐거운 오산'이 아니라 '뭐지?' 싶은 당황과 두려움을 불러일으키고 있다.

빌리 브래그도 복잡한 마음을 자신의 페이스북에 토로했다.

"노동당 대표 선거에는 관여하지 않으려 했다. 당원이 아니라 지지자로서 지켜볼 생각이었다. 당내 사람들이 결정하게 두고 나는 그 결과를 보며 노동당을 지지할지 말지 정하려 했다. 코빈이 출마한 뒤로도 마음은 달라지지 않았다. (…) 하지만 내 마음은 토니 블레어가 '내 마음heart은 코빈과 함께 있다는 식으로 말하는 사람은 당장 심장heart 이식 수술을 받아야 한다.'라고 말했을 때 바뀌었다. 나는 노동당이 마음 없는 정당이 되길 원치 않는다."

✦

월요일 황금 시간대에 BBC1에서 방송하는 「파노라마」라는 다큐멘터리 프로그램이 제러미 코빈의 대두를 특집으로 다루었다. 방송 내용은 이번 주 토요

일이면 당대표가 발표되는데 저렇게까지 해야 하나 싶을 만큼 '안티 코빈' 일색이었다.

노동당의 블레어파와 BBC가 긴밀한 관계라고는 하지만 놀라울 정도로 노골적이었다. 하지만 언론이 그런 보도를 할수록 코빈의 인기는 용솟음치듯 끝없이 오를 뿐이다.

영국 인민을 얕보면 안 된다.

이 나라는 예전에 펑크 운동이 일어났던 곳이다.

'그건 안 돼.' '그것만은 절대로 하지 마.' 같은 말을 들으면 이 나라 사람들은 그걸 참을 수 없이 하고 싶어한다.

✦

사실 내 속에 있는 코빈에 관한 불안감은 계속 가시지 않고 있다.

20년 동안 영국에 살면서 이토록 떠들썩하게 마치 신흥 종교의 교주처럼 칭송받는 정치가를 본 것은 토니 블레어 이후 처음이다. 블레어는 자존심이 남다르게 강하고 원래 록 스타를 목표했던 사람이라서 정말로 교주가 된 듯이 권력을 향유했다. 하지만 코빈처럼 '자기 자신'을 앞세우지 않는 평범한 사람이 하루 아침에 전국 시민들로부터 교주로 떠받들리면 비극적으로 무너지지 않을까 불안하다.

그렇지만 코빈에 대해 뜨겁게 이야기하는 젊은이들과 밑바닥 노동자들을 보면, 여기까지 이르는 흐름은 분명히 전부터 있었고, 그 흐름은 결코 멈출 수 없었을 것이라는 생각이 든다.

예를 들어 지난해에 「런던 프라이드」라는 영화가 예상치 못하게 큰 인기를 끈 것도 그런 흐름의 일부였다. 영국에서는 북부부터 남부까지 전국 영화관에서 관객들이 마지막에 기립 박수를 쳤다고 하는데, 그 영화에서 가장 인상적인 것은 파업 중인 탄광의 여성들이 유명한 민중가요 「빵과 장미Bread and Roses」[63]를 부르는 장면이다.

우리는 행진한다 행진한다

---

[63] 20세기 초, 가혹한 노동 환경에서 일하던 미국 여성 노동자들은 "우리는 빵과 장미를 원한다."라는 구호를 외치며 대대적인 저항 운동을 펼쳤다. 1911년 제임스 오펜하임(James Oppenheim)은 그 구호에서 착안한 시 「빵과 장미」를 발표했고, 그 후 시에 곡이 붙어 민중가요로 만들어졌다.

아름다운 한낮의 거리를
수백만의 어두컴컴한 부엌이
수천의 지붕 아래 잿빛 제분실이
갑작스러운 햇빛을 받아
반짝반짝 빛나기 시작한다
사람들이 우리의 노래를 듣는다
"빵과 장미를, 빵과 장미를"

우리는 행진한다 행진한다
우리는 남자들을 위해서도 싸운다
그들은 여자들의 자식이니까
우리는 오늘도 그들을 돌본다
태어났을 때부터 막이 내릴 때까지
삶은 편하지 않아
몸과 마찬가지로 마음도 굶주려
우리에게 빵을 달라 그리고 장미도 달라

누군가 그려서 인터넷에 올린 코빈의 그림 중 그
가 가슴에 한 송이 장미꽃을 달고 있는 것이 있다. (지
금은 아무도 기억하지 않는 듯한데) 실은 영국 노동
당의 상징도 한 송이 붉은 장미꽃이다. 어제와 오늘,
나는 영국인 열한 명에게 "장미가 뭘 뜻하는 거야?"라

고 물어보았다. 한 사람은 "사랑"이라고 했다. 다른 한 사람은 "도덕"이라고 했다. 그리고 나머지 아홉 명은 "존엄"이라고 했다.

일본에서 좌파가 "꽃밭"이라고 불린 것[64]은 실로 말의 묘미가 느껴진다고 할까 흥미로운 일인데, 빵을 손에 넣기 어려운 시대일수록 인간은 장미를 떠올리게 마련이다.

이번 주말, 영국에서는 마침내 그 장미꽃이 다시금 피어날지도 모른다.

오랫동안 인기척 없는 온실 속에서만 피었던 장미꽃이 눈바람 날리는 장소에 피어도 괜찮을까, 우리가 어떻게 해야 그 꽃이 시들지 않을까, 지금부터가 정말로 중요한 국면이다.[65]

(출처: 웹진 「에레킹」 2015. 9. 10)

---

64 당시 일본의 우파는 각종 사안에서 "좌파는 머릿속이 꽃밭"이라 현실과 동떨어진 주장만 한다며 좌파를 조롱했다.
65 제러미 코빈은 당시 선거에서 높은 득표율로 당대표에 선출되었고, 2020년까지 당대표를 지냈다.

테러다.

또다시 유럽에서 테러 발생.**66** 이번에는 규모가 크다며 바로 전쟁에 나서야 한다고 고릴라처럼 주먹으로 가슴팍을 두드리는 마초스러운 사람들이 너무 많은 탓에 좀 숨이 막힌다 싶어서 일본의 뉴스 사이트에 살짝 진지한 기사를 써보았더니 또 터무니없는 일이 벌어졌다. 진짜 인터넷의 뉴스 사이트란 장난 아닌 곳이다. 어쩌다 메인 기사로 노출되는 바람에 다른 사고방식을 지닌 온라인 정치 운동가 여러분이 문체는 딱딱한데 내용은 끈적끈적한 항의와 괴롭힘의 메일을 거센 빗줄기처럼 내게 퍼부어서 이불을 뒤집어쓰고 벌

---

66 2015년 11월 13일, 테러 단체 IS의 주도로 프랑스 파리의 여러 지역에서 인질극, 총격, 폭탄 등 테러가 일어나 160여 명의 사망자와 수백 명의 부상자가 발생했다.

벌 떨었는데, 사실 그날 같은 사이트의 연예 코너에서
도 내가 쓴 「찰리 신, 콘돔을 쓰지 않고 섹스한 건 두
명뿐」이라는 기사가 조회수 1위를 달성했지만, 그에
관해 비판하는 메일은 한 통도 오지 않아서 나는 생각
했다. 쳇.

　뭐, 이런 건 아무래도 좋은 이야기고.

✦

　이튿날, 평소처럼 아이를 등교시키고 버스 정류
장에 서 있는데 이란인 친구가 걸어오는 게 보였다.
　"안녀어어어엉!" 하고는 세게 포옹. 사실 그와는
긴축 어린이집(예전의 밑바닥 어린이집)에서 함께 일
하는 사이라 포옹 같은 걸 하지 않아도 되지만, 인터
넷의 어둠에서 벗어난 직후라 살아 있는 인간의 감촉
이 그리웠다. 그대로 일본의 산마루 찻집 같은 곳에
갔다(정말로 언덕 꼭대기에 있는 카페다. 메뉴 중에
녹차도 있고).[67]
　나도 모르게 버스 정류장에서 친구를 끌어안은

---

[67] 오래전 일본에는 고갯길 정상이나 산마루에 행인들이 쉴 수 있도록 휴
게소 역할을 하는 찻집이 있었다.

이유를 설명하자 그는 깔깔거리고 웃었다.

"테러는 또 다른 테러를 부르니까."라고 친구가 말했다.

"…그래."

"하는 쪽도 당하는 쪽도 옆에서 보는 쪽도, 전부 공격적이 되게 마련이야."

"그런 세상이 되었어. 너무 폭력적이야. 요즘 들어 눈에 띄는 것들이."

"그래? 뉴스를 너무 많이 보는 거 아냐?"

"그렇지… 안 보는 게 나을까?"

"아니, 그런 게 좋으면 봐도 된다고 생각하는데, 이쪽이 더 예쁘지 않아?"

친구는 그러면서 자신의 휴대전화 배경화면에 있는 사진을 보여주었다. 이란에 있는 친척의 아기라고 했다. 왠지 오래전 일본의 사진관에서 찍은 것처럼 요즘 사진 같지 않았는데, 앉아 있는 아기 주위에 꽃들이 아름답게 피어 있어서 마치 화려한 인도 영화의 한 장면 같은, 또는 피에르와 질Pierre et Gilles **68**의 작품까지 방불케 하는 훌륭한 사진이었다.

---

68 피에르 코모이와 질 블랑샤르로 이루어진 프랑스의 예술가 듀오. 1970년대부터 사진에 회화를 더하는 등 독특한 작품 세계를 선보였다.

"아, 꽃이다." 나도 모르게 말했다.

"하하하, 내 나라에서는 전문가가 사진을 찍으면 이래. 가족사진이든 뭐든."

"귀여운데."

나는 그렇게 말하면서 다른 걸 생각했다.

왠지 최근 들어 꽃이 얽힐 때가 많다.

딱딱한 척하면서 끈적끈적한 수많은 메일을 받게 된 원인이었던 기사도 뱅크시의 「플라워 스로워 Flower Thrower」[69]라는 작품에 관한 것이었고, 그 외에도 '빵과 장미'라느니 '쌀과 장미'[70]라느니 요즘 들어 꽃이 연관된 글만 쓰고 있다. 왠지 그렇게 되는 것이다.

「톱 오브 더 팝스Top of the Pops」[71]에서 더 스미스가

---

69 뱅크시의 2003년 작품으로 마스크를 쓰고 꽃다발을 던지는 남자를 그린 것이다. 1960년대 프랑스에서 촬영된 시위 사진에서 영감을 얻었다고 한다.

70 이 책의 저자는 2015년 11월 일본의 사회과학 계간지 「at플러스(atプラス)」에 일본인에게 장미(존엄)란 무엇인지 고찰하는 글인 「쌀과 장미: 신자유주의가 영락한 광경」을 발표했다.

공연했을 때, 모리시가 청바지 뒷주머니에서 글라디올러스의 꽃을 흘리며 등장한 장면은 영국 대중문화사의 상징적인 장면 중 하나로 손꼽힌다. 더 스미스에는 '꽃의 시대'라고 부를 만한 시기가 있었다. 그건 1983년부터 1984년 봄까지로[72] 공연장에서도 무대를 꽃으로 뒤덮고는 했다. 더 스미스의 무대에 꽃이 처음 등장한 것은 1983년 2월 4일 클럽 하시엔다였다고 하는데, 꽃을 사용한 의도는 맨체스터의 대중음악계와 하시엔다 주위의 '살균한 듯이 비인간적인' 환경에 대한 항의였다고 한다. "모두가 비인간적이고 차가웠다. 꽃은 매우 인간적인 것을 상징한다. 그것은 자연과 조화를 뜻하기도 한다." "꽃은 우리의 순회공연에서 음향 장치보다 중요하다." 모리시는 그렇게 말했다.

당시 영국에서 벌어진 주요한 일들을 돌이켜보면, 몹시 폭력적인 시대였다는 것에 놀라게 된다. 탄광

---

71 BBC에서 제작한 텔레비전 음악 순위 프로그램. 1964년부터 방영하여 대중음악에 큰 영향을 미쳤지만 2006년 종영했다.

72 지은이 주: 다음 책을 참고했다. Simon Goddard, *Mozipedia: The Encyclopaedia of Morrissey and the Smiths*, Ebury 2009.

파업 현장에서 벌어진 노동자와 경찰의 충돌, IRA[73]의 폭탄 테러, 항공기 납치, 훌리건, 인종차별, 잇따르는 폭동. 인간과 인간의 집단이 끝없이 부딪치며 상처를 입거나 목숨을 잃는 시대였다. 그리고 그런 세상의 소란을 억누르고 옥죄다가 결과적으로 더욱 많은 충돌과 폭력을 낳은 지도자가 마거릿 대처였다.

그 시대의 뉴스에도 아마 위험하고 피비린내 나는 장면들이 쉬지 않고 이어졌을 것이다. 꽃을 보고 싶어하는 마음이 이해가 된다. 더 스미스는 무대 전체를 꽃으로 뒤덮어서 그런 갈망을 항의의 표현으로 바꾼 것이다.

그렇지만 머지않아 팬들도 공연에 꽃을 가져와서 무대에 던지기 시작했고, 그 꽃에 발이 미끄러진 모리시가 넘어지기까지 해서 결국 더 스미스의 '꽃의 시대'는 막을 내렸다.

꽃도 실은 꽤 위험한 것이다.

---

73 북아일랜드의 독립을 주장한 과격파 무장단체. 북아일랜드를 비롯해 아일랜드, 잉글랜드, 독일, 네덜란드 등에서 테러를 벌였다. 1998년 평화 협정이 맺어진 후 2005년 무장 투쟁 종결을 선언했다.

녹차를 마시면서 이란인 친구가 말했다.

"꽃이라고 하니까 말인데, 얼마 전에 센터에서 있었던 양귀비꽃 사건 알아?"

"그게 뭐야?"

"몰라? 진짜 난리가 났었어."

친구는 설명하기 시작했다. 센터란 나와 친구가 일하는 어린이집의 본체에 해당하는 장소이며, 무직자, 저소득자, 이주민, 난민, 홈리스 등을 지원하는 자선시설이다.

친구의 이야기를 들어보니 다음과 같은 일이었다. 1차 세계대전 휴전 기념일인 11월 11일은 영국에서 전몰자 기념일이기도 하다. 일본에서는 전몰자라 하면 2차 세계대전을 떠올리는 사람이 많겠지만 영국에서는 단언컨대 1차 세계대전이다. 1차 세계대전의 격전지였던 플랑드르 지방에 피는 붉은 양귀비꽃을 묘사하면서 시작되는 캐나다 시인 존 매크레이John McCrae의 시[74]가 영국 언론에 발표되면서 큰 반향을 불

---

74 「플랑드르 들판에서(In Flanders Fields)」를 가리킨다.

러일으킨 뒤로 붉은 양귀비꽃은 영국에서 전몰자의 상징이 되었다. 그 때문에 매년 11월이 되면 많은 영국인들이 가슴에 양귀비꽃 배지를 달고 다닌다.

그런데 11월 초의 어느 날, 한 무슬림 가족이 모두 붉은 양귀비꽃 배지를 달고 우리가 일하는 자선시설에 왔다고 한다.

그들은 파키스탄에서 건너온 이주민으로 가족의 기둥인 아버지가 시청에서 일했지만 긴축의 시대에 구조 조정으로 직장을 잃었고, 아이가 넷이나 있었기에 우리 시설에 상담을 받으러 온 것이었다.

지방 도시에 살면서 11월에 양귀비꽃 배지를 다는 무슬림은 본 적이 없었다. 하지만 최근 수년 동안 변화가 일어나고 있다. IS가 세간을 떠들썩하게 하고 사회가 전반적으로 우경화하면서 무슬림 공동체의 일부 청년들이 '양귀비꽃 가슴에 달기' 운동을 펼치고 있는 것이다. 특히 젊은 여성은 붉은 양귀비꽃 무늬의 히잡을 머리에 두르는데, 아나키스트 단체가 운영하는 카페에 가면 그 운동을 지원하는 영국인 여성이 양귀비꽃 무늬 히잡을 머리에 두른 채 카운터에서 일하는 걸 볼 수 있다.

앞서 말한 파키스탄인 가족의 장녀도 양귀비꽃 무늬 히잡을 머리에 감았다고 하고, 부모와 남동생들도 가슴에 양귀비꽃 배지를 달고 시설의 식당에 나타났다고 한다.

그런데 식당 한구석에 앉아 있던 영국인 아저씨가 갑자기 난폭하게 분노를 터뜨리면서 그 양귀비꽃을 당장 떼라고 그들에게 고함을 질렀고, 말리려고 끼어든 대학생 자원봉사자가 아저씨에게 얻어맞아서 가벼운 부상을 입는 소동이 일어났다는 것이다.

"그 아저씨 누구야? 나도 아는 사람이야?"

"M."

"아아, M이라고…."

나는 마음 놓고 한숨을 내쉬었다.

M이란 펑크 및 아나키스트였던 60대 할아버지인데, 최근 들어 언동이 불안정해서 인지저하증 때문에 우울증이 심해졌다는 소문이 돌고 있다.

"그래서 그 가족은 어떻게 됐어?"라고 물어보자 친구가 답했다.

"아무래도 좀 그렇지. 그 뒤로 안 와."

양귀비꽃 문제는 올해 들어 특히 골치 아프다. 배우 시에나 밀러Sienna Miller가 전몰자 추도 주간에 양귀비꽃 배지를 달지 않고 텔레비전에 나왔다며 여론의 공격을 받았고, 전몰자 기념일 행사에 노동당 대표로 참석한 제러미 코빈이 추모하며 너무 살짝 고개를 숙였다고 논쟁이 벌어져서 그의 머리와 몸의 각도를 측정해보니 10도였다 15도였다 하고 분석한 언론도 있었다. 그런 분위기에 따라 캐머런 총리도 자신의 사진에 포토샵으로 양귀비꽃 배지를 달았다는 의혹이 불거졌다.

내게 가장 놀라운 것은 브라이턴 시내에 있는 공립 초등학교로 학교 벽에 지름 2미터는 될 듯한 새빨간 플라스틱 양귀비꽃이 여럿 달린 데다 교정에서 국기가 나부끼는데, 그것도 한두 개가 아니라 무성한 나뭇잎처럼 빼곡하게 유니언 잭Union Jack[75]이 걸려 있었다. (지난주부터는 테러가 일어난 프랑스 국기로 바뀌었다.) 버스 차창으로 그런 학교의 모습을 보았을 때 저게 현실일까 의심했다. 나는 그토록 (밀란 쿤데라가 『참을 수 없는 존재의 가벼움』[76]에서 사용한 의미로) 키치kitsch한 추도의 공간을 본 적이 없다.

"양귀비꽃 문제도 생각하면 마음이 무거워. 어쨌

---

75 영국 국기로 잉글랜드, 스코틀랜드, 북아일랜드 국기를 하나로 합쳐 만들어졌다.

76 이재룡 옮김, 민음사 2009.

든 그것도 꽃이긴 한데."

　내 말에 10대 시절부터 나라가 전쟁 중이었던 친구가 눈썹도 꿈쩍하지 않고 말했다.

　"그건 꽃이 아니라 피야."

　활짝 핀 양귀비꽃들 사이를 걸어서 전몰자를 추도한 여왕의 사진이 머릿속에 떠올랐다.

　유럽은 꽃과 피의 시대로 들어섰는지도 모른다.

(출처: 웹진 「에레킹」 2015. 11. 26)

뱅크시, 버칠, 그리고 2016년

뱅크시가 발표한 그라피티가 또다시 화제에 올랐다.

그 작품은 프랑스 칼레Calais에 있는 이주민·난민 캠프의 벽에 등장했는데, 스티브 잡스가 난민이 되어 애플 컴퓨터를 한 손에 들고 걷는 그림이었다.

잡스의 친아버지는 정치적 이유로 시리아에서 미국으로 건너간 이주민이었다.

그래서 요즘 얄궂은 일이라 지적받는 사실이 있는데, 오늘날 유럽을 향한 이주민·난민의 대이동을 유발한 원인 중 일부가 아이폰으로 대표되는 스마트폰에 있다는 것이다. 이주민·난민은 스마트폰으로 정보를 손에 넣고 서로 연락을 취한다.

관광객들이 "예쁘고 쿨하다"고 하는 영국에 버림받고 황폐해진 언더클래스의 거리가 여기저기 존재하듯이 세계에도 이곳저곳에 어두운 지역이 존재한다. 분쟁과 폭력이 끊이지 않은 그 지역의 젊은이들은 인터넷을 통해서 이 세계에 더욱 윤택하고 평화롭고 자신의 능력을 발휘할 수 있을 듯한 장소가 있다는 사실을 알게 되었다. 그리고 대이동을 일으켰다. 난민이 되어 이동하고 있는 잡스의 그림은 마치 "그렇지, 나도 그렇게 할 거야."라고 말하는 것만 같다.

비슷한 예를 들면 영국의 대중음악이 있다. 비틀즈, 섹스 피스톨즈, 더 스미스, 오아시스. 영국 록의 전설, 그 자체가 영국이라 여겨지는 밴드들. 그 밴드들을 이끈 사람은 모두 아일랜드 이주민의 아이들이다. 존 레넌도, 존 라이든도, 모리시도, 노엘 갤러거도, 경제 이민이 없었다면 영국에서 태어날 수 없었다.

내 조국에는 인도적인 면에서 난민을 받아들이는 게 중요하다든지, 저출생 고령화 사회에서 부족한 노동력을 보충하기 위해 이주민이 필요하다는 의견이 있는 모양인데, 가장 중요한 점이 논의에서 빠져 있다고 생각한다.

이주민은 한 나라의 문화와 사상과 경제와 기술 개발에 기존 국민에게 없던 DNA와 사고방식을 불어

넣어 그 나라를 진화시킨다. 이는 부정할 수 없는 사실이다.

일본에서는 사회 전체가 폐쇄되어 답답하다는 이야기가 수십 년째 되풀이되고 있는데, 그 나라는 좋은 치안과 맞바꿔서 스티브 잡스와 비틀즈가 태어날 기회를 버린 것이다.

✦

다른 이야기인데, 앞서도 소개한 줄리 버칠이라는 여성 칼럼니스트에 관한 것이다.

17세에 「NME」의 명물 칼럼니스트가 되었고(섹스 피스톨즈의 앨범 『네버 마인드 더 볼록스』의 전설적인 리뷰 기사는 버칠의 작품이었다), 그 후에는 여러 일간지와 잡지에서 정치, 문화, 패션 등 폭넓은 분야의 칼럼을 쓰며 영국의 여성 칼럼니스트 중 가장 높은 원고료를 자랑하고 있다. 말하고 싶은 대로 말하고 하고 싶은 대로 하는 그 히피계 페미니스트는 두 번 결혼했고 두 번 다 아이를 상대방에게 남겨둔 채 이혼했다. 그는 스스로를 '영국 최악의 엄마'라고 칭하는 양성애자에 아나키한 칼럼니스트인데, 그 뿌리에는 오래전 좋은 시절 영국 노동자 계급의 정신이 있다. 이런 소개를 내가 전에도 적은 바 있다.

그런데 올해 줄리 버칠의 인생에 이변이 일어났다. 그의 아들이 6월에 자살한 것이다.

'영국 최악의 엄마'는 둘째 아들 잭의 사후, 잡지 「더 스테이츠맨 The Statesman」에 칼럼을 발표했다.

두 번째 남편과의 이혼은 버칠이 그와 함께 세운 회사의 여성 직원과 사랑에 빠진 것이 원인이었는데, 남편이 재판에서 그 점을 강조하여 버칠은 '엄마 실격'이라는 낙인이 찍힌 채 아들의 친권을 남편에게 빼앗겼다. 버칠은 '아이를 낳고 버리는 여자'라고 불려왔지만, 실은 친권 다툼에서 패배한 것이었다.

그래도 주말과 공휴일에는 아들과 만나는 게 허용되었는지 버칠은 고향인 브리스톨 Bristol과 멀지 않은 리도 lido에 아들을 데려갔다고 한다.

리도란 영국의 야외 수영장을 가리키는 말이다. 그곳은 이탈리아의 호숫가 리조트를 동경하지만 그리 쉽게 갈 수 없었던 시절에 영국 사람들이 비슷한 분위기라도 느껴보려고 만든 레저 시설이다. 1930년대에는 영국 각지에 수많은 리도가 만들어졌고 세계대전 후에도 노동자 계급의 휴양지로 사랑받았지만 시대가 흐르며 쇠퇴했고 잇달아 문을 닫고 있다.

올여름 뱅크시가 디즈멀랜드Dismaland77를 만든 곳
도 그처럼 노후된 리도였다.

그곳에는 영국의 전통 인형극 '펀치와 주디'를 풍
자한 '펀치와 줄리'라는 전시물이 있었다. 그 전시물은
뱅크시가 줄리 버칠에게 헌정한 것으로, 뱅크시는 버
칠에게 협력을 구하는 메일을 보내며 다음처럼 썼다
고 한다.

"당신은, 내가 브리스톨 출신이라는 사실을 자랑
스럽게 여기게 해준 첫 번째 인물입니다."

버칠은 아들이 자살하고 3개월 뒤에 디즈멀랜드
를 보러 갔다.

사실 그곳은 바로 버칠이 어린 아들을 데리고 갔
던 브리스톨 근처의 리도였다.

버칠은 다음처럼 썼다.

"놀이공원을 천천히 하나하나 둘러보았다. 죽어
가는 동화 속의 공주부터 갈매기에게 공격당하며 일

---

77 뱅크시가 여러 예술가와 협업해 2015년 공개한 놀이공원 형식의 작
품. '음울하다'는 뜻의 영어 'dismal'과 디즈니랜드(Disneyland)를 합쳐서
이름을 지었으며, 꿈과 희망을 강조하는 디즈니랜드의 안티테제로 현대
사회의 지나친 자본주의, 테러, 난민 문제 등을 풍자하는 작품들이 전시되
었다.

광욕을 하는 사람들까지. 나의 현대판 '펀치와 주디'
(뱅크시는 그것을 '펀치와 줄리'라고 불렀다)에서는
펀치가 솔로몬의 재판을 잔혹하게 바꾼 듯 자신들의
아기를 두 동강 내자고 제안했다. 그곳은 내 꿈을 현
실로 만든 듯한 장소였다. 그렇게 내 인생의 여름은
끝났다."

버칠은 「선데이 타임즈」에 기고한 기사에서 약
10년 전부터 아들의 정신건강에 문제가 있었고 그가
우울증 및 약물의존증과 싸워왔다는 사실을 밝혔다.
그리고 브라이턴에서 아들과 함께 살았던 시기가 있
었다며 다음처럼 썼다.

"정신건강에 문제가 있는 사람을 돌보는 것은 다
리뼈가 부러진 사람을 돌보는 것과 다르다. 다리가 부
러진 사람을 돌본다고 내 다리까지 부러지지는 않는
다. 하지만 정신건강적 돌봄에는 위험성이 있다. 나 자
신도 병들고 마는 것이다."

"생애에 걸쳐 그의 인생 상담자이자, 현금인출기
이자, 전속 가정부로 살아가는 것을 나는 더 이상 견
딜 수 없었다. 마침내 나는 나 자신을 지키기 위해서
물에 빠지기 직전인 사람이 나를 붙잡은 손가락을 떼
어냈다. 그가 자살을 선택했을 때, 나는 몇 년이나 그

를 만나지 않았었다."

7년 전, 버칠은 자신의 아들에 관해 "저에게는 두 아들이 있습니다. 한 아들과는 교류하지 않지만, 다른 아들과는 함께 살고 있습니다. 잭이라고 합니다. 그는 저의 기쁨이자 아킬레스건입니다."라고 인터뷰에서 답한 적이 있다.

조금이라도 글을 써본 사람이라면 알 것이다.
아무리 자신의 일상을 숨김없이 내보이는 듯한 작가라 해도 절대로 쓰지 않는 부분이 있다. 그리고 실은 그 부분이 작가에게 가장 중요한 경우가 있다. 정말로 자신을 압박하는 것은 용맹하게 키보드를 두드릴 소재가 될 수 없다.

버칠이 그 글을 쓸 수 있게 된 것은, 그 일이 끝났기 때문일 것이다.
그의 인생이 가을로 접어들었다는 것은 그런 뜻이다.

✦

　2015년도 가을이 지나고, 겨울이 왔고, 그 겨울도 끝나가고 있다.

　나의 세계가 늙어가고 있다는 사실을, 이 사람도 저 사람도 세상을 떠났으니 올해는 크리스마스카드를 쓸 필요가 없구나 생각할 때, 다시금 깨닫는다.

　게다가 나의 세계도 드디어 슬슬 병들기 시작했다. 하지만 나만 그런 것은 아닐 듯싶다. 요즘 같은 세상에 선진국에서 살아가는 사람들 중에는 정신건강 문제로 익사할 듯한 타인이 나를 붙든 손가락을 하나 둘쯤 떼어낸 적 없는 사람이 드물 것이다.

　올해(2015년), 긴축 어린이집(구 밑바닥 어린이집)에서 아이들을 보며 뼈에 사무치게 깨달은 것이 있다.

　이제는 소수자가 된 현지에서 살아온 영국인 아이들보다 다수자가 된 이주민·난민 아이들이 생기 넘치고 구김살이 없다.

　똑같이 가난하지만 이주민의 아이들은 정신도 가정환경도 건강하고, 빈민가의 현지인 아이들에 비해 병든 부분이 없이 밝고 활기 넘친다. 그 아이들은 더 나은 미래를 믿는다.

옥스퍼드대학교의 인구통계학 교수에 따르면 2066년에는 영국인이 영국에서 소수자가 될 것이라고 한다.

늙고, 병들고, 줄어드는 사람들, 그리고 젊고, 에너지가 넘치고, 늘어나는 사람들.

이 숫자의 균형이 크게 움직이는 시기였으니, 2015년이 그토록 엉망진창이었던 것도 이해가 된다.

뉴스 프로그램에서 한 저널리스트가 2016년은 '불확실성'의 해라고 예측했다.

즉, 더욱더 엉망진창이 될 것이라는 말이다. '아나키 인 더 UK'가 아니라 '아나키 인 더 월드'다. 확실하다든지 평온하다든지 질서 있다든지 하는 것은 이제 돌아오지 않는다.

✦

끝없는 하늘을 떠도는 구름보다도, 나는 땅에 뿌리를 내린 풀이 되고 싶다.

(출처: 웹진 「에레킹」 2015. 12. 21)

단행본 마치며

인터넷에서 글을 쓰기 시작한 건 2004년이었다. 그 뒤로 가십 기자가 되었고, 아이가 생겼고, 밑바닥 어린이집에서 일했고, 배우자가 암에 걸렸고, 민간 어린이집에서 일하는 등 많은 일들이 있었다.

마찬가지로 영국 사회에도 많은 일들이 있었다.

토니 블레어부터 이어진 노동당 정권이 완전히 막을 내렸고, 보수당 정권이 탄생해서 '브로큰 브리튼'이 사회문제가 되었으며, 학생 시위와 폭동이 일어났고, 런던 올림픽이 개최되었으며, 영국 왕실의 인기가 이상하리만치 높아졌다.

그렇지만 그 사이에 가장 극적인 변화가 일어난 곳은 사실 내 조국이 아닐까 싶다.

왜냐하면 불과 5년 전까지만 해도 내 글에 대한

"영국은 엄청나구나." "믿을 수 없어." "지어낸 이야기지." 같은 댓글과 온갖 욕설을 인터넷에서 목격했는데, 최근 들어서는 "다른 나라 이야기 같지 않다."라는 감상을 받게 되었기 때문이다.

그토록 완강하게 (아니면 타성에 젖어서) 전통적인 질서를 유지하려 하고, 이러쿵저러쿵해도 평화로웠던 내 조국에 대체 무슨 일이 일어났을까.

'브로큰' 같은 극적인 단어가 어디보다 어울리지 않는 나라였을 텐데, 언제나 희미하게 싱글거리기만 하던 그 나라에 대체 무슨 일이.

그렇게 내가 매일같이 번민하고 나라 걱정을 하느냐면, 딱히 그러지는 않는다. 매일 먹고 마시고 잠자고 일할 뿐이다. 담담하게 평소처럼 살아가는 인간의 뒤에 있는 풍경과 시대는 변한다. 하지만 서민은 그저 살아갈 뿐이다.

내게는 그 시대 특유의 성질만 골라내서 이건 이렇다, 저건 저렇다, 하고 비평할 수 있는 머리가 없기에 나 자신도 밑바닥 서민으로 살아가며 서민으로서 살아가는 사람들의 이야기밖에 쓰지 못한다. 아마 앞으로도 그럴 것이다.

때로는 분개하면서, 대부분의 경우에는 술주정을 하면서 인터넷에 닥치는 대로 9년 동안 글을 써왔는데, 노다 쓰토무野田努[1] 씨가 고른 글들이 하나의 방향성에 따라 편집된 책을 보니, 지은이인 내가 가장 경악할 만큼 글들이 연결되어 있다.

아니, 인간이란 배경과 세태가 변하는 와중에도 그다지 변하지 않는 존재인 것이다.

내가 좋아하는 말 중에 '브리트 그리트Brit Grit, 영국인의 기개가 있다.

인터넷에서 찾은 한 사진의 제목이었는데, 야외에서 피크닉 콘서트를 즐기는 영국인들을 뒤에서 찍은 사진으로 모두가 우산을 쓰고 발목 아래가 푹 젖어 있었다. 사진을 보고 나도 모르게 웃었지만, 그 사진의 제목에 붙은 '역경을 견디고 살아가는 영국인의 기개'를 뜻하는 말은 그야말로 영국의 진면모라 할 수 있다.

아무리 상황이 최악이라도, 부패해도, 구제할 수 없다 해도, 그들은 살아간다. 똥 같은 역경을 똥이라고 욕하면서 늠름하게 살아낸다.

내가 영국에 관한 글쓰기를 그만두지 못하는 것

---

1 일본의 음악 칼럼니스트, 편집자. 브래디 미카코에게 음악 잡지 「에레킹」의 지면을 주었고, 훗날 단행본으로 출간할 때 편집을 맡았다.

은 아마 그 영국인의 기개에 반했기 때문이며, 거기서
무언가 그리운 것을 느끼기 때문이다.

'일본인의 기개'라는 것은 없는 듯하지만, 있다.
가까운 예를 들면 평생을 육체노동자로 산 내 아
버지 같은 일본인이 삶을 대하는 자세가 그렇다. 극적
으로 변하는 시대에는 그런 기개가 다시금 빛을 내기
시작할 것이다. 아나키한 세계라는 것이 낭만적인 혁
명가가 꿈꾼 세계가 아니라, 모든 개념과 이론이 풍화
하여 방향성 따위 없는 무질서한 혼돈이라면, 그런 혼
돈을 살아야 하는 인간에게 필요한 것은 바로 기개다.
빌어먹을 미래 따위는 없어. 그렇게 욕하면서 앞
으로 발을 내딛는 기개.

그런 생각을 하는 내 눈앞에 펼쳐진 9월의 하늘
은 먹구름이 가득해 어둡게 가라앉아 있다.
후드득후드득 비가 내려도 이상하지 않은 날씨.
그리고 약속한 듯이 폭풍도.

브래디 미카코

문고판 마치며

"불어라, 날뛰어라, 바람아, 폭풍아." 이건 저와 고향이 같은 대선배 이토 노에伊藤 野枝[2]의 글입니다.

그 문장을 슬쩍 신경 쓴 듯한, 하지만 그와 비교할 수 없을 만큼 보잘것없는 표현으로 끝낸 단행본의 「마치며」를 읽고, 지금 쓴웃음을 짓고 있습니다.

저는 청탁을 받으면 무엇이든 술술 쓰고 마는 지조가 없는 인간이라서 다양한 소재를 다룬 이런저런 책을 써왔습니다. 하지만 사실 정말로 쓰고 싶은 것은 오래전부터 고집스러울 만큼 하나밖에 없구나, 하는 것을 이 책의 교정지를 읽으면서 알았습니다.

그 쓰고 싶은 것이란, 아무래도 '계급' 같습니다.

마치 저주처럼 그 주제에서 벗어나지 못하는 것

---

2 일본의 여성 해방 운동가, 아나키스트, 작가. 20세기 초 가부장제에서 여성을 해방하기 위해 당시로서는 파격적인 활동을 펼쳤다.

은 심리학적으로 설명하면 제가 유년기와 인격형성기에 겪었던 경험 때문일 텐데, 초기에 쓴 에세이일수록 그런 색채가 진하게 드러납니다. (참고로 지금 이야기한 '저주'가 그저 나쁜 의미는 아니고, 약간이지만 자긍심도 섞여 있습니다.)

젠더든 인종이든 다양성 문제는 요즘 추세에 편승하기 쉬운 것입니다. 다양한 인종의 모델들이 무지갯빛 티셔츠를 입고 웃는 사진 위에 '이제는 다양성의 시대'라는 헤드라인을 쓴 패션 잡지의 표지. 그런 건 쉽게 상상할 수 있고 실제로 비슷한 것이 광고용 사진이든 뭐든 많이 있습니다.

그렇지만 과연 '앞으로는 계급의 시대'라든지 '빈곤에 주목하자' 하는 헤드라인이 표지를 장식한 패션 잡지가 존재할까요. 적어도 저는 본 적이 없습니다.

왜냐하면, 계급과 빈곤은 훨씬 오래전부터 변함없이 제자리를 지키고 있기 때문입니다.

저의 경우를 말하면, 계급은 제가 지금까지 들어온 음악들과 밀접한 관련이 있었습니다.

노동자 계급으로 태어난 것은 부끄러운 일도 볼썽사나운 일도 아니라고 저에게 가르쳐준 것이 영국의 음악이기 때문이겠죠. 가난뱅이는 촌스럽고 한심한 존재라는 말을 들어온 지방 도시의 어린 여자아이에게 그 음악들은 바다 너머에서 들려온 복음이었습니다.

저에게 음악이 정치와 떼려야 뗄 수 없는 것인 이유도 그 때문입니다.

음악은 정치적일 필요도 정치적이 될 필요도 없으며, 언제나 정치적이었다고 저는 생각합니다.

2022년 7월
브래디 미카코

밑바닥에서 전합니다!

: 빈민가에서 바라본 혼탁해지는 정치와 사회

초판 1쇄 발행 2024년 12월 19일

지은이 브래디 미카코
옮긴이 김영현
펴낸이 김효근
책임편집 김남희
펴낸곳 다다서재
등록 제2023-000115호(2019년 4월 29일)
전화 031-923-7414
팩스 031-919-7414
메일 book@dadalibro.com
인스타그램 @dada_libro

한국어판 ⓒ 다다서재 2024
ISBN 979-11-91716-34-4 03300